戦後最大の偽書事件「東日流《つがる》外三郡誌」

斉藤光政

集英社文庫

戦後最大の偽書事件　「東日流外三郡誌」　目次

本書は、二〇〇九年十二月、新人物文庫として刊行されたものを
改題し、大幅加筆・再編集しました。

単行本　二〇〇六年十二月、新人物往来社

本文デザイン　高橋健二（テラエンジン）

戦後最大の偽書事件　「東日流外三郡誌」

プロローグ

夢の跡

その家は雪のなかに埋もれていた。

青森県五所川原市《ごしょがわらし》飯詰《いいづめ》地区。津軽地方ならどこにでもあるような農村地帯の小さな集落にその謎の家はあった。茅葺《かやぶ》き屋根の上に前夜から降り積もった新雪が輝いていた。

「やっと、来た」

二〇〇三年二月。真冬の寒気に震えながら、私はそう思った。かつて取材でこの家を訪れたことはあった。ただし、それは外から眺めただけのこと。なかに入るのは初めてだった。

膝まである深雪をかきわけ、かきわけ、玄関を目指す。あっという間に額から汗が噴き出してきた。

「なんか、興奮しますね」

　同行する偽史研究家の原田実《はらだみのる》（広島市）が、自慢の英国製インバネスコートの襟を合わせながら話しかけてきた。

　シャーロック・ホームズと探偵小説をこよなく愛するシャーロキアンの原田は、長い間秘密に包まれていた農家の探訪にちょっと興奮しているようだった。

　主《あるじ》を失った農家の玄関の戸はなかなか開こうとしなかった。それはまるで、生前に外部との接触を一切拒絶していた主の意志を、今なお頑固に引き継いでいるかのようでもあった。

　凍りついた引き戸を半ば強引に開けると、目の前に問題の部屋が広がった。スリッパに履き替えるのももどかしく、部屋の中央に進み、耐火ボードが張られた天井を見上げ、おもむろに天井板を外す原田。脚立に乗った彼の前にはポッカリと天井裏の暗闇が広がった。

　お目当ての梁材《りようざい》は……と原田が見回す。

　天井板のすぐ上に太いものが一本あった。しかし、大きな荷物をつるすにはあまりにも低すぎた。つるせば、下を通る人の頭にぶつかってしまう。

　さらにその上に細い梁《はり》があったが、重量物を支えるにはきゃしゃすぎた。そして、梁の表面をじっくり見てみた。物をつるすために縛ったような縄跡などはなかった。本当

雪に埋もれる『外三郡誌』〝発見〟の家。津軽平野が広がる五所川原市飯詰地区にある。(撮影：斎藤義隆　2003年2月)

『外三郡誌』がつるされていたとされる部屋の天井裏を見る原田（左）と古代史研究家の齋藤　隆一（右）。

にまったく何もなかった……。

（膨大な文書をどうやったら、この狭く、しかも細い梁しかない空間につり下げることができるというのか。長い間にわたって物をつり下げていたような跡もないじゃないか）

四十一歳の原田はそう思った。勢いよく畳の上に飛び降りると、きっぱり言い放った。

「何もない……。やっぱり、何もありませんでした。もともと、この家には何もなかったんです。そもそも、天井裏は物を隠せるような構造にはなっていないんですよ。まあ、以前からわかっていたことですけどね」

怒りとも笑いともつかない、強いて言えば、むなしさを覚えたような複雑な表情が原田の顔に一瞬浮かんだと思ったら、すぐに消えた。

この古びた一軒家が、それも今、原田がのぞいたばかりの天井裏こそが、「戦後最大の偽書」と呼ばれる『東日流《つがる》外三郡誌《そとさんぐんし》』が〝発見〟されたとされる場所にほかならなかった。

原田がぽつりと言った。

「『外三郡誌』は現代人が作った神話だったのです。ここがその夢の跡なんでしょうね」

「史上最大の偽書」

五所川原市の北三十キロにある市浦村《しうらむら》（現在は五所川原市に合併されているが便宜上そう呼ぶ）。太宰 治《だざいおさむ》が紀行文『津軽』のなかで、「本州の袋小路」と呼んだ津軽半島の中ほどに位置する。

中世の国際港湾都市として発掘調査が進む十三湊《とさみなと》を筆頭に、縄文時代から近世にかけての各種遺跡と歴史、そして伝説が鮮やかに交錯する小さな村だ。

一九七五年、『東日流外三郡誌』（以下、外三郡誌）はこの村の公史である『みちのくあけぼの――市浦村史資料編　東日流外三郡誌』として世に出た。正史には登場しない津軽の闇の古代・中世史を、敗者の視点から記した「門外不出」「口外無用」の〝古文書〟とのふれこみだった。

地方の小さな自治体といえど、曲がりなりにも公的機関が出版した効果は絶大で、折からの超古代史、古史古伝ブームと相まって順調に売り上げを伸ばし、既存の歴史書では物足りない一部の歴史ファンから熱狂的に迎え入れられた。

超古代史、または古史古伝とは『古事記』『日本書紀』より古い歴史のことを言い、ジャーナリストの立花 隆《たちばなたかし》の言葉を借りるなら「現代ではなかなか検証しにくい古《いにしえ》の事柄について、実はこういう秘密の古代文献があって、それによるとこうだという怪しい伝承」のことである。

その後、外三郡誌は弘前市《ひろさきし》の北方新社、東京の八幡《はちまん》書店と版元を変えて出版され続け、総売り上げ高は軽く一億円を突破したという。超古代史分野の稼ぎ頭であり、エースであったのである。

しかし、その一方で民俗学者の谷川健一《たにがわけんいち》、偽史研究家の藤野七穂《ふじのなほ》ら一部の専門家たちは、この歴史界の寵児《ちようじ》である外三郡誌に対して、次のように疑問を突きつけることを忘れなかった。

「現代人による偽書の疑いあり」と。

この謎の古文書の由来について、〝発見者〟とされる和田喜八郎《わだきはちろう》は「戦後まもないころ、天井を突き破って落ちてきた長持ちのなかに入っていた」と説明し、江戸時代後期から代々伝わる「秘密の書」であることを主張し続けた。


当初、外三郡誌は三百六十八巻から成ると伝えられた。ところが、その後、和田家からは外三郡誌のほかにも次々と古文書が〝発見〟され、その数は最終的に千巻にも二千巻にも達したと言われる。これらは「和田家文書」と総称されることになる。

多くの専門家たちはその奇妙な内容はもちろんのこと、〝発見〟という名の増殖を続

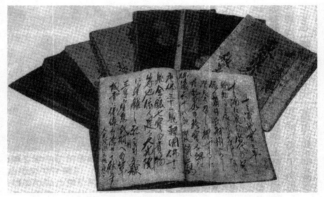

「量的には史上最大の偽書」と指摘される『外三郡誌』。

ける古文書群に首をかしげ、あまりにも不自然な点が多いことを指摘した。

さらに、この問題を複雑にしたのは、外三郡誌が江戸時代に書かれた原本などではなく、和田の先祖によって明治以降に書き写された「写本」であるという点だった。


そして一九九二年のことである。青森地方裁判所（青森市）で起こされた和田に対する著作権侵害の賠償請求訴訟を機に、真偽論争が本格化し、それは真相解明のうねりへと発展した。うねりは震源地の青森からまたたくまに全国に波及した。

外三郡誌は偽書にまちがいない——と主張する偽書派の追及は厳しく、文書に登場する単語の時代的な整合性や、筆跡、紙質の鑑定など詳細な調査・分析が行われた。

その結果、導き出された結論は「内容は稚拙ながらも、量的には史上最大の偽書」（産能大学教授の安本美典《やすもとびてん》）という衝撃的なものだった。そして、偽書作成の張本人と名指しされたのは、なんと発見者とされる和田本人だった。


真偽論争が収束に向かった一九九九年、多くの秘密を抱え、謎を残したまま和田は七十三歳で亡くなった。外三郡誌が発見されたという和田の家も親類の手に渡り、その内部が暴露されるにいたった。そして、そこには何もなかったのである。

真偽論争が本格化してから長い月日が流れた今、専門家はもちろん、歴史界、そして地元青森県民の間でも、外三郡誌は「現代人が作った偽書」との見方で決着した感がある。

仏教学の観点から外三郡誌にかかわった末木文美士《すえきふみひこ》（東京大学大学院教授）に言わせるなら、「今日でもなお、真書説が完全に消えたわけではないが、さまざまな論点から偽書説論者の提示した多くの証拠に対して、真書説側は有効な証拠を提示できず、偽書であることはほぼ完全に確定し、それが覆ることはありえないといってよい」（「偽史の東北――『東日流外三郡誌』をめぐって」『東北仏教の世界』有峰書店新社、二〇〇五年）状況なのである。

軍配は偽書派に上がった、そう言わざるを得ない。

津軽出身の演歌歌手、吉幾三《よしいくぞう》が「何もない土地」とジョーク交じりに歌った五所川原。この何もないはずの土地から謎の古文書は生み出され、波紋は多方面に広がり、その結果、少なからぬ自治体と、数え切れないほどの人々が振り回された。

研究者として名声を傷つけられた者も少なくない。その反体制的な歴史観は一部のオカルトマニアを魅了し、オウム真理教に代表される新興宗教にも吸収された。外三郡誌は単なる偽書騒動では済まされない、深刻な社会問題の側面を持っていたのである。

残念なことに、外三郡誌が起こした波紋は、この奇妙な〝古文書〟に「偽りの書」という烙印《らくいん》が押された今でも、社会の片隅で静かに拡大し、増殖し続けている。
まるで地下水脈のように、静かに。

▲＝山
■＝遺跡名
◎＝県庁所在地
下北半島
津軽半島
恐山
むつ市
陸奥湾
市浦村
十三湖
十三湊
車力村
亀ヶ岡遺跡
石塔山
飯詰
木造町
青森市
五所川原市
小川原湖
三内丸山遺跡
板柳町
三沢市
藤崎町
岩木山
青森県
垂柳遺跡
弘前市
八戸市
迷ヶ平
キリストの墓
十和田湖
新郷村
秋田県
岩手県
秋田市
田沢湖
盛岡市
四柱神社

第一章　謎の古文書

不思議な出会い

それは突然だった。

「実は、ある訴訟があるんだ。民事なんだけどね。近く提訴されることになっている。でも、内容がちょっと特殊でしかも難しいんだ。ほら、君は歴史関係の取材が得意じゃないか。ぜひともやってほしい」

酒の席で先輩記者のＩからそう言われた。

一九九二年の十月初め。私はそれまで籍を置いていた編集局政経部から、突然ともいえる異動で社会部に移ったばかりだった。

本州最北端の県庁所在地である青森市に吹く風は冷たくなりかけていた。Ｉの話に耳を傾ける私の気持ちも少し沈んでいた。それは、北国に静かに忍び寄る本格的な秋の気配のせいばかりではなかった。

「青森県警および司法担当」

社会部で割り当てられた新しい仕事だった。いわゆるサツ回りである。三十三歳になったばかりの私の下には三人の後輩記者がつくことになっていた。入社して十年、会社からはもはや中堅とみなされ、キャップと呼ばれる年齢になっていた。

物憂さの原因はサツ回りの環境にもあった。政経部時代は青森県庁や国の出先など行政機関が主な取材先で、基本的に土曜、日曜は休み。選挙でもない限り、仕事に追いまくられるということは少なかった。要するに、マイペースで「楽だった」のである。

ところが、サツ回りときたら……。

テレビや映画でご存じのことかと思うが、髪に寝癖をつけての夜討ち朝駆けは当たり前。いつ発生するかわからない事件・事故に備えてひたすら待機する日々が続く。それも、だれが使ったかわからない異臭を放つ毛布にくるまってである。

頼りは机の上の警察無線だけ。警察官の出入りにも、じっと目を凝らし、耳をそばだてる。一度出勤するとまともな休憩はなく、旧海軍のごとく「月月火水木金金」を体現する厳しい生活だった。

そして当然のごとく、青森県警本部一階にある殺伐とした記者クラブが日常生活の場となり、相手にするのはしかめっつらの警察官と、まるで壁のように無機質な裁判所や検察庁関係者ばかりだった。

同業者のなかには、こうしたサツ回りこそ記者の花道と考える人たちもいたが、それはひと昔前の話。私が配属されたころにはまだバブル景気の影響もあり、「キケン、キタナイ、キツイ」の3K職場の最たるものとして敬遠されがちだった。サツ回りが勲章の一つで、事件記者が肩で風を切っていた時代はもはや過去のものになろうとしていた。

前述の先輩記者Iはサツ回りキャップの前任者で、私と入れ替わりで政経部へ異動になっていた。彼は今ひとつ意気の上がらない私を励まそうと飲みに誘ってくれたのだが、おのずと仕事の話になり、彼が抱えていた懸案事項の一つを引き継ぐことになったのである。それが「ちょっと特殊で難しそうな民事訴訟」だった。

「そういうことだから。じゃあ、後はよろしく頼むよ。これはまだ他社が知らない抜きネタだからね。がっちりやってくれ、がっちりとだよ」

Iは引き継ぎの民事訴訟についてせっかちに説明すると、最後にそうつけ加え、足早に飲み屋から出ていった。

それが外三郡誌との出会いだった。

そして、この古文書にその後十年以上にわたって振り回されることになろうとは……、秋風が吹き込むわびしい飲み屋に一人取り残された私は想像もしなかった。

『東日流外三郡誌』って何？

「『東日流外三郡誌』？　さて、これは何と読むのか。ヒガシニチナガレ……。ソトサングン……」

酒場でのやりとりから数日後、私は社会部の机の前で腕組みし、頭を悩ませていた。気分を変えようと眺めた南向きの大きな窓には、紅葉真っ盛りの八甲田連峰が広がっていた。

問題の民事訴訟が外三郡誌という古文書に絡む損害賠償請求訴訟であることはわかっていた。しかし恥ずかしいことに、その時の私は、外三郡誌なる古文書が県内に存在することはもちろん、すでに一部の研究者の間で話題となっていたことさえ知らなかった。

個人的には歴史に興味があり、なかでも現代史関係の本を読むことが好きだった。中学校から高校、大学を通じて、日本史と世界史の試験で九十点以下を取ったことがないのがひそかな自慢でもあった。だから、新聞社に入ってからも仕事にかこつけては歴史関係のネタを探し出し、コツコツ記事にしていた。だから、会社内では「ちょっと歴史に詳しい斉藤クン」で通っていた。

ところが外三郡誌となると、もうお手上げ。入社直後にだれかからそういう古文書があると教えられたり、外三郡誌から題材を取ったイベントを横目に見て、何やら奇っ怪など感じたことはあったが、それだけのことだった。これから取り組もうとする外三郡誌について、まったくの素人だったのである。

「国内最大の縄文集落」「五千年前の縄文都市」ともてはやされ、今では一大観光地となった感さえある青森市の三内丸山《さんないまるやま》遺跡が姿を現す二年前のこと。首都圏では考古学、歴史ブームが広がりを見せ始めていたものの、東北までは波及していなかった。青森県内の新聞社も読者も歴史関係の記事にそれほど関心を示していなかったころの話である。

東日流外三郡誌を「ツガルソトサングンシ」と読むことを知ったのと、ツテをたどって民事訴訟の原告に連絡を取ろうと思ったのはほぼ同時だった。

原告の連絡先を教えてくれた人物はこう告げた。

「その男性は大分県別府市にいますよ。提訴前の微妙な時期だから教えてくれるかな。とりあえず電話してみてください」

私は大学で法律を専攻していた。しかし出来の悪い学生で、とりわけ民法にはなじめなかった。白黒がはっきりする刑法と違って、あいまいでわかりづらい法律のように感じたからだ。そんな法律不適応者の頭でも、五所川原市の農家から見つかったとされる謎の古文書が、なぜ損害賠償請求に結びつくのか？　そんな単純な疑問だけは浮かんできた。

とにかく、前に進むしかない。電話あるのみ。すべてはそれからだ、と自分に言い聞かせて電話機に手を伸ばした。

後に白熱する真偽論争で重要なかぎを握る野村孝彦《のむらたかひこ》との初めての接触だった。それはその後、別府―青森の間で何回となく交わされることになる長距離電話の一回目だった。

嘘の歴史がいやなんです

「このままだと、自分の研究が嘘の歴史の証拠として利用されてしまう。それがいやなんです。新聞社の方から見たら、ささやかな研究かもしれませんが、会社を早期退職してまで打ち込んだ結果なんです。本当のところを言うとね、相手がひと言すみません、と謝ってくれれば、それで終わりなんですよ。だから、相手には何回も連絡しました。ところが、返事がいっこうに来ない。これじゃあ、話にも何もなりません。結局、訴訟を起こすしかなくなったんですよ」

電話をとおして聞こえてくる野村の声は穏やかで、提訴を間近に控えている人の高ぶりはあまり感じられなかった。

東北の人間にはのんびり聞こえる関西弁のイントネーションがそう思わせたのかもし

れない。しかし、マスコミ相手に冷静に話そうと努める野村の言葉の端々からはあるものがにじみ出ていた。それは静かな怒りともいうべきものだった。

電話でやりとりした結果、訴訟の大まかな構図が浮かび上がってきた。簡単に言えば、野村の主張は外三郡誌の発見者とされる和田の著書と外三郡誌そのものに、野村が撮影した写真と日本経済新聞に発表した論文記事が勝手に使われた――というものであった。

そして、野村は、
①盗用された写真は「猪垣《ししがき》」と呼ばれる近畿地方の特殊な石垣。それなのに、古代の津軽に存在したとされる耶馬台《やまたい》城《じょう》（外三郡誌に登場する架空の城：筆者注）が存在する証拠として勝手に使われた。
②写真は十六年前に和田に送った。
③嘘の歴史は絶対に許せない。
と説明した。

さらに、野村の話を聞き込んでいくと、摩訶不思議《まかふしぎ》な世界が広がることがわかった。

なぜなら、野村が猪垣の写真と論文記事を送ったのは、外三郡誌が刊行されてまもない一九七六年ごろで、外三郡誌文書のなかに猪垣に関することが載っていないかどうかを、所有者の和田に教えてもらうためだった。ところが、その後、再刊行された外三郡誌に、この野村の論文記事をもとに書いたとみられる記述が出てきたというのだ。それが耶馬台城だった。

過去に書かれたはずの古文書に現代の最新知識が盛り込まれている？

野村の話をそのまま受け止めると、外三郡誌は古文書ではなく、現在進行形で増殖する文書、つまり現代人のだれかが書いた偽書ということだった。

「では、だれが書いたのか……」

そんな私の心を見抜くかのように、野村はいとも簡単に言い切った。

「発見者とされる和田さんだと思います。恐らく、彼が作ったのでしょう」

頭がグラグラしてきた。

〝発見者〟の反論

最初、野村は新聞記者からの電話ということで警戒しているようだったが、長く話しているうちに訴訟以外のさまざまなことも語ってくれた。出身が大阪で、勤めていた大手電機メーカーを歴史研究のために早期退職し別府に居を移したこと、残りの人生を古代史などの研究にささげたいと思っていること、などなど。

「別府に引っ越したのは、大好きな温泉があることも理由のひとつですが、それ以上に、親しい考古学者がいたからです。そして研究テーマの場所が近かったということもあります」

そんな野村の率直な言葉に、熱心なアマチュア研究家という印象を受けた。話がひと段落したところで、思い切って聞いてみた。

「記事にしてもいいですか」

野村はとまどっているようだったが、ひと呼吸置くと答えた。

「いいですよ」


言うまでもなく、民事訴訟の記事を書く場合の基本は原告、被告双方のコメントを取ることだ。これはサツ回りのイロハのイとして先輩記者から教えられる。私も、最初のサツ回りのころ（実はこの時は二度目のサツ担当だった）、徹底的に仕込まれた。だからなんとしても、次は訴えられる立場にある和田の言い分を聞かなくてはいけなかった。番号は電話帳で調べると簡単に見つかった。

プッシュボタンを押す手が緊張した。野村によると、相手は「偽書を作った」とされる人物。職業上、それまでさまざまな人間に会ってきたが、さすがに歴史の捏造者《ねつぞうしゃ》と指摘されるような取材対象者は初めてだった。そんな人物が、どんなことを言うのか興味もあった。

呼び出し音がとぎれるのをじっと待つ。出てきたのは、県内ならどこにでもいそうな津軽弁を話す初老男性だった。声がかれているようにも聞こえた。和田本人だった。野村が訴えようとしていることとその内容を説明し、それに対する反論はないか、と聞いた。

和田は早口でまくしたてた。

「写真(野村が盗用されたという猪垣の写真：筆者注)は、本を作るときに編集者が勝手に使ったものなんです。なぜ、掲載されたのか私は知りません。当時、外三郡誌が見つかったということで、全国からいろいろ問い合わせがきたり資料が届きました。写真はそのなかの一つで、営林署に勤めているという人が郵送してきたものです。外三郡誌のなかに野村さんが発表した論文記事と同じような表現がある？　そんなことまでわかりませんよ」

全面否定だった。

こうしてスクープ記事は生まれた

原稿用紙に向かっていた。

訴訟記事を書くのは六年ぶりだった。気持ちが妙に高揚していた。それは、だれも知らない抜きネタを書いているという記者特有の高揚感のせいばかりではなかった。知らず知らずのうちに偽書というあやしげな世界に惹《ひ》かれていたのかもしれない。一気に書き上げると、最初に話を持ち込んできた先輩記者のIに見せた。

「おういいな。いいな。こりゃあ楽しみだ。他紙がくやしがるな。ざまぁみろだ」

「ハッハッハ」とIは高笑いした。

私とI、社会部長で相談した結果、掲載は提訴の二日前とすることにした。そのほうがインパクトが大きいと考えたからだ。それは十月十九日だった。

「写真、無断で使われた」

「大分の研究家　著者（五所川原）を提訴へ」

社会面にカットつきの大きな見出しが躍った。写真入りで準トップ。大きな扱いは抜きネタであることはもちろんだが、問題の大きさを示していた。その朝、自宅で新聞を手にした私は鼻歌交じりだった。いつしか、あれほど嫌っていたサツ回りもまんざらでもないような気持ちになっていた。

「なんか面白くなってきたな」。心のなかでもう一人の自分がささやいていた。


大分県別府市北石垣、古代史研究愛好家野村孝彦さん（五九）は、五所川原市飯詰福泉、和田喜八郎さん（六五）を相手取り、近く青森地裁に著作権侵害の損害賠償請求訴訟を起こす。古代史ファンらの間で話題を呼んだ和田さんの著書「知られざる東

訴訟のきっかけとなった和田の著書『知られざる東日流日下王国』（東日流中山古代中世遺跡振興会）。野村が盗用されたと主張する猪垣の写真が見える。

「知られざる東日流日下王国」

「写真、無断で使われた」

大分の研究家 著者（五所川原）を提訴へ

「東奥日報」のスクープ記事。（1992年10月19日付朝刊）

裁判に踏み切った経緯を説明する野村（左）と石田恒久弁護士（右）。（撮影：斉藤光政 1992年10月）

日流日下王国（つがるひのもとおうこく）」に、写真などを無断で使われたとして総額約九百万円の賠償と地方紙、全国紙への謝罪広告掲載を求めるという。

「知られざる——」は、古代の津軽に大和朝廷と対立する王国があった、などと主張するユニークな古代史論として知られる「東日流外三郡誌」などを基に編集した本。昭和六十二年に東日流中山古代中世遺跡振興会が県内向けに刊行、平成元年に東京都品川区の八幡書店が出版した。

野村さんによると無断掲載の写真は、県内向け版で六枚、全国版で一枚、非売品の小冊子で一枚の計八枚。いずれも五十一年に問い合わせ用の資料として和田さんに送ったもので、野村さんが研究している猪垣（ししがき）と呼ばれる近畿地方の石垣の写真が古代の津軽に存在した耶馬台城の城跡として紹介された。

写真のほかにも、野村さんが全国紙に発表した猪垣についての小論文を、和田さんが「東日流外三郡誌」（五十八年版、北方新社発行）の一部に勝手に転用したという。

（「東奥日報」一九九二年十月十九日）

押し寄せるマスコミ

「今回は東奥日報さんにしてやられましたよ。よく、こんなネタをつかんだもんですね。それにしても、外三郡誌っていったい何なんです？」

いつも東奥日報を目の敵にしている中央紙の記者が言った。口調はことさら軽さを装っていたが、目は笑っていなかった。

私が勤務する東奥日報社は、青森県内をカバーする、いわゆる「県紙」と呼ばれる新聞だ。部数は朝・夕刊ともに二十四万部。東北では指折りの発行部数を誇る。そんな県紙を出し抜こうと常にキバをむいているのが朝日、毎日、読売の中央紙だった。

地方ではどこでもそうだが、県紙と中央紙が激しくつばぜり合いを繰り広げる。東京、大阪など大都市に住んでいる方は意外に思うかもしれないが、地方では県紙が部数のうえで中央紙を圧倒しているからだ。当然、県紙の部数の多さはニュースソースの豊富さを反映し、必然的に抜きネタを生み出す。

加えて地元紙であるため、県庁や県警に対する食い込みは半端ではない。その結果、追う中央紙、追われる県紙という構図が出来上がる。だから、「抜かれる」と中央紙の記者は上司からいやみの一つも言われることになる。前出の記者の機嫌がよくなかったのはそのせいだった。

スクープから二日後、野村が記者会見の場に指定した青森市内の弁護士事務所は、県警記者クラブに所属する十社以上の新聞、テレビ局の記者であふれ返っていた。

その日、野村は予定どおり提訴に踏み切っていた。会見に臨む表情はやや硬く、記者たちの質問に正確に答えようとするあまり、冗漫になりがちだった。記者の大半は私が書いたスクープ記事のコピーを手にしていた。してやったり、だった。

質問がひと段落したのを見計らって、私は手を挙げた。電話で聞いていたが、もう一度確認したいことがあった。みんなの視線が一斉にこちらを向いた。

「江戸時代後期に書かれ、和田さんの先祖らによって書き写されたとされる外三郡誌に、なぜ、現代人である野村さんの論文記事が利用されたと主張するのですか？　歴史の矛盾ではありませんか？」

これに対する野村の答えは簡単明瞭だった。

「外三郡誌は現代人による偽書だからです。私はこの訴訟を機に、専門家の手による鑑定を望みたい、そう考えています」

外三郡誌とその発見者とされる和田、そして、外三郡誌を擁護する学者たちへのまぎれもない宣戦布告だった。実際、この直後に筆跡、紙質などの専門家による激しい追及劇が始まることになる。

真偽論争の幕は上がったのである。

第二章　筆跡鑑定

筆跡は雄弁に語る

偽書追及の狼煙《のろし》を最初に上げたのは、地元の青森古文書解読研究会だった。その動きはすばやく、和田に対する提訴から五カ月後の一九九三年三月のことだった。背後に、野村と訴訟代理人である石田恒久《いしだつねひさ》弁護士がいるのは明らかだった。

北国青森の春は遅い。木々が一斉に芽吹き、市民が長い長い冬から解放されるのは四月に入ってからだ。その日、窓から残雪がのぞく青森地方裁判所の記者室に、青森古文書解読研究会会長の鈴木政四郎《すずきまさしろう》と副会長の佐々木隆次の大きな声が響いた。

「外三郡誌の筆跡や内容からみて、偽書としか考えられません。書かれた時期は昭和二十年代以降でしょう。まちがいありません」

膨大な資料を手に説明する二人の顔は自信に満ちていた。肝心なのは、二人が「偽書作成」の具体的な時期にまで言及していることだった。

記者たちからは「ホーッ」というため息すら漏れた。

二人は「外三郡誌の記述の時代的整合性と筆跡について、古文書専門家の立場から精査し、分析しました。その鑑定結果です」と前置きし、次のように説明した。
①外三郡誌が成立したのは江戸時代とされているにもかかわらず明治以降に作られた新語が出てくる。
②原本から書き写されたのは明治時代とされるが、字体には戦前から戦中にかけて教育を受けた者の特徴が見られる。
③外三郡誌と筆跡が同じである一連の和田家文書には、戦後に生産された版画用の和紙が使われている。したがって、文書は戦後に作られたものにほかならない。
そして、記者用に配布された資料にはこう記されていた。

「つまり、和田喜八郎氏の直筆でなされたものである」

公の場で、和田の名が偽書製作者として明らかにされるのはこれが初めてだった。

青森古文書解読研究会は青森県立図書館を拠点に活動する民間団体で、県内各地の教育委員会などから依頼される古文書の整理や現代語訳が主な活動内容だった。会員は現役の教員と教員退職者で占められ、地域に根ざした手堅く地味な団体だった。そのため、記者たちからは「なぜ、鑑定に踏み切ったのですか」と率直な質問が飛んだ。

これに対して、二人は石田弁護士から鑑定を依頼されたこと、鑑定結果は原告側資料として、裁判所に提出されることを説明したうえで、次のように答えた。

「みなさん、ご存じですか。外三郡誌は米国の国会図書館やコロンビア大学、英国オックスフォード大学など海外の研究機関にも置かれているんです。それほど広く普及しているんです。だからこそ、青森から生まれた誤りなら、青森の人間が正さなければいけない。それが、われわれ専門家の使命だと考えました」

外三郡誌が県外はおろか海外にも……。思った以上に問題の根っこは深そうだった。

古代史のプロ登場

偽書追及の動きは急展開を見せていた。

「現在進行形の偽書が青森に現る」の報に、マスコミもネタを求めて東へ西へと走り始めた。しかし、その動きは獲物を狙うハンターというよりは、右往左往する素人の群れという状態に近かった。

他社に先行しているはずの私も同様だった。なぜなら、ふだんは事件・事故を追っているはずの武骨なサツ回り記者たちに、歴史ものはピンとこなかったからだ。はっきり言って、荷が勝ちすぎていたと言っていい。

しかし、仕事である以上やるしかなかった。私はあらゆるツテを頼って取材相手を探した。欲しかったのは大いなる疑問への答え。外三郡誌が偽書だとしたら、製作者は本当に和田なのか？

青森古文書解読研究会は「書き手」として和田の可能性を指摘していたものの、私はこの段階で記事に和田の名を入れることはしなかった。「捏造者」として特定するにはまだ早すぎると判断したからだ。会社も同様だった。

さらに、筆跡か文章の専門家の証言が欲しかった。できれば、青森古文書解読研究会の鑑定結果を補強し、なお上回るものが。その結果、浮かんできたのが産能大学教授の安本美典（心理学、言語学、日本古代史）だった。

安本はグリコ・森永事件、連続幼女誘拐殺人事件などの筆跡鑑定で知られ、地方のサツ回り記者にもおなじみの人物だった。その一方で、邪馬台国論争にも深くかかわっていることを歴史雑誌をとおして知っていた。古代史と筆跡鑑定の両方に詳しい安本は、偽書追及の急先鋒《きゆうせんぽう》にうってつけの存在だった。

その安本が外三郡誌問題に積極的にかかわり、独自に調査を進めているらしい……。

多くの関係者を取材していくうちに、そんな情報を聞きつけた私は早速、川崎市に住む安本に電話を入れた。せっかちな性格がこの時ばかりは幸いした。週刊誌『サンデー毎日』と、安本自身が編集責任者を務める古代史専門誌『季刊邪馬台国』（福岡市、梓《あずさ》書院)に掲載する直前だ、と安本は語った。

「よし、それでは他の新聞社より先にいただいちゃおう」

私のなかでスケベ心が頭をもたげた。


「発見者が書いた」


夜半の突然の電話にもかかわらず、安本は自分の鑑定結果を門外漢の私に丁寧に教えてくれた。それは、まるで出来の悪い学生の居残り授業に仕方なくつき合う、忍耐強い先生のようでもあった。

こちらとしても申し訳ない気持ちがないではなかったが、それより「他社に抜かれてはたまらない」という恐怖感にも似た気持ちと、「出し抜いてやろう」という功名心のほうが勝っていた。

安本は言った。

「いいですか。人間には癖というものがあります。個性とも言いますが、それはその人が書く文字にも反映されます。その観点から、私は外三郡誌で使われている文字と、発見者とされる和田さんの文字を徹底的に比較しました。その結果、いろんなことがわかってきました。

いちばん重要なのは、外三郡誌の誤字と和田さんの誤字が共通しているということです。例えば、『於』という字がありますよね。これが外三郡誌と和田さんの文章では『扵』と誤って書かれています。『未』も同様に、上から二本目の横棒が長くなって『末』となります。『陽』や『湯』にいたってはもっと顕著です。右側のつくりの『昜』が一画欠けて『易』となるのです。これらは代表的な例にすぎません。細かく言えば、もっとありますよ。つまり……」

「つまり何ですか？」

勢い込む私をなだめるかのように、安本は冷静に答えた。

「つまり、外三郡誌は和田さんが書いた可能性が極めて高いということです」

青森古文書解読研究会と安本。六百キロ以上離れた場所でほぼ同時に進められていた調査は、くしくも同じ答えを導き出していた。

「誤字は書く人自身の生活や抱えている歴史、思想の表れなのです。先ほどお話ししたとおり、独自の傾向と癖を持ちます。ですから、時代も筆者も違うはずの古文書と、現代に生きる和田さんが同じ間違いを犯すこと自体、おかしな話なのです。それが意味することはただ一つ。和田さんの捏造にほかなりません。和田さんが発見した外三郡誌以外の一連の文書も、和田さん自身が書いた可能性が高いですね」

私も文章を書くことを商売にしているが、こんな視点から文字を眺めたことはなかっ

資料を手に調査結果を発表する青森古文書解読研究会の佐々木副会長（左）と鈴木会長（右）。（撮影：斉藤光政1993年3月）

和田家文書の一つである『丑寅日本記全』の表紙。左下に記されている「和田末吉」の字に注意。「末」が「未」と誤って書かれている。

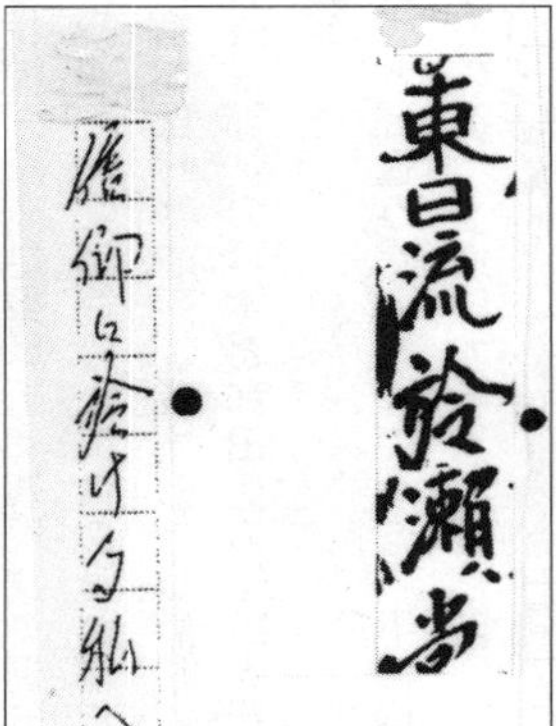

『外三郡誌』に使われている文字で、左は和田の自筆。いずれも「於」を「斾」と誤って書いている。

た。驚くとともにペンを走らせた。その原稿は翌日の朝刊社会面を大きく飾った。見出しは準トップ級の四段通し。またもやちょっとしたスクープだった。

「『発見者が書いた』」

「専門家が鑑定　雑誌に発表」

「偽書製作者」の疑いが強いとして、和田の名が初めて紙面に登場した日でもあった。

真偽論争を呼んでいる「東日流外三郡誌」に新たな疑問が投げかけられている。文章心理学と古代史の専門家が、東日流外三郡誌は「発見者とされる和田喜八郎氏がねつ造した偽書」とする調査結果を五日までにまとめ、根拠として「東日流――」の写本と和田氏の誤字の共通点を指摘。調査結果は近く専門誌や週刊誌を通じて発表する。

調査したのは、グリコ事件や連続幼女誘拐殺人事件の筆跡鑑定で知られる安本美典産能大教授＝神奈川県川崎市宮前区けやき平。安本教授は戦後、五所川原市の和田家で発見されたとされる東日流外三郡誌の写本と和田氏の筆跡を比較、個人の特徴がはっきり表れる誤字に注目し鑑定した。

その結果、①「於」を「扵」と間違う②「末」の場合、下の横棒を長くし「未」と書く③「國」では字中の口と一の上下を逆にする④「陽」「湯」など、つくりの「昜」は一画欠け「昜」と書く⑤「得」も横棒が一本少なく、「得」とする――など、特異な誤字の共通点を指摘。「写本と和田氏自身の誤字が同じということは、東日流外三郡誌が和田氏によって書かれたものであることを示している」と結論。

また、東日流外三郡誌に前後して発見されたとされる「東日流六郡誌絵巻」、「源頼朝の『奉寄』」、「安東太郎宗季の『安東船商道之事』」などの古文書にも同様の誤字などがみられることから、「和田氏が提供した一連の古文書はすべて和田氏が書いた可能性が高い」としている。

（「東奥日報」一九九三年四月六日）

不可解な公開

安本が最後に残した「外三郡誌のほか、和田さんの家から発見されたという一連の和田家文書も偽書とみられる」という言葉がどうしても頭から離れなかった。

このころになると、外三郡誌以外にも膨大な古文書群が存在し、それらはまとめて「和田家文書」と呼ばれていることを知っていた。和田家文書は合計で千巻以上に達するとも言われていた。そんな大量の文書をたった一人で書くことができるのか、という疑問が私のなかで頭をもたげてきていた。

和田の訴訟代理人である五戸《ごのへ》雅彰《まさあき》弁護士から県警記者クラブに連絡が入ったのはそん

な時である。

「古文書を公開しましょう。戦後書かれた偽書だという指摘に対して、〝違う〟ということを示したいのです。見てから判断してください」

青森古文書解読研究会と安本らによって一方的に展開される偽書説に対して、とうとう和田側が反撃を始めるのかとクラブ内はざわついた。

外三郡誌は訴訟のなかで野村側から公開を求められていながら、提出されていなかった。それだけに、とうとう本物を拝めるのかという期待が記者たちにあった。古文書公開は五月、場所は青森県庁（青森市）に近い五戸弁護士事務所に設定された。

しかし、期待に胸を高鳴らせる記者たちの前に置かれたのは、『丑寅日本記全《うしとらにほんぎ》』『東日流内三郡誌』『武州雑記帳』『荒木武芸帳』……。

数そのものは十巻もあったが、問題の外三郡誌そのものは一つもなく、いずれも「和田家文書」と呼ばれるものばかりだった。肩すかしをくった格好の記者たちの落胆ぶりはすごかった。隣に座る中央紙の二十代の記者が口をとがらせ、ぼやいた。

「こんな関係ないものを見せられてもなあ、しょうがないよ」

そんな不満の声を知ってか知らずか、五戸は「こんなものが和田さんのところにいっぱいあるんですよ」と話すと、忙《せわ》しげにそれらの文書をテーブルの上に広げた。

そして「外三郡誌は和田さんが書いた偽書だという指摘がありますが？」「外三郡誌

五戸弁護士事務所で公開された和田家文書。（撮影：斉藤光政 1993年5月）

を公開しなかった理由は？」という矢継ぎ早の質問にこう答えた。

「和田さんが家族や手近のものを手本に字を覚えた以上、（外三郡誌などの：筆者注）写本を作った先祖の字と似ても不思議はありません。外三郡誌については、和田さんが第三者に貸したまま行方がわからなくなった、と話しています」

質問がとぎれたのを見計らって私は聞いた。最初からこれだけは絶対に尋ねようと思っていたことだった。

「ここにあるものが本物だと言われても、古文書についてわれわれは素人です。はっきり言って、分析する力がありません。安本さんや野村さんたちは外三郡誌の公開と、公的な第三者機関での速やかな鑑定を求めています。ここにある文書も鑑定に出す考えはあるんでしょうか」

これに対して、五戸の答えは現時点ではその意思がない、というそっけないものだった。

事務所を出るころには、とっぷりと日が暮れていた。記者クラブへ戻る記者たちの足どりは重かった。遅い桜の香りが北の街の官庁街にかすかに漂っていた。

「なんのための公開だったんだろうな」

一人が言った。それを待っていたかのように、もう一人が大声で夜空に叫んだ。

「いったい、どう書けばいいんだよ。原稿を待っているデスクにも説明できねえよ。これじゃあ意味ねえじゃん」

名言をパクる？

「天は人の上に人を造らず　人の下に人を造らず」

日本人ならだれでも知っている福沢諭吉の有名な言葉である。民主主義の原理を簡潔に説いたものとして、諭吉の著書『学問のすゝめ』の冒頭に登場する。

ところが、この名言がパクりだとしたらどうだろう。それも、偽書疑惑が浮上している外三郡誌からの引用だと教えられたら……。まさに、その時の私はキツネにつままれたなんとやらの状態だった。それは五戸弁護士事務所での文書公開直後のことである。

諭吉の一件を教えてくれたのは、弘前市に隣接するのどかな農業地帯、藤崎町《ふじさきまち》に住む藤本光幸《ふじもとみつゆき》だった。

「新聞記者はいろんな人の話を聞くのが仕事ですよね。それなら、偽書派だけじゃなく、こちらの言い分も聞いてもらわないと。いろいろお話ししたいことがあるので来てくれますか」

という連絡が彼からあったのだ。

真偽論争に奔走する安本や野村によると、藤本は「和田の最大のスポンサー」であり、

「和田とは旧知の間柄」で、しかも「外三郡誌の所有者の一人」とされていた。

藤本が編者を務めた外三郡誌関係の本にも「外三郡誌の詳細を語る第一人者」と紹介され、本人自身も「生涯の使命として、（和田家文書の：筆者注）原稿化に努めている」と力説していた。外三郡誌は正しいとする、いわゆる擁護派（真書派）の中心メンバーの一人であった。

藤崎町は青森市から車で一時間ほど。津軽富士と呼ばれる岩木山《いわきさん》を目指して津軽平野を西へと向かった。ハンドルを握りながら、なぜ藤本から連絡が来たのか、いったい彼は何を話そうとしているのか、じっくり考えてみた。そして、ついつい深読みしてしまった。五戸弁護士事務所で行われた和田家文書の公開と連動した擁護派の攻勢ではないかと。新聞記者の悪癖だった。

福沢諭吉も大忙し

藤本の自宅は町の中心部にあった。リンゴ加工会社を営むだけあって年季の入った豪勢な建物だった。広い敷地をぐるりと囲む高い塀は旧家であることを無言のうちに告げていた。津軽弁で裕福な旧家を「オオヤゲ」と呼ぶが、藤本家はその一つに違いなかった。

六十歳を少し超えたという藤本は、自分は長い間和田家文書を研究していると語り、「実は」と、おもむろに古文書らしきもののコピーを取り出した。和田家文書の一つで、「福沢諭吉の書簡」なのだという。

内容を見て驚いた。

「東日流外三郡誌」久しく貸付に預り大切ニ他見ハむ用と存し一説を引用仕り何卒御容許下サレ度願申上候　余著「学文之進め」なる筆頭「天ハ人之上ニ人ヲ造ラス人之下ニ人ヲ造ラス」之行也「東日流外三郡誌」之一説「吾カ一族之血ハ常ニ平等ニして人之上ニ人ヲ造ラス亦人之下ニ人ヲ造るなし」との御引用也　申付之如く御書之所在ハ他見ニ及ほす事なけん　吾之天之とて永世ニ日本国之学文之大道と奉り永世に遺さむ（中略）大阪にて飛脚す

津軽飯積邑士族

和田末吉様

八年六月六日

福沢諭吉（花押）

かたかなとひらがなが混在していたものの、古文書の知識がない私でもすらすら読め

るものだった。それもそのはず、日付は明治八年（一八七五）とあった。内容は読んでわかるとおり、

①福沢諭吉が外三郡誌を借りていたこと。

②『学問のすゝめ』の冒頭を飾る有名な「天は人の上に人を造らず　人の下に人を造らず」の一節は、外三郡誌の「人之上ニ人ヲ造ラス亦《また》人之下ニ人ヲ造るなし」を引用したものであること。

③その引用を「何卒《なにとぞ》御容許下サレ度《たく》」と願い出ていること。

を示していた。

あて名にある「和田末吉《すえよし》」は和田の曽祖父《そうそふ》にあたり、外三郡誌など一連の和田家文書を明治時代に原本から書き写したとされる人物だった。目の前のコピーもその末吉が、自身あてに福沢から届いた手紙をやはり書写したものだ、と藤本は説明した。

「でも残念ながら、福沢からの手紙の実物がないんですよ。この写しだけです。これは七年前に発見された後、ほかの文書類のなかにまぎれ込み行方不明になっていたんですが、昨年再び見つかったんです」

なんだ実物はないのか、もしあったら、日本史を揺るがす大ニュースなのに……と私は落胆した。しかし、藤本はそんな私の気持ちも知らず、「世紀の発見」に気をよくしてか、興奮ぎみに話し続けた。

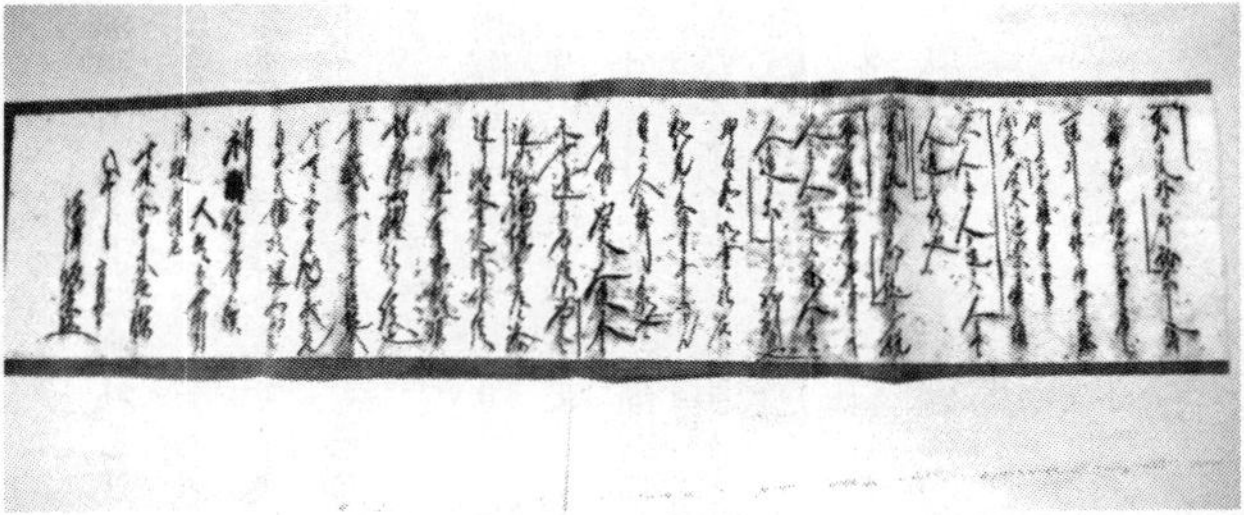

福沢諭吉の手紙の写しとされる文書のコピー。冒頭に『外三郡誌』から「天は……」の名言を引用した旨が書かれているが……。（撮影：斉藤光政 1993年5月）

「最初見たときは驚きました。そもそも〝天は人の上に人を造らず　人の下に人を造らず〟という自由平等思想は和田家文書に流れる基本的な考えで、外三郡誌をはじめとする文書のなかに何回も出てきます。

外三郡誌偽書説を唱える人たちはこれまで、この思想を福沢の『学問のすゝめ』から引用したと主張していましたが、事実はむしろ逆で、福沢が和田家文書のテーマの一つを踏襲したのだと考えます。写ししか存在しないのは、福沢からの手紙本体が虫食いなどで傷んだため、末吉が書写したからでしょう。手紙本体はもうないと思います。その写しはどこにあるのかって？　今はわかりません」

この手紙が意味するものは、外三郡誌が福沢の時代に存在したことの証明であり、明治を代表する知性が外三郡誌を所有する和田家と密に連絡を取り情報交換すらしていた――。これが藤本の言いたいことであった。

私は許しを得て、コピーを撮影することにした。ファインダー越しにのぞくと、文字一つ一つが大きく目に飛び込んできた。極端に右上がりの独特な文字が並んでいた。最後のあて名部分を見て、アッと思った。「和田末吉」の「末」の字がどうしても「未」にしか見えなかったからだ。青森古文書解読研究会と安本が和田の癖字として発表したものと同じだった。

真っ向否定の慶應義塾大学

記者として、次に私が取るべき行動は簡単だった。福沢諭吉の〝総本山〟である慶應義塾大学へ問い合わせる、これに尽きた。そして、この時初めて、慶應義塾大学に福沢研究センター（東京都港区）という、福沢の業績を統括・研究する専門機関があることを知った。

センター所長の西川俊作《にしかわしゆんさく》教授（計量経済学）は「昨年七月、昭和薬科大学教授の古田武彦《ふるたたけひこ》さんがこの福沢諭吉の書簡の写しを持って来ました。しかし、写真に撮ることも、書き写すことも許されませんでした。ですから、この一件には大きな関心を持っています」と前置きしたうえで、次のように語った。西川の理路整然とした説明は、まるで私の取材を予期していたかのようだった。

「三千通ある福沢の手紙のなかで、一度も使われたことがない花押が記されていたり、公式記録では六月五日まで東京にいたはずの福沢が、手紙では早くも翌日の六日に大阪から手紙を出したりしています。そして、自分の著書である『学問のすゝめ』を『学文之進め』とまちがえるなど、これだけ短い文章のなかにおかしい点が数多くあります。〝大阪にて飛脚す〟とありますが、手紙の三年前の明治五年には、すでに郵便の全国ネットワークができており、書簡が存在するなら郵送していたはずです。敬語を誤って使ったり、文章の意味がよくわからないなど、不自然な個所《かしょ》も多すぎます」

わずか三十行に満たない短い手紙なのに、疑問点、疑問符のオンパレードだった。

「持ち主の和田さんに手紙の実物を見せてほしいとお願いしましたが、史料のなかに埋もれて行方がわからないとの返事でした。それ以来、和田さんからは連絡がありません。実物がない以上、手紙の存在自体も疑わしいと考えています。この文書は〝写されたもの〟などではなく、だれかによって〝作られたもの〟なのではないでしょうか」

慶應義塾大学の見解は厳しかった。最後に「鑑定のため、手紙とその写しの提供を和田さん側に引き続き求めるつもりです」とも語った。

しかしその後、福沢研究センターに手紙と写しの提供があったという話はついぞ聞かない。そして、西川の口から出た昭和薬科大学教授の古田という名は、その後の真偽論争のなかで大きな比重を占めていくことになる。


「東日流外三郡誌めぐり新論争／名言「天は人の上に……」／県内郷土史家　外三郡誌から引用した／慶応大研究者　当然、諭吉のオリジナル」

東日流（つがる）外三郡誌をめぐって新たな論争が沸き上がっている。焦点は慶応大の創始者福沢諭吉の言葉として知られる「天は人の上に人を造らず人の下に人を造らず」の一節。五所川原市の和田家文書を整理、研究している県内の郷土史家らが「この有名な一節は東日流外三郡誌からの引用」と主張。その根拠として近年、和田家文書の中から発見したとされる福沢諭吉の手紙の存在を挙げているのに対して、慶応大は反発。「強い疑いを持っている」と手紙の開示を求めている。問題の手紙は、一連の和田家文書と同様に写ししか存在しないため事実の確認は難しく、結論はなかなか出そうにない。

手紙は、東日流外三郡誌など和田家文書を明治時代に書写したとされる和田末吉あてに福沢諭吉が出したとされるもので、実物はなく、写しが残るだけ。この写しは七年前に発見された後、文書の中に紛れ込み、昨年再び見つかったという。

写しの研究に当たった藤崎町の郷土史家藤本光幸さんの手元に残るコピーによると、写しには「『東日流外三郡誌』久しく貸付に預り大切ニ他見ハむ用と存し一説を引用仕り何卒御容許下サレ度願申上候　余著『学文之進め』なる筆頭『天ハ人之上ニ人ヲ造ラス人之下ニ人ヲ造ラス』之行也……」(原文のまま)と、借りていた東日流外三郡誌を返すお礼とともに「天は……」の一節を著書の「学問のすゝめ」に引用した旨が書かれている。文末には滞在地の大阪の地名と明治八年六月六日の日付、福沢諭吉の名、花押が見える。

(「東奥日報」一九九三年五月三十一日)

第三章　偽　書　説

偽書批判の先駆者

このころ、私は暇さえあれば青森県警記者クラブのソファに寝ころび、歴史関係の本を読みあさるようになっていた。外三郡誌事件に関するネタ探しでもあった。

関係する本を拾い読みするうちに、民俗学者で近畿大学民俗学研究所長を務める谷川健一が、外三郡誌に登場する福沢諭吉の『学問のすゝめ』に触れ、外三郡誌が偽書であることの根拠の一つにしていることを知った。福沢の書簡を記事にしたばかりだったので、偽書派の先駆けといえなくもない谷川の見解は興味深かった。

『東日流外三郡誌』は、明らかに偽書であり、世人をまどわす妄誕を、おそらく戦後になってから書きつづったものである。（略）『東日流外三郡誌』上巻一四三ページに次の文章がある。「依《よつ》て都人の智謀術数なる輩《やから》に従せざる者は蝦夷《えみし》なるか。吾《わ》が一族の血肉は人の上に人を造らず人の下に人を造らず、平等相互の暮しを以《もつ》て祖来の業とし……」。元禄十年七月に秋田頼季《あきたよりすえ》が書いたとあるこの文章が、福沢諭吉の有名な言葉を下敷にしているのをみるとき啞然《あぜん》とするのである。

（『白鳥伝説』集英社、一九八六年）

谷川は和田家から見つかったとされる福沢の書簡について、さらにこうも語っていた。

「嘘のうわ塗りをするために、和田家があらたにねつ造した偽りの手紙であることは明白である」

単刀直入。擁護派にとって、これ以上ない厳しい言葉だった。

野村の提訴によって真偽論争が本格化する前段階で、外三郡誌に対して警鐘を鳴らしている人物としては、ほかに偽史研究家の藤野七穂がいた。藤野は専門的な観点から多くの疑問を突きつけていた。

「写本」そのものは公には未公開であり、「偽書」ではないか、という疑いは払拭されてない。（略）極端な右上がりの特徴のある字癖を持つ現「写本」は、「なぜかほとんど楷書」で当用漢字（旧字は國などきわめて僅少）を使用しており、ごく新しいものとしか思えない。(略)古代・中世の史料としての援用はおろか、江戸期の史料としての使用すら悲観的にならざるをえない。
(『東日流外三郡誌』の秘密とその問題点」『みちのくの王国――北方の楽園』一九九二年)

また地元青森県では、辛口評論で知られる松田弘洲《まつだこうしゅう》(故人)が、外三郡誌の偽書性を厳しく指摘していた。

「東日流外三郡誌」は現代人によって執筆された、現代人のための〈偽作・盗作〉であった。昭和三十年代、四十年代にさまざま執筆された地方史に影響された津軽人が、図に乗って、古文書や金石文にない〝歴史物語〟をたまたま書き上げたら、そのフィクションがどうしたわけか、「ウソでも、本当らしい」と受けとられ、歴史学界らも少なからず影響を与え、テレビ番組にもなったが、まともな歴史家はこれをアヤシゲなものと否定した。だが、いまだに一部読者の「アヤシゲだがロマンがある」なんていう、ヘンテコな論理に支えられているのが「東日流外三郡誌」というものなのである。
(『古田史学の大崩壊』一九九一年)

このような批判があることは、擁護派の面々も承知しているはずだった。それなのになぜ、こうした疑惑にほおかむりしたまま、新たな〃発見〃を喧伝《けんでん》し、マスコミに接触してくるのか、私には謎だった。それは、ほかの記者も同様だったはずだ。

そんなことを考えると、ちょっと気が滅入《めい》ってきた。気分転換にと、青森市内の古本屋にぶらりと入った。やはり、足はいつしか歴史コーナーへ向かった。すると、ある、ある。外三郡誌の影響を受けた、もしくは引用した本が、そんなに広くもない店内にずらり並んでいた。ジャンルは専門的な研究書に始まり、小説、サブカルチャー、コミック、歴史専門誌といろいろで、なかには有名大学の教授が書いた学術論文のようなものまで交じっていた。地方、中央の出版社が競うようにして、外三郡誌を商品化しているさまは壮観でもあった。

外三郡誌が一九七五年に『市浦村史資料編』として世に出て以来、二十年の間にいかに広く、しかも深く、日本列島に浸透していたのかをあらためて思い知らされた。また、外三郡誌は歴史出版業界のなかで金のなる木なのだなと実感した。真偽論争の側面の一つがおぼろげながら見えてきたような気がした。

たとえば、次のような本である。

『謎の東日流外三郡誌』（佐治芳彦）、『出雲《いずも》津軽縄文神の血族』（志茂田景樹）、『紀元前に実現した津軽古代王国の謎』（佐藤有文）、『真実の東北王朝』（古田武彦）、『日本超古代王朝の謎』（鈴木旭《あきら》）、『東日流外三郡誌の旅』（小舘衷三《こだてちゅうぞう》）、『東日流外三郡誌と語部《かたりべ》』（佐々木孝二）、『白鳥城物語』（長尾まり子）、『古代天皇の秘密』（高木彬光《たかぎあきみつ》）、『竜の柩《ひつぎ》』（高橋克彦）……。

夏のボーナスが出たばかりで懐が温かいこともあり、これら目につくものをまとめて買うことにした。財布が一気に軽くなるが、これも取材のためと自分に言い聞かせた。

経営者とみられる初老の男性が、大量の本を両手に抱え、よろけるようにして歩いてくる私を不思議そうに見て、遠慮がちに聞いてきた。

「外三郡誌に興味があるんですか」

「あります」と答え、逆に「外三郡誌関係は売れるんですか」とたずねた。

すると、こんな言葉が返ってきた。

「外三郡誌は人気商品の一つです。それは新刊を扱う書店も同じでしょう。だから、こうしてお客さんの目につきやすい場所に置くようにしているんです。地元の人はもちろんですが、東京や大阪など都会から来た人たちがよく買っていきます。〝教科書には載っていない本当の青森の歴史を知りたい〟なんて言う人が多いですね。面白いことに、偽書騒動の記事が東奥日報に頻繁に載るようになってから、よけい売れるようになりました。一部マニアから一般の人へ広がったんじゃないでしょうか。偽書騒ぎさまさまといったところですか」

皮肉なことに、自分の書いた記事が外三郡誌人気に拍車をかける結果となっていたのを知った。なんとも奇妙な気分のまま、店を後にした。

のちに、こうした外三郡誌関連本の詳細なデータが齋藤隆一《さいとうりゅういち》（福島市）から届く。齋藤は会社勤めの傍ら、精力的に東北古代史の研究を進める人物だ。彼によると、外三郡誌関係の書籍は雑誌も含めて二〇〇六年の時点で百三十冊を超え、二十一世紀に入っても出版ペースは衰えないという。驚くしかなかった。

「もっと徹底的に」

東北最大の火祭りである「ねぶた」の狂乱が終わり、お盆が過ぎると、青森に吹く風はめっきり涼しくなる。「夏も終わりですね」と道行く人々は去りゆく夏を惜しみ、背後から静かに忍び寄る冬におびえ始める。

一九九三年初秋のある日、私は津軽路を車で走っていた。向かうのは五所川原市飯詰地区。外三郡誌が発見されたという問題の場所をぜひとも自分の目で見て、肌で感じたかった。

助手席では、取材をとおして知り合った偽史研究家の原田実が楽しそうに鼻歌を歌っていた。歴史ものはもちろん怪獣などの特撮、コミック、新興宗教などサブカルチャーにめっぽう強い三十代前半の原田は、熱烈なアニメファンでもあった。彼が気持ちよさそうに奏でる鼻歌も、ひと昔前の有名なテレビアニメのテーマソングだった。

混迷を深める一方の偽書騒動をつかの間ではあったが、忘れることができた。どこまでも青く澄み切った空の下で、なんだか幸せな気分になっていた。ハンドルを握る手もついつい軽くなった。

青森市から西へ走ること四十分。五所川原市の市街地手前を右に折れ、畑地のなかの舗装道路をしばらく行くと、右手に集落が見えてきた。飯詰地区だった。

曲がりくねった迷路のような道を挟んで、大小の蔵を持つ農家が寄り添うように立っていた。集落内の道は細く、車一台通るのがやっと。外部から訪れる者をまるではねつけているかのようだった。

「なんか歴史ある集落みたいですね。ここなら、古文書が出てきてもおかしくない、そんな不思議な気分にさせられますね」

かつては道しるべに使われたであろう立派な松の木と、さも由緒ありそうな寺院が二つも並んでいるのを見て、原田がそう言った。

外三郡誌をはじめとする大量の古文書が発見されたとされる和田の家は、そんな集落のほぼ中心にあった。しかし、茅葺きの質素な家には人の気配がなかった。私は和田に直接会って取材することができなくてがっかりしたような、それでいてホッとしたような複雑な気持ちになった。

このころになると、和田とは連絡が取れなくなっていた。電話に出た家族に伝言を頼んでも、本人から返事が来ることはまったくなかった。何度電話しても、何度伝言しても同じだった。取材拒否に遭っていたのだ。外三郡誌問題を報道し続ける私は、和田にとって煙たい存在になっていたのかもしれない。

飯詰集落を訪れた最大の目的は、偽書騒動に対する地元の人たちの考え、そして外三郡誌そのものについての意見を聞くことだった。記事を書く者として、読者、それももっとも事情を知り、しかも事件の影響を直接受けているだろう地元住民の生の声が聞きたかったのだ。「偽書騒動で地元は大変らしいよ」と、人づてに聞いていたこともあった。できれば、和田の人となりも知りたかった。

地元で和田の名前を告げて、首をかしげる人はいなかった。彼は思った以上に有名人だったのである。

「ああ、あの古い書物みたいなものが出てきたという家ですね」

「偽書問題はどうなっているんですか」

「裁判になっているんですよね」

「外三郡誌の家はどこですか、とよく聞かれますよ」

集落に住む人たちは取材を別段いやがる風でもなく、気軽に受け答えしてくれた。そして、最後に決まり文句のように口にするのは「やっぱり、あの問題はおかしいですよね。前々からそう思っていたんです」という偽書派へのエールだった。なかには「偽書問題の記事は面白い。もっと徹底的にやればいい」という〝強硬派〟すらいた。うれしい半面、世論にしりをたたかれ、けしかけられているような気がしないでもなかった。

印象的だったのは、元教師だという男性の告白とも受け取れる言葉だった。地元住民としての率直な思いが表れているような気がした。やわらかな津軽弁でとつとつと話す男性の話に時間を忘れて聞き入ってしまった。それは衝撃的な内容だった。

「正直言うと、私たちは外三郡誌の話がここまで大きくなるとは思っていなかったんです。甘く見ていたんですね。ほかの地区の人たちから〝疑惑があるのを知っていながら、なぜ放置したのか、本当に恥ずかしい〟とまで言われ、返す言葉がありませんでした。そのとおりだからです。飯詰の人たちはみんな、和田さんの家が江戸時代の文書が伝わるほど古い家柄じゃないことを知っています。もちろん和田さんの親類もです。

私自身は和田さんの字を以前見たことがあるので、筆跡はすぐにわかります。とても特徴がありますからね。かなり前のことですが、和田家文書の書写本と呼ばれるものを見たことがあります。残念ながら彼の字でした。これでは駄目だと思いました。

外三郡誌自体も、ちょっと歴史の知識がある人が見れば、おかしいと思うような内容です。あまりにもお粗末すぎるため、だれも取り合わなかったのかもしれません。そうした面倒くさいことにはかかわらないほうがいいというあいまいな態度が、この問題を複雑にし、ここまで大きくしたのかもしれませんね。地元の人間として、本当にお恥ずかしい限りです」

和田に関して、そして外三郡誌について聞こえてくるのは、否定的な言葉ばかりだった。

どうやら偽書問題の背景には、津軽という日本列島最北部が持つ独特の地域性や、そこに住む人々の人間性といった深い要素が潜んでいるようでもあった。同じ県内とはいえ、歴史も風土もまったく異なる太平洋側の海岸地帯で少年時代を過ごした私には、少し荷が重い問題だった。

夕暮れが迫り、取材を切り上げる時間になっていた。帰りの車中で、それまで黙っていた原田がおもむろに切り出した。

「さすが、外三郡誌発祥の地だけあって情報の宝庫ですね。みなさん、いろいろと知っている。それに、津軽平野の片隅にある農村というロケーションもなかなか雰囲気がありますね。ある意味、外三郡誌の神秘性を盛り上げています。一口で言えば、いろんな意味で深い場所という感じかな。まるで、推理小説の舞台のようです。そんな感じがしませんか」

外三郡誌が生まれた里のイメージについて、原田にもっと聞きたいような気がした。だが思い直した。これ以上聞くと、とんでもない批評が飛び出してきそうだったから。

原田の陽気な鼻歌がまた始まった。飯詰集落は初秋の暗闇に溶け込もうとしていた。

巧みな武者絵

この外三郡誌の地には、その後何度も足を運び、取材を重ねることになる。当然のごとく、さまざまな情報が手に入った。

プライバシーにかかわることもあり、ここで多くを書くことははばかられるが、なかには偽書問題の核心に迫るような証言もあった。その一つが、和田の親類によるものだった。地元の人たちが「和田家のことを一番よく知っている」と口をそろえる人物だった。

その人は和田家の隣に住む和田キヨヱ。一九三〇年生まれのキヨヱは、和田の父方のいとこにあたり、家庭の事情から十代の後半を和田の家で過ごしていた。外三郡誌が発見されたとされる和田の家は、三歳年上の和田とともに育ったわが家同然の場所だった。

それゆえ、キヨヱが語る外三郡誌の世界はあまりにもリアルだった。

「喜八郎さんは小さいころから絵を描くのがうまくて、よく家のなかで描いていました。

特に、凧絵《たこえ》（武者絵のこと：筆者注）が上手でした。大人になってからは、障子紙に自分で描いたものを天井からつるし、煤《すす》をつけてはもみ、古く見せるようなことをしていました。その時は何やっているんだろうと思って見ていたのですが……。

最近のことです。ある人から和田家文書の一つだという『東日流六郡誌絵巻』という本を見せられたんです。なかに載っている挿絵を見て、びっくりするとともにやっぱりなと思いました。喜八郎さんが描いていたものと同じだったからです。字もそうでした」

津軽の夏を象徴する青森ねぶた祭や五所川原立佞武多《たちねぶた》。秋の豊作を祈る火祭りとも言われるが、闇夜に赤々と灯《とも》される張り子を彩るのは勇壮な武者絵だ。武者絵は郷土玩具として知られる津軽凧にも使われる。津軽の文化はこの武者絵に色濃く影響を受けている。だから、ひと昔前まで子供たちの間では、武者絵をうまく描けることが人気者になるための早道でもあった。

「凧絵が上手」だった和田。偽書派がさらなる追及のターゲットに選んだのが、和田家文書のなかで文字とともに大きな比重を占める挿絵だった。それは真偽論争の行方を左右する劇的な展開となった。そして皮肉にも、追及の口火を切ったのは、武者絵をなりわいにしている青森ねぶたの制作者だった。

第四章　告発と告白

ねぶた師の指摘

「最近の東奥日報は面白いよね。外三郡誌に焦点をあてた記事がいい。やっぱりな、と思っている人がたくさんいるはずですよ。実は外三郡誌に絡んでちょっと興味深い話があるんです。和田家文書の一つに『東日流六郡誌絵巻』というのがありますよね。あれに出てくる挿絵が昔の画集からの盗用だというんですよ」

ある男性からの情報提供だった。その明るい声は偽書騒ぎの成り行きを楽しんでいるようでもあった。

野村の提訴をきっかけに、真偽論争が本格化してから一年が過ぎ、一九九三年の師走を迎えていた。当初は、県警記者クラブに所属する各社が外三郡誌ネタを追いかけていたが、論争が抱える専門性と複雑な展開に音を上げ、一社、また一社と、報道合戦から脱落していった。日々起こる事件・事故が記者たちの足を偽書問題から遠のかせてもいた。

定期的に青森地方裁判所で開かれている裁判だけはカバーしているようだったが、それ以上の積極的な動きは見られなかった。気がつくと、外三郡誌問題に正面から取り組んでいるのは私だけ、そんな状況になりつつあった。

「あれやこれやれと、デスクの指示が多くて忙しいんですよ。それに外三郡誌は難しいし、第一、記事にしづらい。だから、東奥日報さんはよくやるなってわれわれは見てますよ」

弁解がましいせりふを地方紙の記者の一人は口にした。カチンときた。忙しいのは私だって同じ。十二月ともなれば、新年号向けの特集や一年を振り返るまとめ記事を書かなければいけなかった。業界で言う「年末進行」というやつだ。

ところが、外三郡誌問題がどうしても頭から離れなかった。それは、自分が論争に火をつける第一報を書いたという、単純な責任感からだけではなかった。意地のようなものが心の底でうごめいていた。その意地は「外三郡誌は難しいし、記事にしづらい」と堂々と言い訳を口にし、問題から距離を置こうとする同業者たちに向けられていた。

この時私は、外三郡誌は東北の片田舎《かたいなか》から中央へ発信できる数少ない全国ネタだとも思っていた。そんな金の卵を前にして「難しい」と愚痴をこぼす記者たちの気持ちがわからなかった。

「世の中は難しくてわからないことばかり。だから面白いし、おれたち新聞記者の存在意義があるんじゃないか。いったい、何を言ってるんだ。ようし、それじゃあ、おれは行けるところまで行ってやる。外三郡誌の成り行きを絶対に見届けてやる」

そんな開き直りにも似た気持ちを抱えたまま、青森市内のとある待ち合わせ場所へと向かった。前出の情報提供者に会うためだった。

彼の話はこうだった。

『東日流六郡誌絵巻』（以下、『六郡誌絵巻』）に掲載されている挿絵が、昔のカラー画集の絵と酷似している。その画集は日本史の名場面をまとめた『國史画帖《こくしがちょう》 大和櫻《やまとざくら》』と呼ばれるもので、一九三五年に東京の省文社という出版社から刊行された。似ているのは画集に収録されている絵六十一枚のうち二十枚以上。ねぶた制作者として有名な千葉作《ちばさく》龍《りゅう》が気づき、「盗用だ」と指摘している……。

千葉といえば、県内に住む人ならだれもが知っているねぶた作りのプロ、いわゆる、ねぶた師だった。毎年、複数のねぶたを掛け持ちで制作する売れっ子で、受賞も数え切れないほど。青森ねぶた界を代表する一人だった。

『六郡誌絵巻』とは、『東日流六郡誌大要』『東日流六郡誌考察図』など和田家文書とされるもの十巻以上を一冊にまとめたダイジェスト版のような本で、弘前市の出版社から

『六郡誌絵巻』の挿絵「安倍貞任が遺児高星《たかあき》。東日流藤崎に落つ」（上）と『國史画帖』の「曽我兄弟復讐の図」（下）を見比べてほしい。人物の位置が入れ替わっている以外はほとんど同じ図柄であることがよくわかる。

一九八六年に発行されていた。私も古本屋でよく目にしていたから知っていたが、簡単に言えば外三郡誌の姉妹編のような本だった。

「武者絵をねぶたのモチーフに使うねぶた師たちは、『國史画帖』のような画集をよく参考資料にするんだそうです。千葉さんもかなり前に東京の古書店で手に入れたそうですよ。ところが、偽書騒ぎが起きてから『六郡誌絵巻』と見比べてびっくり。これは放っておけないと思ったらしいです」

情報提供者はそう語った。彼の話を聞くうちに、ある言葉がよみがえってきた。それは、外三郡誌発祥の地といえる五所川原市飯詰地区でかつて聞いたものだった。

「和田は凧絵が上手でした」

和田をよく知るいとこのキヨヱが、確かそう言っていた。津軽の伝統文化であるねぶたと武者絵、そして外三郡誌が一つの線で結ばれようとしていた。

〝発見〟されたタネ本

翌日、私は津軽平野にすっくとそびえる岩木山を目指していた。はるか縄文時代から信仰の対象であった岩木山の周りには、「祭り」と「生産」にかかわる多くの遺跡が点在する。青森、岩手、秋田という北東北地方に住む人々が

「蝦夷《えみし》」と呼ばれていた平安時代後半（十〜十二世紀）には、国内有数の鉄器の産地でもあった。

山麓にずらり並んだ小型製鉄炉は、近隣の川で採取される砂鉄を溶かして鉄製品に加工し、それを勢いよく北の地へと送った。鉄製品、ことに鍬《くわ》などの農具、そして刀、槍《やり》、矢尻などの武具は当時のハイテク製品だった。これをのどから手が出るほど欲しがったのが北海道アイヌだった。蝦夷とアイヌのルーツは同じ縄文人で、形質的にも文化的にも近い「北の民」だった。

アイヌから見返りに届いたのは、本州では手に入らない北海道やサハリン産の海の幸、山の幸。サケ、コンブ、アワビなどの海産物のほか、弓矢や馬具の材料となるワシの羽やクロテンの毛皮などで、時には蝦夷錦《えぞにしき》（清朝《しん》の官服）など大陸からの珍品も交じっていた。岩木山一帯は中世の一大製鉄コンビナートであるとともに、南北交易のターミナル基地だったのである。

そんな悠久の歴史を持つ岩木山のすそ野に三上重昭《みかみしげあき》は住んでいた。

岩木町《いわきまち》郷土史研究会の元会長で岩木町文化財保護審議会委員を務める三上が、ねぶた師の千葉と同じく、『六郡誌絵巻』を『國史画帖』からの盗用だと指摘している——。

そう聞きつけた私は、ぜひとも三上の話が聞きたかった。三上は偽書派とされるメンバーに名を連ねていなかった。だからこそ、どんな展開になるのか興味があった。

事前に訪問を告げていたせいもあってか私が着くなり、目の前に『國史画帖』がドンと広げられた。小学校教員を定年退職して六年になるという三上は、いかにも元教師という慎重な物腰で、大判の画集一枚一枚を丁寧にめくっては説明してくれた。

「この『國史画帖』はおじさんのところにあり、小学生のころから見ていました。だから、すぐ気がついたんです。最初、『六郡誌絵巻』を見た時にはあまりにも似ているのでびっくりしました。これでは、歴史に詳しくない人でもひと目でわかります。

似ている絵が一枚や二枚というなら偶然ということもあり得るでしょう。でも、これほど大量に集中しているのはあまりにも不自然ですよね。恐らく、『國史画帖』をタネ本にしたのでしょう。だから、『六郡誌絵巻』はニセ物なんです。これは和田家文書が偽書だという有力な根拠になるはずです」

「宮廷で蘇我入鹿《そがのいるか》を討つ中大兄皇子《なかのおおえのおうじ》」

「馬上で獅子奮迅《ししふんじん》の活躍を見せる平将門《たいらのまさかど》」

「猛将・新田義貞《にったよしさだ》戦死の場面」

「日本三大敵討ちとして知られる曽我《そが》兄弟の復讐劇《ふくしゅうげき》」

「富士川での木下藤吉郎《きのしたとうきちろう》の初陣」

三上が次々に指さす挿絵の数々は、門外漢の私でもどこかで目にしたことがあるような〝名画〟ばかりだった。ところが、その名画がひとたび『六郡誌絵巻』のなかでは人物と時代、場所をまったく変えて登場。古代九州に存在したという高砂族《たかさごぞく》・佐怒王《さぬおう》の戦闘シーンや前九年の役（一〇五一～一〇六二年）での源氏出陣、はたまた安倍貞任《あべのさだとう》の遺児とされる高星丸《たかあきまる》が落ちのびる場面などとして紹介されるのである。

三上によると、挿絵の盗用は三十五枚に上るという。『國史画帖』に収録された絵の六割にもなる計算だった。これが本当なら、盗用はねぶた師の千葉の指摘を超えて、さらに深刻なものになるはずだった。

三上は続ける。

「『六郡誌絵巻』の発見者とされる人物は、今でも『國史画帖』を手元に持っているのではないでしょうか。見てください。『六郡誌絵巻』のなかの誤字が発見者とされる和田さんの誤字とまったく同じなんですよ。『於』が『扵』となっていますよね。邪馬台国の『邪』も『耶』です。一目瞭然です。つまり、『六郡誌絵巻』は『國史画帖』が刊行された一九三五年より後に書かれたものと考えられるのです」

「逆に、『國史画帖』が『六郡誌絵巻』をまねたという可能性はありませんか」と私はたずねた。

三上は力強く言い切った。

「和田さんによると、一連の和田家文書は門外不出・口外無用で、一九四七年に和田家の天井から落下して初めて、その存在に気づいたと言います。ということは、『國史画帖』が刊行された一九三五年の時点で和田さんは文書群があったことを知るわけがないし、ましてや東京の出版社が知る由もなかったはずです。どんなに強弁してみても、『六郡誌絵巻』は『國史画帖』のタネ本にはなり得ないのです」

その声はちょっと怒っているようでもあった。

『國史画帖』をまねたのか

青森市に戻ってから、三上の言葉の意味をじっくり考えてみたが、『外三郡誌』の偽書疑惑をいち早く公表した青森古文書解読研究会の見解を聞きたくなった。会長の鈴木政四郎は考古学から現代史まで歴史全般に詳しかった。

「ほうーっ、『國史画帖』ですか」

鈴木は私が持参した『國史画帖』を興味深げに手に取ると、『六郡誌絵巻』の挿絵と一枚一枚比べ始めた。奥さんが不安げな表情でお茶を淹《い》れてくれた。

「偽書問題なんかにかかわらなきゃいいのにね。でも、この人はやっちゃうんですよ。正義感が強いって言うんでしょうか。まっすぐと言うんでしょうか」

奥さんの心配をよそに、鈴木は『國史画帖』に夢中のようだった。根っからの歴史好きとはこういう人のことを言うんだろうなと思った。しばらくして、鈴木は口を開いた。

「戦前の教科書に載っていたような歴史上有名な絵ばかりですね。クライマックスシーンというやつですよ。なかには、掛け図になっているものもあります。『國史画帖』が刊行された一九三五年と言えば日中戦争の二年前で、軍国主義が強くなっていたころ。当時の国史（日本史：筆者注）の教科書に載せた絵の原図を集めたものだと思います。『六郡誌絵巻』と比較すると……。うーん、似すぎですね。顔や衣服など一部違うところはありますが、それは書き加えたものでしょう。レイアウトも位置もほとんど同じですよ。類似と言うよりはそっくり。どちらかが模写したのでしょうが、世に出た状況を考えると、『六郡誌絵巻』が『國史画帖』をまねたと考えるほうが自然ですね」

「ほら、見てください。『六郡誌絵巻』の文章もほかの本からの盗用ですよ。戦後に出版された『東北太平記』という本からが多いようですね。タネ本はそれ以外にもいろいろあるみたいです。あちこちから材料をかき集めてきたんでしょう」

はからずも、鈴木の結論は三上と同じで、『六郡誌絵巻』は『國史画帖』からの盗用――とする点は、外三郡誌偽書疑惑をさらに深めるものだった。しかも、鈴木はタネ本が『國史画帖』のほかにも数多くあることを示唆していた。彼の目には、われわれとは違う外三郡誌ワールドがすでに見えているのかもしれなかった。

文字に続いて、今度は挿絵か……。

各方面から次々伸びてくる偽書追及の手に、私は少し混乱していた。外三郡誌の挿絵盗用疑惑はまだまだ拡大する可能性があった。それは、古代史研究家の齋藤隆一を取材して明らかになった。

齋藤は言った。

「外三郡誌は『國史画帖』以外の本からも絵をパクっているようですよ。見てください、これを」

彼がおもむろに取り出したのは、タイム・ライフ・インターナショナルが一九七〇年に出版した『原始人』（クラーク・ハウエル著、ラディー・ザーリンジャー絵）という本だった。

そのなかに登場するラマピテクス、アウストラロピテクス、クロマニョン人などの絵が、八幡書店版『東日流外三郡誌』の第一巻に出てくる日本列島の原人や先住民の図とそっくりなのだという。

見てみた……。確かに、姿勢、筋肉のつきぐあいなどがかなり似ていた。

「面白いでしょう。『國史画帖』からの盗用疑惑について、擁護派の人たちは『國史画帖』のほうが外三郡誌をまねたのだと抗弁しているようですけど、これについては何と

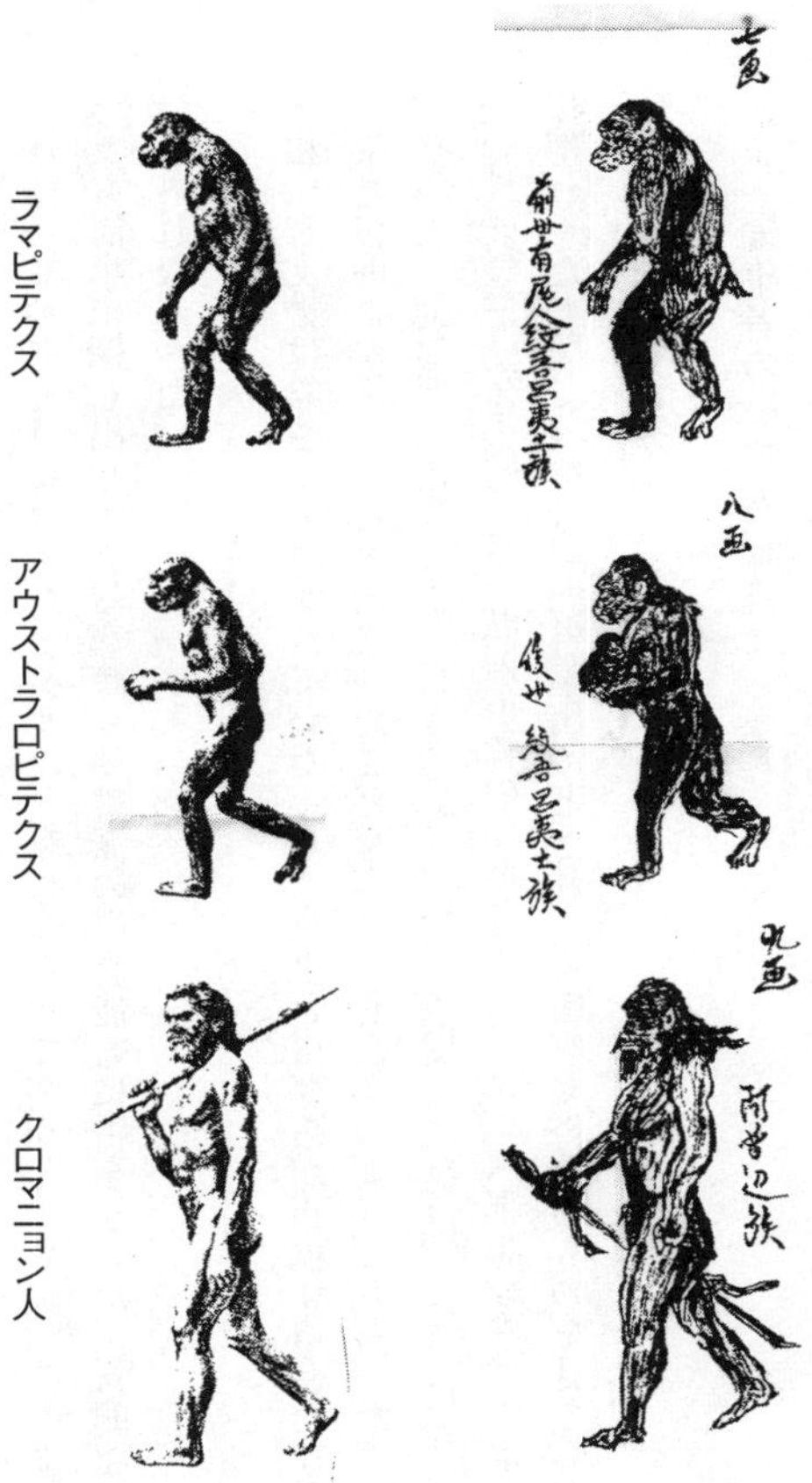

左がタイム·ライフ·インターナショナルの『原始人』の挿絵。右が八幡書店版『外三郡誌』に登場する日本列島の原人と先住民。見比べてほしい。

言うんでしょうかね。やっぱり、〝ザーリンジャーという外国人の挿絵画家が外三郡誌からパクった〟とでも開き直るのでしょうか」

齋藤が意地悪そうにクスッと笑った。私もつられて笑うとともに、このような史料をいとも簡単に探し出してくる齋藤ら偽書派の調査能力に舌を巻いた。新聞記者も負けてはいられなかった。

和田家文書は絵さえもパクっていた——。三上と齋藤らが指摘する新たな疑惑は、外三郡誌包囲網がまた一段と狭まったことを告げる警告音のようでもあった。

その後、『六郡誌絵巻』については、さらに決定的な証言を聞くことになる。それは、『六郡誌絵巻』が出版された弘前市でのこと。証言者は『六郡誌絵巻』の編集作業に直接携わった人間で、彼は「門外不出」とされる和田家文書そのものを見ていた。つらい取材だった。

編集者の衝撃の証言

その人は、弘前市の中心部近くに立つ古い住宅に住んでいた。山上笙介《やまがみしょうすけ》。弘前市に拠点を置く地域新聞「陸奥新報《むつしんぽう》」の編集局次長、常務取締役を歴任した後に退職し、執筆業をこなしながら悠々自適の生活を送っている人物だった。

県内唯一の国立大学である弘前大学の國史研究会会員でもあり、複数の市史編纂《へんさん》委員を務めるなど郷土史家として広く知られ、多くの著作があった。そんな地方の著名人が問題の『六郡誌絵巻』にかかわっていたと聞いて、正直私は驚いた。それほど、和田家文書は地元出版社とそれを支えるインテリ層に深く浸透し、食い込んでいることの証明にほかならなかったからだ。

山上宅を訪ねるにあたっては、元新聞記者なら率直に真実を話してくれるかもしれない、という淡い期待を抱いていた。それは、三十歳以上年上の元同業者に対する甘えにも似た気持ちだったのかもしれない。山上はそんな私の思いを裏切らなかった。

「家内を亡くし、一人で気ままに暮らしているんですよ」

専門だという近世史料が所狭しと置かれた、ほの暗い書斎で山上は言った。

名刺を渡すと、「ああ、新聞を見て知っています。外三郡誌問題を精力的に書いてる方ですよね。いつも、感心して読んでいます。いつか、おいでになるとは思っていました」と、のっけから偽書問題を口にした。別段、緊張している風でもなかった。

これはいけると思う一方で、取材することに慣れた人間が、逆にインタビューを受けるというのはどういう気分なんだろうと、複雑な気持ちになった。

山上は和田家文書に直接かかわることになった発端から話し始めた。それは一九八三年までさかのぼる話だった。

「弘前市内の津軽書房という出版社の代表からひとつづりの原稿を渡されたのが、発見者とされる和田さんとの間接的な出会いでした。出版社からは〝内容は面白いけど文章がひどい、手を入れて本にしてくれないか〟と頼まれました。黒いボールペンでびっしり書かれた原稿は文字も内容もとても特徴的で、ひと目見れば忘れられないような代物でした。

一読して、当時評判になっていた外三郡誌を和田さん自身が口語文に書き直したものだとわかりました。なにやら難しいタイトルがついていましたが、『東日流《つがる》蝦夷《えぞ》王国《おうこく》』と改題して、一九八三年に出版しました。もちろん、和田さんの著作としてです。ところが、これが予想外に売れて売れて。内容がでたらめでも、日本の正史を闇の歴史の視点から批判しているということで評判になったのです。

『六郡誌絵巻』にかかわりを持ったのは、それから二年後の一九八五年です。『東日流蝦夷王国』の売れ行きに気をよくした和田さんが本にまとめてほしいと、出版社に和田家文書を持ち込んだのです。この時初めて和田家文書なるものを目にしました。つづり本を含めて十五巻ありました。一見、古文書風でしたが、確認のため知人に紙質鑑定してもらうことにしました。すると〝明治かそれ以降のもの〟という回答でした。

その点を和田さんに問い合わせると、〝原書の成立は江戸後期だが、ここにある現物は明治時代に書写されたものだから当然だ〟という返事だったので、とりあえず納得して編集作業に入りました。ところが、それからがひどくて……」

山上はひと息入れると、ほのかに初冬の光が差す室内を仰いだ。古い書物が放つ独特のかびくささが辺り一面に漂っていた。

「それから、どうなったのですか」

メモ帳に必死にペンを走らせる私の心は急《せ》いていた。話の続きが早く聞きたかった。ここで終わるということはないだろうな、と要らぬ心配もあった。

山上は告白を再開した。

「それからです。大きな疑問に突きあたるようになったのは。本物の近世文書に加筆し、改竄《かいざん》したような跡が見られたのです。そして何より最大の疑問は、古文書の筆跡と和田さんの筆跡があまりにも似ているということでした。和田さんから本のあとがきのようなものをもらったのですが、そのボールペンの字と古文書の毛筆書きがとても似ていたのです。口語体と文語体という違いこそありましたが、使っている単語や言い回しもそっくりでした。

それを和田さんに問いただすと、〝先祖が残した文書を長い間読み返しているのだから、似てくるのは当たり前〟と、わかるようなわからないような返事でした。疑惑が募ったまま、本は出来上がりました。それが、あなたが聞きたいという『六郡誌絵巻』

（一九八六年刊行：筆者注）だったのです」

代々伝わる文書を読むうちに字まで似てくる……。和田側の五戸弁護士が説明したのと同じ理屈だった。そんなことが本当にあり得るのだろうか？　疑問を投げかける間もなく山上は続けた。

和田家文書をめぐる奇怪な出来事が起きたのは、『六郡誌絵巻』に続いて翌年に刊行された『總輯《そうしゅう》東日流六郡誌』の編集作業にあたっていた時のことだったという。

「この時、持ち込まれた和田家文書も『六郡誌絵巻』の時と同じで、文字と用語は和田さんの肉筆とそっくりでした。内容的にもひどいものでした。本物の古文書もありましたが、それは和田家とはまったく関係ないもので、それに書き加えることで、さも和田家文書のように見せかけているのです。偽造、変造文書のたぐいです。それがぞくぞくと出てくるのです。

はなはだしい例としてはこんなことがありました。私が〝この文書とこの文書の間が抜けている、つながりになるような文書がないか探してくれ〟と言うと、和田さんは一週間もすると、ちょうどぴったりの文書をホイホイ出してくるんです。信じられますか。こりゃあ、駄目だなと思いました。歴史上、存在しない津軽藩の役職名なども平気で出てくるのですから。和田さんが無理して新たに作っていたのです。

当然、出版社には刊行を中止するよう申し入れましたが、もう時間的に手遅れでした。

結局、発行部数を最低限に抑え、初版が売り切れ次第、絶版とすることにしました。私はそれ以降、和田さん、そして和田家文書とは一切関係を断つことにしました」

「和田家文書は偽書」

「門外不出」とされ、専門家ですら手に取ることがままならない和田家文書。その文書と発見者とされる和田の肉筆を直接手にし、目のあたりにした山上の証言が持つ意味は重かった。彼は文書と和田の筆跡が類似していることに気づいた最初の人物である可能性が高かったからだ。

長い間、心の底にためていたものを一気に吐き出したせいか、山上の表情はさばさばしているように見えた。しかし、持参した『國史画帖』のコピーを見せると、やれやれと言うように、深くため息をついた。

「初めて手にしますが、こうして見ると、『六郡誌絵巻』の絵が『國史画帖』から盗用されているのは明らかですね。和田さんが偽造、変造に手を染めているとは思っていましたが、これほどとは……。

お話ししたとおり、『六郡誌絵巻』については、編集作業の途中から疑問を持っていましたが、灰色の存在でした。疑惑はその後の『總輯 東日流六郡誌』の作業をとおして深まり、最終的に和田さんの〝製作〟と確信するにいたったのです。実は『六郡誌絵巻』については、最近の創作ではないか、と私が所属する弘前大学國史研究会のなかでも話されています。

こうした『國史画帖』というはっきりしたタネ本を突きつけられれば、もう、和田さんといえど言い逃れはできないでしょう。私は今では、和田家文書全体を偽書とみています。現代人が歴史の本や論文などからいろいろな話をピックアップし、それに手を加えて都合よくまとめた創作物、それが外三郡誌をはじめとする和田家文書の実態だと思うのです」

「ただし、最後にこれだけはあなたに理解してほしい。確かに頼まれたこととはいえ、『六郡誌』関係の和田家文書を世に出したのは私です。しかし、それは〝歴史資料〟としてではないということです。言い逃れに聞こえるかもしれませんが、それだけはわかってほしいのです」

世話になった出版社への義理と郷土史家としての良識の間で揺れ動いた山上。元新聞記者としての正義感が今も彼を苦しめているのは、想像に難くなかった。

「過程はどうあれ、最終的に和田家文書の編集を引き受けた理由には、それまでごくわずかな人しか見たことがない〝門外不出・口外無用〟とされる秘伝の書に触れ、自分で調べてみたいという好奇心があったのは事実です。うまくいったら、うわさされている真偽のほどを知ることができるかもしれない、という誘惑もありました」

山上の率直な言葉を受け止めながら思ったのは、もし私が彼の立場だったらどうしただろう、という自らへの問い掛けだった。研究者としての好奇心と功名心。それはスクープで紙面を華々しく飾り、あわよくば名を上げたいという新聞記者としての名誉欲と同種のもののように思えた。

ある日突然、ふろしきからいわくありげな「秘密の書」が取り出され、目の前に積まれたら……。甘い誘惑に対して、ノーと言い切る自信がなかった。私には山上を責める資格がないような気がした。

津軽の古都に日が傾いていた。山上宅を立ち去る時が来ていた。和田家文書が抱える問題の核心に限りなく肉薄し、真偽論争の渦中に一石を投じた山上。彼の衝撃的な証言に、めまいに近い感覚を覚えながら車のドアを開け、エンジンキーをひねった。四輪駆動車の鈍い振動を感じながら、私はつぶやいた。

「こりゃあ、大変なことになるぞ」

「東日流六郡誌　和田家文書に新たな疑惑／『國史画帖』の流用？／絵巻の挿絵35枚

が酷似

ユニークな古代、中世史論を展開する「東日流外三郡誌」の真偽論争が全国の歴史ファンの間で過熱する中、和田家文書に新たな疑問が浮かんでいる。文書の一つである「東日流六郡誌絵巻」に対して、県内の歴史愛好家らが「同絵巻の絵は昭和初期の画集からの流用」と指摘しているもので、絵巻を編集した郷土史家はその可能性を認めている。本県に端を発した論争は新たな展開を見せそうだ。

絵巻は、五所川原市の和田家から戦後に見つかったとされる「東日流六郡誌大要」や「東日流六郡誌考察図」などの文書を一冊に編集、昭和六十一年に弘前市の出版社から発行された。津軽地方の古代から近世までの歴史を絵と簡単な文で表したのが特徴で、内容的には東日流外三郡誌の姉妹編といえる。基になった原書は東日流外三郡誌と同様、江戸時代後期に書かれ、明治に入って、和田家の祖先が書写した——という。

流用を指摘されているのは、絵巻の中心となる東日流六郡誌考察図（全三巻）の項。元教師で岩木町郷土史研究会会長を務めた三上重昭さん（六六）＝同町宮地川添＝らの研究によると、挿絵五十三枚のうち三十五枚が昭和十年に発行された「國史画帖大和櫻」（東京都・省文社）の絵に酷似、原書（写本）の信頼性に強い疑いがあるという。

具体的には、中大兄皇子が蘇我入鹿を討った大化の改新（六四五年）や、壇ノ浦の合戦での義経の八艘（そう）跳び（一一八五年）など歴史上有名な場面が、絵巻では人物、時代、場所を変え、古代九州に存在したとされる日向の高砂族の佐怒（さぬ）王や安東水軍の話として登場。「國史――」と絵巻の違いは衣装や顔、背景程度で、構図や人物の位置はほとんど同じだという。

「國史――」は日本史のいわゆるハイライトシーンをまとめたもので、六十一枚の絵で構成される。

（「東奥日報」一九九三年十二月五日）

ひとつのまぼろし

和田家文書の詳細をよく知り世に送り出した編集者自身が、文書そのものの偽書性を証言した波紋は大きく広がった。その後、この記事が各種の雑誌等に転載されたことからもそれがよくわかる。

そして、取材からちょうど一年後。各方面の疑問に答えるように、山上は古代史専門誌『季刊邪馬台国』（五十五号、一九九四年）に和田家文書は現代人の創作物で偽書――と主張する文章を寄せる。

タイトルは「『東日流誌』との遭遇《であい》と訣別《わかれ》」。和田家文書に対する山上の立場を明確にするものだった。『季刊邪馬台国』は外三郡誌問題を精力的に掲載していた。

この文章のなかで、山上は「ひとつのまぼろしを見る」として、和田家文書の成立過程を関係者の視点から推理していた。山上は「これは推測にすぎないが」と前置きしたうえで、「おおよそは、史実と符合するであろう」と自信ありげに記していた。刺激的な文章である。少し長くなるが、紹介しよう。

暗い灯火のもとで、ひとりの青年が、毛筆をとっている。歴史書を読み漁《あさ》り、必要なものを選んで、和紙に書き写す。一枚ものもあり、長短さまざまな写しができる。なかには、改作したのや、自分の創作もあった。

つくりあげた文書に、煙や薄墨などを用いて、古色をつける。線香の火で、虫喰《むしくい》も模造する。ほんものの文書を手に入れて、切り取りし、加筆するなど、都合よく変造する。こうして、いろいろ雑多な、時代がかった「古文書」群ができあがった。

青年は、これらを、江戸期・明治期、さらに、もっと古い時代のものと偽って、売るようになる。または、無償で提供して、「実費」や謝礼をもらう。骨董《こっとう》のたぐいも、同様に手がける。これは、古道具屋などで入手したがらくたや新作物に、適当な説明を付けた。

青年は、壮年になり、初老にいたる。この歳月のうちに、作成した「古文書」類は、膨大な量に達した。この量がまた、「個人では不可能な仕事」と、世間に錯覚をいだかせる。しかし、十年、二十年をかければ、たった一人だけでも、できないことはない。なぜならば、その文字と文章は、きわめて粗雑であって、用語の正誤や文法を気にしない、書き飛ばし、たれ流しである。一篇《いっぺん》をつくるのに、たいした時間を必要とすまい。（略）こうしたおぞましい偽文書は、現在もなお、ご本人の必要、または、他からの注文に応じて、製作され、公表されつづけられている。

壮年のころ、ジャーナリズムに乗って、いちおう、有名になる。自作の「古文書」は、「奇書」・「異端の史書」などともてはやされて、つぎつぎに紹介された。しかし、やがて、批判の声が澎湃《ほうはい》と出はじめ、偽書論争がさかんになって、きびしい守勢に立たされる。

いまや、長年かけてつくった「名声」も、幻滅の危機にある。虚像を正当化し、自己防衛をまっとうするには、批判のいっさいを否定しつづけなければならない。こうして、かつての青年は、老年の現在も、あれこれと理屈をつけて、がんばりつづけている。

いや、あるいは、老人はいま、自己催眠にかかるか、自己《じこ》瞞着《まんちゃく》におちいって、もはや、自分の偽作物を、ほんものと信じこんでしまっているのかも知れない。とすれば、気の毒なことでもあり、じつに、怖い話でもある。

一読して、私は寒けを覚えた。これが、自分が相対している外三郡誌の正体なのか？　だとしたら、昭和初期の怪奇小説を思わせる本当に「怖い話」だった。

第五章　描かれた世界

五流の偽書と呼ばれて

山上笙介が編集者として、和田家文書とつき合ったのは一九八三年から一九八七年までの短い期間だった。しかし、山上はこの四年間を「不愉快な忘れてしまいたい日々」と吐き捨てるように言った。和田家文書は、郷土史家としてすでに名を成していた山上にとってトラウマとなって残り、晩年を苦しめ続けたと言っても過言ではなかった。

文章も文法も滅茶苦茶《めちゃくちゃ》で、拙劣、醜悪の限りをつくしている。偽書としては五流の偽書、つまり最低の偽書である。その絵も同然である。ニセの骨董品屋も引き取らないような偽書を本物と思いこむのは丸太棒を呑《の》み込むように難しい。

（『季刊邪馬台国』五十二号、一九九三年）

一方、これは真偽論争が本格化した一九九三年に、民俗学者の谷川健一が外三郡誌を表現した言葉である。「五流の偽書」とは、学問的に厳しい谷川らしい評価だった。

こうしたマイナスのイメージを抱えながらも、外三郡誌が歴史に詳しいはずの人たちを惹きつけ、翻弄し続けた理由とはいったい何なのか。

その一つとして考えられるのが「門外不出」「口外無用」と喧伝された謎の古文書が持つあやしい魅力である。

山上は、偽文書の疑いを強く抱きながらも編集作業を続行した理由について、「秘伝の書を自分の目と手で実際に確かめてみたいという誘惑があった」と率直に語っていた。たとえ、偽書のうわさが高くても一度は現物を見てみたい、という郷土史家としての〝欲〟にあらがえなかったということなのか。

また、山上はインタビューのなかで「文書を提供されているという弱みがあり、それが表立って偽書とは言いづらい状況を生んだ」とも語っていた。

「秘伝の書」外三郡誌を手にするためには、発見者とされ所蔵者でもある和田との関係を良好にしておく必要があった。簡単に言えば、気分屋の和田の機嫌を損ねないように気を遣わなければいけない、ということだ。こうした出し惜しみ的状況が希少性をより高め、研究者、歴史好きたちの知識欲を一層あおったことは言うまでもなかった。

また、谷川に「五流の偽書」という評価を受けながらも、外三郡誌が人気を得た理由には、敗者の視点からとらえた闇の歴史――という反体制的な歴史観があった。

かつて縄文文化の中心地であった東北北部が、鎌倉の武士政権によって「日本」の版図に組み込まれるのは十二世紀末のこと。それまで、原東北人である蝦夷《えみし》は中央から「化外《けがい》の地に住むまつろわぬ民」とさげすまれ続けた。

歴史的に抹殺された側の視点で再構成された日本史だからこそ「何かがあるはずだ」と、既存の歴史書にあきたりない人たちは考え、外三郡誌に触手を伸ばした。「正史の陰にこそ真実がある」と意図的に語る研究者やマスコミが積極的に宣伝役を務めたのも事実だった。

外三郡誌ワールド

では、このように多くの人々を翻弄し続けた外三郡誌が描く世界とは、いったいどんなものなのか。中身を簡単に紹介しよう。

外三郡誌は、中世津軽の豪族である安東《あんどう》一族（現在は学術的に「安藤」で定着しているが、当時の事情から便宜的にそう呼ぶ）にかかわる歴史と伝承を、江戸時代の寛政元年から文政元年（一七八九〜一八一八年）にかけて収集・編集したという体裁を取る。江戸後期に存在した古代〜中世の文書や口伝えを、時系列にとらわれずそのまま書き留めた――とされるその独特のスタイルが異彩を放つとともに、真偽論争を複雑にしていることは言うまでもなかった。

安東一族は、前九年の役の敗者である安倍氏にさかのぼる。前九年の役は蝦夷の首長だった安倍一族の勢力があまりにも強大になったため、それを恐れた朝廷が源氏の棟《とう》梁《りよう》である頼義《よりよし》と義家《よしいえ》父子に征伐させた事件だ。

その後、安倍氏の末裔《まつえい》は安東と名を変えて全国に分散しながらも、自分たちの先祖を滅ぼした朝廷に対して敵愾心《てきがいしん》を持ち続けた、というのが外三郡誌の基本テーマである。

中世の国際港湾都市として知られる十三湊を支配した安東氏もこの安倍氏の流れをくむとされ、市浦村役場が『村史資料編』として、外三郡誌を出版した理由もここにあった。

この外三郡誌編纂を企画したのが、安東氏の末裔と伝えられる三春藩《みはるはん》（福島県）秋田家七代藩主の倩季《よしすえ》。倩季はその使命を縁者の秋田孝季《たかすえ》に託し、孝季は協力者で妹婿の和田長三郎吉次《ちようざぶろうよしつぐ》とともに日本全国をくまなく歩き回り、各地に残る文書や伝承を収集したのだという。和田吉次は五所川原市の石塔山荒覇吐神社《せきとうさんあらはばきじんじや》を守る家柄で、外三郡誌の

『外三郡誌』に掲載されている和田長三郎吉次（左）と秋田孝季（右）。

『市浦村史資料編』上・中・下

〝発見者〟和田喜八郎の直接の先祖だとされる。

架空の先祖

確かに、三春藩主の秋田倩季は実在の人物だ。しかし、外三郡誌を編纂したとされる秋田孝季と和田吉次の存在を裏づける記録は和田家文書以外になく、このため偽書派は二人を「架空の人物」と位置づけていた。石塔山荒覇吐神社の由来も同様だった。また、外三郡誌編纂の事実についても三春藩史料では確認することができず、和田家文書だけが一方的に主張する話であった。

この孝季と吉次コンビが資料収集に費やしたとされる期間は三十三年の長きに及ぶ。活動範囲は国内はおろか遠くロシア、朝鮮、中国へと広がり、果てはヨーロッパまでをも示唆していた。厳しい鎖国時代であるにもかかわらず、である。

その成果が三百六十八巻に上る外三郡誌であり、郷土史家の山上らが『六郡誌絵巻』を刊行する際に原資料とした『東日流六郡誌大要』などの膨大な和田家文書だというのである。

孝季と吉次が作成した原本は秋田家に、副本（寛政原本）は和田家に残されることになったが、秋田家の原本は火事で焼失。結果的に和田家にのみ外三郡誌が伝えられることになった。ただし、現在残る外三郡誌は和田吉次の子孫、つまり喜八郎の曽祖父と祖父らが明治以降に書写したものだという。「門外不出」「口外無用」であることと相まって、この書写というあいまいさが真偽論争をさらに複雑なものにしていた。

〝発見者〟とされる和田によると、外三郡誌は戦後まもない一九四七年（一九四八年ともいう）に天井を破って屋根裏から落下。大きな長持ちに入っていたというから驚きである。その後、外三郡誌のほか、和田家文書も続々と〝発見〟され続け、最終的には千巻以上に達したと言われる。

市浦村役場は一九七五年から一九七七年にかけて、『市浦村史資料編』（上・中・下）として外三郡誌を刊行。公的資料という大義名分を手に入れた外三郡誌は、一九八四年から一九八六年にかけて弘前市の北方新社（全六巻＋補巻、小舘衷三《こだてちゅうぞう》・藤本光幸編）から、さらにその三年後は東京の八幡書店（全六巻、東日流中山史跡保存会編）から版を変えて大々的に出版されることになる。また、『六郡誌絵巻』などの関連文書が弘前市の津軽書房から相次いで刊行されていた。

もうひとつの日本史

次は外三郡誌の中身について紹介しよう。ストーリーは〝古文書〟が製作された年代によって微妙に異なり、矛盾する点も少なくないが、大まかにまとめると以下のようなものである。ちょっと長くなるが、肝心な部分なのでおつき合い願いたい。

はるか昔、津軽地方には大陸をルーツとする阿蘇辺族《あそべぞく》が居住。そこに津保化族《つぼけぞく》と呼ばれる人々が渡来し、土器や竪穴式《たてあなしき》住居など縄文人独特の生活スタイルをつくり上げた。その後、岩木山の噴火によって阿蘇辺族王国が滅亡し、津保化族王国に統合されることになる。

同じころ、畿内には耶馬台、筑紫《つくし》には熊襲《くまそ》、出雲に出雲、関東に日高見《ひだかみ》の各王国が林立。このなかでも、耶馬台王国が順調に勢力を伸ばし、最終的にその版図は五畿七道にまで及ぶようになった。

紀元前七世紀ごろ、日向《ひゅうが》の高砂族王国のリーダーである佐怒王が東征。十四年に及ぶ激闘の末、耶馬台王国は敗れ去り、王の安日彦《あびひこ》と副王の長髄彦《ながすねひこ》が津軽に亡命して来た。二人は先住民である津保化族と合流し、その結果、新たに成立した北の王国こそが荒覇吐だった。

荒覇吐王国の即位式は聖地の五所川原石塔山で行われ、安日彦が正王、長髄彦が副王に即位。この荒覇吐王国こそがのちに北のまつろわぬ民＝蝦夷と呼ばれることになる。つまりは、津軽を中心とする東北地方に『古事記』や『日本書紀』に登場しない古代王朝があった、というわけだ。


北の王国・荒覇吐は南下し、大和朝廷（倭国《わこく》）を侵食。ついには武波日彦王《たけはひこおう》の代に倭国を攻め滅ぼし、息子の根子彦《ねこひこ》を倭国王として即位させる。紀元前二一四年のことで、この根子彦は『古事記』『日本書紀』でいう孝元天皇にあたる。

ところが、占領政策をめぐって武波日彦王と荒覇吐族の長老が対立したから大変。怒り狂った武波日彦王は荒覇吐族と袂《たもと》をわかち、あらたに倭国王朝なるものを興した。これ以降、日本列島は東の日高見国と西の倭国に分裂。その後、倭国は日本国と改称し、かつての同胞である日高見国の人々を蝦夷と呼ぶようになったという。

勢力盛んな日本国は東侵を繰り返すことおびただしく、平安時代までに現在の青森県を除く東北全域を平定。侵略を受けた荒覇吐族の王は安倍氏と名を改めたものの、前九年の役でまたも源氏に敗北。弘前の隣の藤崎で安東氏を新たに興し、本拠地に藤崎城、津軽半島の十三湊に福島城を築く。

時代は鎌倉時代へと移る。安東氏は鎌倉幕府の支配下で江流末《えるま》郡、馬《うまの》郡、興法《おきほ》郡の東日流（津軽）外三郡を領地とする中世豪族の地位を確立。十三湊を起点に海上貿易を行うことで繁栄を極め、元寇《げんこう》時には水軍が大活躍するほどだった。

しかし、一三四一年に運命の日が訪れる。「興国の大津波」によって十三湊は壊滅の淵《ふち》に追いやられ、荒覇吐時代から受け継がれてきた文物や遺跡が海の底へ。大津波に続いて、鎌倉御家人の流れをくむ南部《なんぶ》氏が侵攻してきて安東一族は分裂、北海道や秋田へと逃亡し、二度と津軽の地を踏むことはなかった……。

わかりやすい世界演出

なんとも、ギリシア悲劇やローマ帝国興亡史を思わせるような壮大な歴史絵巻ではないか。『記紀』を大胆に否定し、日本史全体の書き直しを要求する先鋭的な内容。これが事実だとしたら、まさに日本史が根底からひっくり返ることになる。ここに、研究者のみならず、多く人間が惹きつけられた理由があった。

その魅力について、東京大学大学院教授の末木文美士（仏教学）は偽書説の視点から、次のように分析する。

本書はあまりにも荒唐無稽であり、それこそ「超古代史」でも信ずるのでなければ、その記述をそのまま信ずることは不可能である。しかし、江戸時代の筆者たちによる口承伝承というクッションを置くと、それは全くありえないこととは言い切れないことになる。

確かに、とても江戸時代のものとは思われない現代的な言葉が多すぎるし、長崎で最新の科学を身につけたほどの教養人にしては、あまりにも文章が稚拙である。しかし、プロの詐欺師といってよい人間が、人の心理の盲点をついて、それらしい巻物をちらつかせながら能書きを述べれば、しろうとは言うに及ばず、専門家でも騙《だま》されておかしくない。

超古代史的な古代の栄枯盛衰、中世の安東水軍の大活躍、そして、過去の栄光を尋ねて日本国中を探索するふたり連れ——いずれをとっても、胸を躍らせるような話である。「偽史」の魅力は、何よりも、こんなことがあったらおもしろかったのにという深層心理をついて、その願望に適《かな》う代替的歴史を提示するからである。

（「偽史の東北」『東北仏教の世界』）

わかりやすい劇場型の政治で国民の支持を集めたのは元首相の小泉純一郎。外三郡誌のエッセンスも末木が指摘するように「こうあってほしい、わかりやすい」世界の演出にあった。それこそが外三郡誌の本質であり、栄枯盛衰、群雄割拠を繰り返す古史古伝の世界で長く命脈を保ち、支持率を広げた理由でもあった。

第六章　真偽論争

揺れ動く市浦村

外三郡誌論争が本格化してから一年、偽書問題を盛んに追いかけていた一九九三年のことだ。ある日、編集局長のKから意外なことを言われた。

「おまえが追いかけている偽書問題で現地の市浦村が揺れているらしい。困っていると言って来ている人もいる」

そんな内容だった。唐突な話に私は思わず「それをどこから聞いたのでしょうか」と問い返していた。

「地元の村役場幹部から」と編集局長はそっけなく答えた。

担当記者の私にではなく、頭越しに編集トップであるKに直訴しているところに、市浦村役場の困惑と問題の根深さを感じた。その役場幹部の行動の裏に、村長の意向が働いていたかどうかは、今となってはわからない。しかし、私は行政による一種の〝圧力〟と感じた。

本書で何回も書いているように、市浦村役場は外三郡誌を公的資料として刊行した問題の当事者でもあった。ぜひとも現地に行かなくては、そしてその前にまず、外三郡誌を世に出す作業にかかわった人間たちの言い分を聞かなくては、と思った。

編集局長に泣きついてきた村役場幹部については、取材をとおしてすでに知っていた。一九七五年に外三郡誌が『市浦村史資料編』として刊行された際、直接編纂作業に携わった人物で、かねてから当事者の一人とみなしていたからだ。彼は数年前に村の歴史にかかわる本を出していたが、下敷きとなっているのは外三郡誌だった。

そうした関係から、偽書疑惑に対する強い否定の言葉が返って来ることを予期していた。しかし、受話器越しに彼の口から出てきた言葉は意外なものだった。

「実は『市浦村史資料編』は、和田さんが持っていた外三郡誌三百六十八巻のうち、おかしいなというものを除いた約百二十巻で作ったものなんです。渡された文書は最初のうちはよかったのですが、だんだんいいかげんなものが目立ってきたからです。『資料編』というタイトルでわかるとおり、私たちはこういうものがありますよ、と世の中に紹介することを目的に出版を考えていました。関係者には、当初から外三郡誌に対して〝荒唐無稽〟と首をかしげる人と、〝これは立派な内容だ〟と受け入れる人の二種類がいました。偽書、真書という議論は今に始まったことではなく、出版時から出ていたということです。私？　私は真偽のほどはわかりません。

外三郡誌を最初に出したということで、市浦村役場がすぐに引き合いに出されますが、正直言って困っているんです。真偽論争が大きくなるにつれて、村民の間からも資料編がこうなら村史全体も信用できないのではないかという疑問の声が上がっています。村役場としては、十三湊など安東氏の文化を目玉に村おこしを進めている最中なので、影響が出なければいいと思っています」

説明を聞いて私は自分の耳を疑った。外三郡誌への疑念は編集作業時からすでにあって、それを承知であえて出版に踏み切ったというのである。すべての事業を税金でまかなっているはずの公共機関が、である。しかも、そのような疑問符つきの文書を「こういうものがありますよと世の中に紹介することを目的」に出版したのだという。村役場はなんとも、ずさんとも言えるスタンスで外三郡誌出版に取り組んでいたのである。

外三郡誌問題の根本原因が見えてきたような気がした。ともかく、真偽論争が小さな村に波紋を広げていることだけは確かなようだった。

市浦村へ車を走らせた。

外三郡誌の舞台へ

青森市から北西へ車で二時間余り。市浦村は日本海に面する寒村である。はるか昔、安東氏が北方交易の拠点とした土地として伝えられるが、そんな栄光を想像させる施設は、現在ほとんど残っていない。広がるのは日本海と細い水路で結ばれた汽水湖の十《じゅう》三湖《さんこ》だけ。十三湖は国内有数のシジミ貝産地として知られる。その黄濁色によどんだ流れと、鮮やかに水面《みなも》に映る岩木山の意外なコントラストに驚きながら、ここから外三郡誌は生まれたのかと思った。

だがそれ以上、特別な感慨はわいてこなかった。感情をわき立たせるには、あまりにも殺風景すぎた。そんな詩心に恵まれない私とは対照的に、太宰治は紀行文『津軽』のなかで十三湖を次のように記している。太宰は村のすぐ南に位置する金木町《かなぎまち》の出身だった。

浅い真珠貝に水を盛ったような、気品はあるがはかない感じの湖である。波一つない。船も浮かんでいない。ひっそりしていて、そうして、なかなかひろい。人に捨てられた孤独の水たまりである。流れる雲も飛ぶ鳥の影も、この湖の面には写らぬというような感じだ。

村民らの間を聞き歩いてみた。彼らの口からついて出る外三郡誌評は、編纂にかかわった村役場幹部とおおむね似たような内容だった。周囲から外三郡誌イコール市浦村、市浦村イコール外三郡誌という好奇の目で見られて困る、と言うのである。

「県内はもちろん、県外の人からでさえ市浦村と言うと、すぐに、〝外三郡誌の村ですね〟と返されます。もともと、そんなに広く知られた村じゃないから、かえって説明しなくていいようなものだけど、それでも少し恥ずかしいような気がします」

折から、NHKは平泉《ひらいずみ》の藤原三代に焦点をあてた大河ドラマ『炎立つ《ほむらたつ》』を大々的に放送しており、舞台の一つに安東氏ゆかりの十三湊が選ばれていた。このタイミングを逃さず観光の起爆剤に——と、市浦村役場はぬかりなくドラマ対策室まで設け、前年の一九九二年には「東日流外三郡誌の世界」と題する歴史講演会まで開いていた。

もちろん、講師は『炎立つ』の原作者である高橋克彦。高橋は岩手県出身で、外三郡誌については「伝承や文献を下敷きに空想でつなぎ合わせた偽書」としながらも、関心を抱き続けている作家の一人だった。

村役場が掲げる「歴史と安東の里」キャンペーンの一環として、大々的に全国へ売り込もうとしていた矢先に火を噴いたのが、偽書問題だったから大変だ。「影響が出なければいいのだが」と語った村役場幹部の言葉は、あながち大げさではなかったのである。なかには「二十年近く前に出版した本に、なぜ今になって振り回されなきゃいけないんだ」と不快感をあらわにする人さえいた。

明かされる出版秘話

市浦村内で関係者らの取材を重ねているうちに浮き彫りになってきたのは、外三郡誌が出版にいたるまでの摩訶不思議な経緯。それは実に興味深く、奇妙な話だった。大筋をまとめるとこうである。

市浦村役場が外三郡誌にかかわるようになったのは、白川治三郎村長時代（一九七一〜八三年）のこと。村長と外三郡誌発見者の和田、そして複数の編纂委員は以前からの知り合いで、骨董品のやりとりなどを通してつき合いがあったという。

一九七二年ごろになって、五所川原から大変な古文書が発見されたといううわさが五所川原市周辺に広がったが、それがのちの外三郡誌だった。それに絡んで、和田家から安東氏の〝秘宝〟の隠し場所が書かれた文書が見つかったという話も持ち上がり、一部では宝探しの動きが出た。当時、うわさの文書を見た人によると、表紙には『安東文書』と書かれ、その後有名になる『東日流外三郡誌』とは、その時点で呼ばれていなかったという。

和田家文書の信憑性《しんぴようせい》を確かめるため、村役場は安東氏の秘宝なるものの現場調査を行ったものの案の定、成果は収められなかった。このように和田と村長、そして複数の編纂委員をつなぐ個人的な関係からいつしか生まれたのが、外三郡誌を村史に取り入れようという計画で、秘宝探しに伴って持ち出された村のお金を回収しようという思惑もあったという。

そんなこんなで結成された村史編纂委員会のメンバーは十人ほどで、和田もその一員だった。しかし、和田は外三郡誌が外部の人間の目に触れることを極端にいやがり、一回に提供する分量も少なかった。このため、編纂委員会は文書を一時借り出してはコピーして返却するという作業を繰り返し、そのB５版のコピーを原資料として使ったのだという。

編集責任者に指名されたのは十三湊の歴史に詳しい地元郷土史家の豊島勝蔵《としまかつぞう》（故人）。小学校校長を務めた実直な豊島は、編纂委員会から渡されたコピー文書を原稿化したものの、和田から渡される古文書については編纂委員の間でも話題になり、「墨が新しくあて字が多い、何より文章の形式が古いものではない、おかしい」といった疑問が提起されたという。

しかし、大勢を占めたのは「嘘か真実かわからないが、とにかく面白い記録」という肯定的な受け止め方。結果的にこの時の編纂委員会のあいまいな姿勢が、その後の外三郡誌の方向を決定づけたと言ってもいい。

当初、外三郡誌は参考文献としてつけ加える予定だった。ところが、門外不出なはずの外三郡誌の一部を盛り込んだ『車力《しゃりき》村史』（一九七三年）が、お隣の車力村から刊行されたものだから関係者は仰天。先を越された以上、外三郡誌を前面に押し出すしかないと急きょ方向転換し、単独の『資料編』として出版することにしたという。和田は市浦村と車力村の二股をかけていたのである。

結局、全巻出版まで要した期間は約五年。すったもんだがありながらも、文書の所有者である和田に対して、市浦村役場から多額の謝礼が支払われ、「村活性化の立役者」と称賛の声すら上がった。しかし、出版後に多数の専門家から問い合わせが相次ぎ、厳しい指摘を受け出してから編纂委員たちも疑問と不安を膨らませ、出版元の村役場も困惑……というわけだった。

村おこしと功名心

次第に浮かび上がってきた外三郡誌出版までの経緯。証言の数々を聞いて驚きを隠せなかった。それは「偽書製作の張本人」と指摘される和田が、一九七五年の外三郡誌刊行直後には「村活性化の立役者」として、村長ら村役場幹部から持ち上げられていたからだ。取材を進めれば進めるほど、外三郡誌がいかに不安定な状況のなかで世に送り出され、広まっていったかがわかってきた。

津軽半島の寒村をどうにか有名にしたいという切ない村おこしの気持ちと、人間ならだれしも持っているささやかな功名心。それらが複雑に絡んで生まれたのが『市浦村史資料編　東日流外三郡誌』と言えそうだった。

こうした行政の動きの一方で、奇妙な出来事が相次いで起きていた。体験者の一人は、元五所川原市郷土館長の神野高行《じんのたかゆき》で、彼はそのいきさつを自著で次のように語る。

郷土館長当時に、安東にまつわる事でショッキングな事が有った。お名前は忘れたが、安東の「古文書」だ、と言い五冊程持って来られて、之《これ》は津軽で最も古い物で安東の事を細かく書いて有る、当時の津軽は上方政府と違う「国」としての盛力者の安東が居たのだ、この古文書に書いてある。之を津軽の歴史として認めて呉《く》れと言われた。三冊程手に取って見た。文字の書き方や文面はそれ程古くない。紙質にしても何百年も前に感じられなかったし、別なほうの書冊にヘブライ語の事まで書いて有ると言う。であれば相当世界的に活動した安東かな——と思った。それにしても素人の自分では何《ど》うとも言えない。

珍しい古記録ですネ、歴史的資料か何うかと言う事は、専門的な鑑定と内容点検が必要ですから、京都大学にお願いして、歴史資料として良いか見て貰《もら》います。ですから、初めの方二冊、中間で一冊、終りのほうで二冊、五冊程、お貸し下さいませんか？　預り証も行政責任者と私の印を押して、お渡しします、責任もって取り扱います。文章、字体、スミや書質は、年代も明らかになるし、内容は専門的ですから見ぬく事も出来ますからと言った。持って来られた人は、そんな事までしてでなければ認められない、しろものではない貴重な物だ、と言い、サッサと風呂敷に包んで仕舞われた。（略）其《そ》の後、三郡誌と三郡誌絵図を購入して京都大学へ寄贈、送本した。一ケ月程経ってから返送されて来た。紙半に、こうした事に興味を持たないで「近世・近代」を積極的に勉強する事を祈ります。と三十字程のお便りでした。

（『津軽魂を遺した人々』一九九二年）

神野の元へ「古文書」を持ち込んだ男性の行動はなんとも不可解である。神野でなくとも、つい頭をひねってしまいたくなるような出来事だった。

謎の男性の言うとおり「貴重な物」であるならば、逆に「貴重な物」であるからこそ、鑑定という正規の手順を踏んでさらに資料価値を高める必要があると考えるのが、世の中の常識であろう。しかし、謎の男性はそうした面倒な手続きを経ずに、ただ五所川原市郷土館という公的機関のお墨つきだけを欲しがっていた。そして、京都大学という専門機関による鑑定の話を持ち出すと、逃げるように去って行った。

神野はここで明言を避けているが、この「古文書」が『安東文書』と呼ばれていたころの外三郡誌であることは容易に想像がつく。謎の男性は、お墨つきを得た「古文書」をどのような形で利用しようとしていたのか……。

『安東文書』を見た男

その出来事の少し前に、問題の『安東文書』なるものをじかに目にし、手に取っていた人物がいる。当時、青森県立図書館に勤めていた三上強二《みかみきようじ》（青森ペンクラブ会長）である。それも、当の和田の自宅居間で。三上が接した『安東文書』は紙も墨も新しく、古文書としての体裁すらなしていないお粗末なものだった。

三上は思い出す。

「白川村長の親類から〝ある文書を見てくれ〟と頼まれて和田さんの自宅を訪ねたんだ。そうしたら居留守を使われてね。そのまま帰るのもしゃくだから、〝待たせてもらいましょう〟と居間に上がったら、やっと和田さんが出てきたんです。

そこで見せられたのが『安東文書』なるもの。十冊あったかどうか。最初に出てくるのが安東氏の系譜で、長髄彦うんぬんというくだりがあって水軍の話になる。思わず笑ったのが、この軍船の絵。北欧のバイキング船そのものなんですよ。だから、和田さんに〝安東時代の日本でこんな船は造られていなかったはずだよ〟と指摘しました。

さらにずっと見ていって気づいたのは、紙と墨が合わないということ。墨が紙になじんでいないんだな。私も図書館に三十年間いましたから、古文書を見る機会には恵まれていました。だから、墨と紙の整合性、文体などがわかるわけで、〝これはおかしい、まったくなっていない、信憑性がない〟と言ったわけです。

何より、表紙の『安東文書』という墨書きが明らかに和田さんの字でしたから、もうそれで駄目だと。その時点で村長グループにこの『安東文書』のコピーが渡っていたんでしょう。『安東文書』はのちに外三郡誌と姿を変えるわけですが、その原本と称するものを見た人はいくらもいないと思いますよ。たまたま、私がその一人ということです」

三十年以上が過ぎた今でも、三上の脳裏にありありと浮かぶのは、〝偽書〟と指摘した時の和田の悔しそうな顔。

「あの独特の三白眼の風貌でしょう。これは油断ならないな、と」

編纂者らの証言

三上に「油断ならない」と言わしめた和田。編集にあたった山上笙介が「偽書」と断言した和田家文書。そんなあやしい人物が持ち込んだあやしげな文書を前にして、村史編纂委員会のメンバーは疑問を持たなかったのか……。この素朴な疑問が、外三郡誌問題勃発以来、私の頭からついぞ離れなかった。

この疑問を編纂委員長の豊島にぶつけようと、何度かアプローチを試みたこともある。しかし、どうしても実現しなかった。こと、外三郡誌に関して、豊島は「いずれの日にか、所感を述べたいと思う。今はその時期ではない」と、決してマスコミに口を開こうとしなかった。そして、彼はそのまま二〇〇一年に鬼籍に入《い》った。

だが、彼は生前、ある人物にだけは率直に胸の内を吐露していた。その人物は若松俊《わかまつとし》広《ひろ》。青森古文書解読研究会副会長の佐々木隆次の弟だった。真偽論争が熱を帯びていた一九九四年の八月のある日。豊島は五所川原市の自宅で、若松の「外三郡誌を偽書と思わないか？」というストレートな質問に対して、次のように答えていた。

「市浦村史の編纂にかかわっていいことがありませんでした。今でも、外三郡誌に関して聞きたい、という問い合わせがあると、ゾッとするほどです。編纂当時、外三郡誌をまったく疑うことなく原稿にしていました。ただし、同じ内容が数カ所もあり、年号も違っていたりして、〝変だな、変だな〟とは思っていました。そう思いながらの作業だったのです。

外三郡誌が嘘だと気づき出したのは、発刊後のことです。多数の人から問い合わせがあり、専門家から指摘があったからです。私自身、外三郡誌についてはおもしろい記録だとみていて、嘘か真実かに関してはわかりませんでした。写本そのものは見ていません」

山上に続いて、和田家文書の編纂に直接かかわった人物の貴重な証言である。肝心なのは、編纂者自身が外三郡誌刊行直後に早くも「嘘の文書」だと気づいていたこと。そして、原稿化の作業にあたっては、コピーだけで文書そのものを目にしていないということだった。外三郡誌は極めて不安定な状況のなかから生み出されていたのだ。

文書そのものを直接確認せずに本にする。この外三郡誌刊行の過程は、のちの北方新社版（一九八四〜八六年、全六巻＋補巻）でも繰り返されることになる。北方新社版の編纂作業にあたった郷土史家の小舘衷三（故人、弘前市）は、編集過程について問われた際、「私は藤本光幸さんが（写本を）原稿化したものを整理したのです」と答え、写本＝文書そのものを見ていないことを証言している。

「藤本さん」とは、本書に何度も登場する和田家文書擁護派の中心メンバーで、文書所有者の一人とされる人物だ。北方新社版はこの藤本と小舘の共同編集という体裁を取っている。

小舘は北方新社版外三郡誌の編纂にかかわる直前、旧知の三上強二に対して、やはり奇妙な言葉を残している。やりとりを三上が再現する。

「弘前市の路上でたまたま出会ったら、小舘さんが〝今度、不本意なことをやることになりましたので、その点ご了承いただきたい〟と話すんです。〝どういうことなんですか〟と聞いたら〝断り切れない事情があって外三郡誌の編纂を引き受けたんです。私としては不本意な仕事になるわけです〟と。依頼者はだれかと聞くと〝藤本さんだ〟と言うんです。

それまで、小舘さんが外三郡誌を研究していたなんて聞いたことがありませんでした。彼が古代・中世史について専門外であること、そして、私が常々〝外三郡誌は偽書だ〟と話しているのを耳にしていたので、〝ご了承いただきたい〟という弁解のような言葉になったんでしょうね」

いずれにしても、外三郡誌は地元では郷土史家として有名な二人、つまり豊島と小舘の晩年を大きく変えたことは否めない。

偽書派の牙城

一九九二年の真偽論争本格化以降、偽書派は精力的に外三郡誌をはじめとする和田家文書の追及を行っていた。その中心メンバーは、産能大学教授の安本（川崎市）、偽史研究家の原田実（広島市）、東北の歴史・民俗に詳しい齋藤隆一（福島市）らで、これに地元の青森古文書解読研究会から鈴木政四郎（青森市）と佐々木隆次（同）、三上重昭（岩木町）らが加わっていた。まさに、列島を縦断する陣容で、問題がいかに全国的な話題になっていたかがよくわかる。

筆跡や紙質、用語の時代的整合性、和田の経歴……など、彼らが詳細に調査・分析した結果は、論争の場において擁護派の主張を突き崩すだけでなく、民事訴訟で原告側の参考資料とされ、被告側主張に対抗する原動力となっていた。

そして、これら偽書派の主な発表の場となっていたのが、安本が編集責任者を務める古代史専門誌の『季刊邪馬台国』だった。その名でわかるとおり、もともと邪馬台国を編集テーマの中心に据えていたが、真偽論争の進展とともに外三郡誌問題にも多くのページを割くようになっていた。ある意味で外三郡誌は売れ筋のテーマとなっていたのである。

「『東日流外三郡誌』は現代人製作の偽書だ！」
「『東日流外三郡誌』にヨイショした学者たち」
「発見されつづける『和田古文書』」
「壮大なインチキ『東日流外三郡誌』の虚構」
「虚構でぬりかためられた書物『東日流外三郡誌発見談』のウソ」

一九九三年春からわずか一年余りの間に、『季刊邪馬台国』に掲載された主な記事を拾い上げただけでもこれだけあった。「強力執筆陣が『和田家資料』群を徹底糾弾する」とうたうように、まさに、外三郡誌のオンパレードだった。『季刊邪馬台国』は偽書派の牙城であり、急先鋒となっていたと言っていい。

こうした追及に対して、和田側もただ手をこまねいて見ているだけではなかった。擁護派の中心メンバーである古田武彦や、和田家文書所有者の一人である藤本らが、各種講演会や古田のファンでつくる研究会の会報などをとおして反論を試みていた。だが世の中への普及率や認知度、そして影響力において、偽書派に劣っていることはどうしても否めなかった。

そんななかのことである。古田は歴史専門誌『歴史Ｅｙｅ』（日本文芸社）一九九四年一月号に、ある論文を発表した。

このなかで、古田は和田家文書の一つを取り上げ、これは和田の知人で青森県板柳《いたやなぎ》町《まち》に住んでいた木村実《きむらみのる》（一九八四年死去）という人物が書いたレプリカである――と主張し、偽書派への対抗材料としたのである。論文は和田からの伝聞を基に構成されていた。

古田が取り上げた和田家文書は、江戸時代の商売の心得が記されたとされる「安東船《あんどうせん》商道之事《しょうどうのこと》」と呼ばれるもの。もともとは五所川原市の実業家が所有していたが、青森古文書解読研究会と安本らが和田家文書の筆跡を鑑定する際、比較基礎資料として使った〝文書〟の一つだった。古田の狙いは明白だった。「一連の和田家文書は和田さんの手によるもの」という偽書派の主張を崩そうとしていたのだ。

ところが、古田が放ったはずの一撃は意外なところから反撃をくらうことになる。それは、古田が論文のなかでレプリカを書いたと主張した木村の遺族からだった。古田に対する木村家の怒りは頂点に達していた。名誉毀損問題にまで発展しかねない勢いだった。

怒り心頭の木村家

東京の晴海埠頭《はるみふとう》を渡る風は強く、冷たかった。

一九九四年二月。外三郡誌問題で最も激動の一年となる年が幕開けしていた。

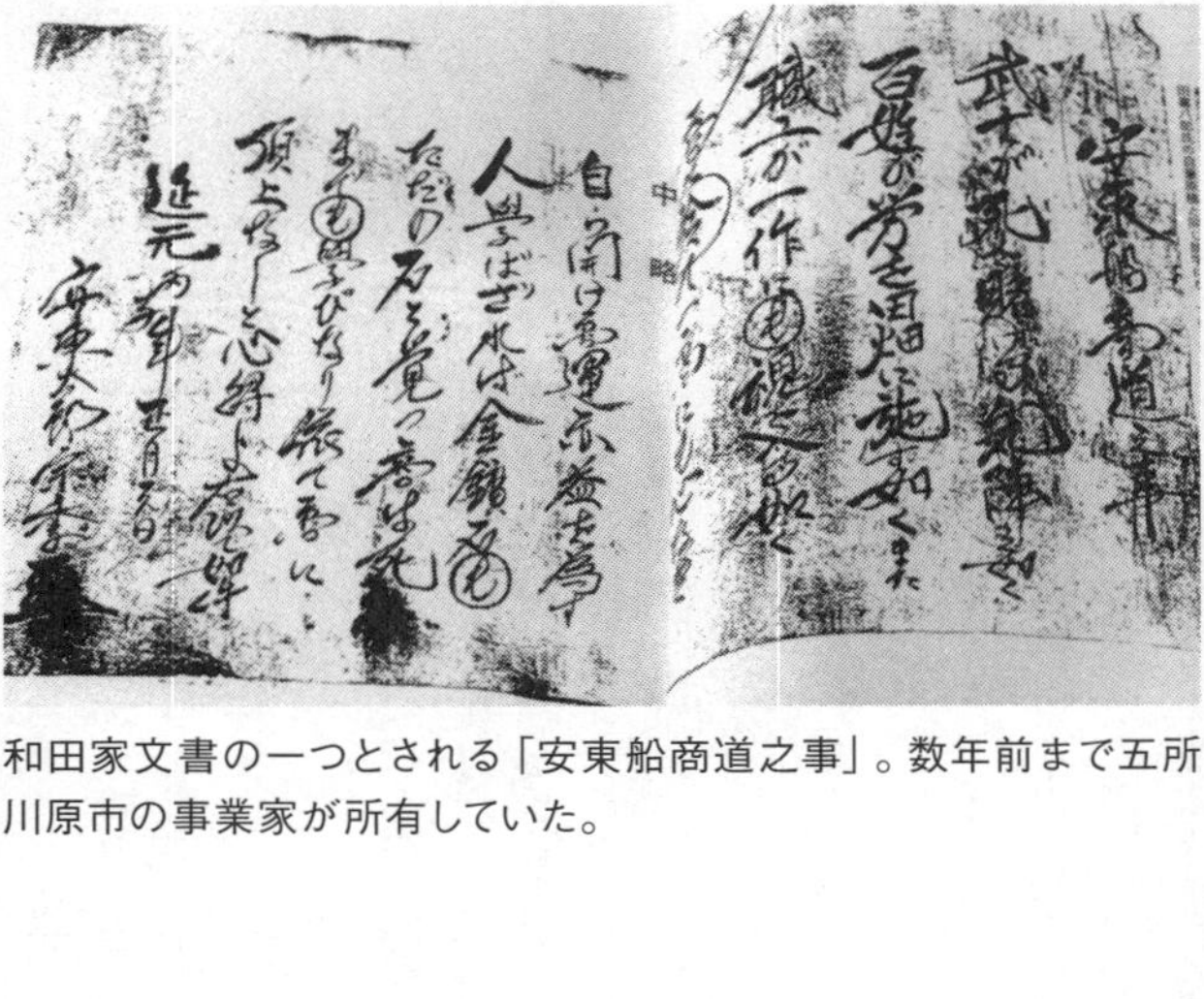

和田家文書の一つとされる「安東船商道之事」。数年前まで五所川原市の事業家が所有していた。

私は、和田と古田によって思いがけず偽書騒動に巻き込まれる形となった木村の遺族に会おうとしていた。遺族の名は木村博昭《ひろあき》といった。木村の家はリンゴ生産地として知られる北津軽郡板柳町にあったが、仕事の関係で本人だけが東京に住んでいた。いわゆる出稼ぎである。六十歳になるという木村の怒りは、津軽人らしく静かに、しかし確実に燃えたぎっていた。会社の寮で彼は語った。

「『歴史Ｅｙｅ』の件では本当に腹が立って、腹が立って。亡くなった父の名前を持ち出されることで、あたかも父が偽書問題にかかわったように思われるのは心外です。はっきり言って、とても怒っています。古田さんが、父が書いたと指摘する文書（『安東船商道之事』：筆者注）をひと目見れば、だれだって父の筆跡じゃないことはわかります。死んだ者の名を使って、自分たちのやっていることを正当化しようとする行為は道義的に許されないと思います」

古田らは、木村の父が和田家文書にかかわることになった理由の一つに、生前の和田との交際を挙げていた。

「和田さんとのつき合いはどうだったのですか」と私。

「和田さんとは五所川原市のある城の保存問題（のちに第十三章に登場する高楯城《たかだてじょう》のこと：筆者注）をめぐってつき合いがありましたが、それはわずかの期間で、亡くなるかなり前から交際を断っていたようです。ですから、父が『安東船商道之事』なんて文書を模写したはずがありません。

確かに、歴史と書道は父の趣味の一つでしたが、父は人に頼まれても、決して筆を執ったことがないんです。今回の件は濡れ衣《ぬれぎぬ》です。この件に関して父の潔白を確かなものにするため、木村家として関係者全員に念書を配りました。古田さんたちが再び、父の名を出すようなら厳重に対処するつもりです」

木村の決意は固かった。念書にはこう記されていた。

「偽書論争のさなか、（略）十分な研究なく、誤った判断、または、思い込みにより、父、木村実の名がけがされることは、私たちにとり、迷惑以外のなにものでもありません。学者は、公正な判断を下されるものという私達の思いを、踏みにじるものです。このような行為を慎まれるよう強く要望してやみません」

私は十年以上の記者生活のなかで、自身の研究分野、もしくは専門分野において民間人から抗議を受ける大学教授というものをあまり見たことがなかった。

古田はどうするんだろう、と思った。


「和田はいない」

古田の論文に対する偽書派の感想は予想したとおりだった。

四郎）

「『安東船商道之事』のなかに出てくる『於』や『得』など多くの誤字、そして書き癖は明らかに和田さんのものです。木村実さんの字ではないと断言できます」（鈴木政四郎）

「『安東船商道之事』は一連の和田家文書が現在進行形の偽書であることを裏づける資料の一つです。こちらが突きつけた膨大な証拠のなかから、一つだけ取って反論しても、偽書説は揺るがないんです。古田さんは和田さんから話を聞いて論文を書いたようですが、和田さんの言い逃れにしかすぎません」（安本美典）

「『安東船商道之事』という文書と生前の木村実さんの筆跡を並べて載せただけで、同一人物の筆跡――と単純に断定するなど、あまりにも安直すぎます。反論とすら呼べないお粗末なものです。そんなものを掲載する『歴史Ｅｙｅ』も、内容的にふまじめでも売れればよいという編集方針なのかと思われてもしかたがないのではないでしょうか。すでに、『安東船商道之事』の紙自体は高知県紙業試験場の鑑定によって、昭和、それも戦後に製造されたものであると証明されているんですよ」（齋藤隆一）

一刀両断だった。

早速、この騒動の〝震源地〟である和田に電話を入れることにした。それまで何度電話しても、ついぞ電話口に出ることはなかった和田だが、この時だけはスムーズにいった。応対した男性はぶっきらぼうに「和田はここにはいません」と言った。しかし、強い津軽なまりのダミ声は以前聞いた和田本人のそれだった。

「では、あなたはだれですか」と私がたずねると「知り合いです」と答えた。

そのダミ声の主は「知り合いだ」と繰り返しながらも、粘る私にいやいや答え始めた。ただし、答える前に必ず「和田から聞いた話だが……」「和田はこう言っている……」という断りを忘れなかった。実に奇妙な会話だった。こんな感じである。

「古田さんは和田さんの話だとして、『安東船商道之事』を木村実さんの手によるレプリカだと話していますが？」

「和田から聞いた話ですが、木村実さんは和田の家からたくさん資料を持っていっては、書き写していたそうです。そのなかに『安東船商道之事』が入っていたかどうかまではわかりませんね」

「安本さんたちは、外三郡誌は和田さんが書いたものだと主張していますが、どうでしょう？」

「和田が作ったなんてとんでもない。和田は裁判後に学術的、科学的証明を出したいと言っているようです」

一番大事な裁判中に「証明」を出さなくてどうするんだろうと、疑問に思ったものの、和田の〝知り合い〟はそれ以上、どうしても答えてくれそうになかった。なんだか、キツネに化かされているような気もし、腹立たしくもあったがどうにか抑えた。明らかに相手は和田なのである。

そして、この後何度電話をかけようと、和田はもちろんのこと、和田の〝知り合い〟が決して受話器を取ることはなかった。

「和田家文書の真偽論争／名誉侵害問題に発展／偽書説への反証に亡父の名　勝手に使用／板柳の木村氏　和田家に抗議」

津軽地方の古代、中世史について記述したとされる「東日流外三郡誌」（全三百六十八巻）など一連の和田家文書をめぐる真偽論争が、名誉侵害のトラブルにまで発展している。板柳町の会社員木村博昭さん（六〇）と家族が「論争の中で、亡き父の名を勝手に使われた」と強く反発、「東日流――」の発見者とされる五所川原市の和田喜八郎さんらに対して抗議の声を上げている。

問題になっているのは、鎌倉時代末期、安東船での商売の心得を書いたとされる文書「安東船商道之事」。昨年三月、青森古文書研究会（鈴木政四郎会長）が「東日流――」など和田家文書を鑑定、「戦後書かれた偽書」と結論付けた際の資料の一つ。鑑定の中で「安東――」は「東日流――」と同じく和田さんの直筆――とされた。

これに対して、和田さんと支持者の古田武彦昭和薬科大教授（古代史）は反論。

「安東――」は木村博昭さんの父・実さん（リンゴ仲買業、昭和五十九年死亡）が、同五十年代に開催予定だった「安東展」（未開催）用に模写したレプリカ――と主張、偽書説への対抗材料としていた。

しかし、古田教授らの主張が歴史雑誌やテレビなどを通して、全国の歴史ファンの間に広まり始めたことに木村さんら遺族は反発。一月には「『安東――』の字と父の筆跡は違う。迷惑以外の何ものでもない」とする念書を関係者に提出。「再び、父の名を出すようなら厳重に対処する」と強い構えを崩していない。

（「東奥日報」一九九四年二月二十一日）

似ている……

記事を書き終わった後、和田とおぼしき人物との問答を何度も反芻《はんすう》してみた。

「和田から聞いた話だと……」

「和田はこう言っている……」

このやりとりは何かに似ていると思った。しばらく考えているうちに、ある人物のエピソードに行き着いた。一九六〇年代から一九八〇年代にかけて異色の歴史作家として人気を博した八切止夫《やぎりとめお》である。八切は「八切史観」と呼ばれる独特の歴史観に基づいて数々の著作を発表したが、主要テーマの一つが外三郡誌と同じく「歴史上の敗者」つまり、まつろわぬ人々であった。

八切史観によると、日本列島には縄文時代から原日本人が住んでいたが弥生時代以降、大陸から侵入してきた鉄の武器を持つ勢力によって駆逐され、その結果、権力に服従する奴隷根性を植えつけられてしまった——のだという。歴史を被害者的な視点から情緒的に語るところなど、外三郡誌と符合する。そんな八切は晩年になって、奇妙な行動を取り始めた。以下は八切の知人の描写である。

（八切は：筆者注）筆者らを書籍が山積みになっている玄関先に立たせて奥へは入れず「わたしは八切の秘書で、八切は奥にいるから、ちょっと聞いてくる」などといっては何度も奥と玄関先を行ったり来たりしながら、その実、話しているといつの間にか八切止夫自身になっているのである。

（細川廣次「『原日本人』の許されざるルーツ探求」『別冊歴史読本特別増刊』新人物往来社、一九九四年）

なんとも、はやである。

第七章　御　神　体

九百三十年ぶりの里帰り

話は一九九二年八月八日、秋田県東部の田沢湖町《たざわこまち》にさかのぼる。

いつもなら山間《やまあい》の深い闇に沈み、音一つしない生保内《おぼない》地区が、その夜だけは異様な興奮に包まれていた。道の辻々《つじつじ》にはかがり火がたかれ、大勢の住民が沿道にずらりと並んでいた。なかには、両手を合わせ、拝むようなしぐさを見せるお年寄りもいた。

「本当にありがたい話だ。なんたって、九百三十年ぶりの里帰りなんだもんなあ」

中年女性の一人が楽しそうにつぶやく。これを受けるかのように、隣に座っていた男性が言った。

「田沢湖町始まって以来の行事だってよ」

住民のだれもが、小さな集落に降ってわいたような出来事に魅入られていた。

午後八時半。ホラ貝が鳴り響き、たいまつがあやしく揺れるなか、平安絵巻を思わせるよろいと白装束に身を包んだ男たち十五人が姿を現す。一行のなかほどには御輿《みこし》が据えられ、〝御神体〟が大切に祀《まつ》られていた。

御輿が向かう先は、生保内地区に古い言い伝えが残る四柱神社《ししゃじんじゃ》。一行は二十分ほどで、こんもりした森のなかに広がる境内に到着した。侍大将にふんする先導役が、鳥居の前に張られたしめ縄を「エイッ」と威勢のよい掛け声とともに切り落とす。境内のかがり火が一段と燃え盛った。

そのかがり火を前に、稚児役の少女が御輿から厳かに御神体を取り出す。氏子ら住民の視線が一斉に御神体に注がれる。御神体は二十センチほどの青銅製で、住民の目には仏様のようにも映った。

少女は神社の階段を慎重に一歩、また一歩進む。そして、木目も新しい神殿にうやうやしくささげると、儀式は最高潮に達した。先導役が高らかに宣言する。

「ここに鎮座し、われわれをお守りください」

御神体が九百三十年ぶりに、遠く青森から帰ってきた瞬間だった。それまで神官姿で儀式全般を指揮していた初老男性の目が異様に輝いた。

彼は腰に刀まで差す入念ないでたちで、この儀式に力が入っていることはだれの目にも明らかだった。それもそのはず、奉納された御神体は、彼が責任者を務める五所川原

『外三郡誌』の聖地である石塔山荒覇吐神社から田沢湖町・四柱神社に930年ぶりに里帰りした〝御神体〟。（撮影：斉藤光政）

五所川原市飯詰地区の山中にある石塔山荒覇吐神社。

市の石塔山荒覇吐神社からはるばる運ばれたものだった。

土地の守り神のご帰還を祝うこの儀式を、氏子たちは「荒覇吐太郎権現遷座式」と呼んだ。そんな氏子たちに対して、神官姿の男性は「東北王朝訓」なる言葉を伝えた。こういう内容だった。

一　天は人の上に人を作らず　人の下に人を作らず
一　言語一句敵を作る事なかれ
一　自害すべからず

第二章で書いたように、のちに慶應義塾大学から「福沢諭吉の名言を盗用した」と厳しく指摘されることになる『学問のすゝめ』の一節がしっかりと盛り込まれていた。何を隠そう、この神官姿の男性こそが外三郡誌の発見者とされる和田本人だったのである。

この遷座式の二日後、地元の「秋田魁《さきがけ》新報」（秋田市）はその様子を「930年ぶり御神体〝里帰り〟」「青森の石塔山荒覇吐神社から厳かに遷座式」の大きな見出しで報じた。

七十行余りのボリュームある記事は、田舎町の小さな集落の神事としては破格の扱いだった。九百三十年ぶりということと、多くの伝説に彩られた田沢湖のほとりという神秘性に、記事を書いた現地記者と地方新聞社が惹きつけられていたことは容易に想像できた。

記事によって華々しく紹介された御神体はもちろん、遷座式そのものの正当性について、疑問を持つ者はこの時点でだれもいなかった。そして、お隣の青森県を大きく揺るがしていた外三郡誌問題がその後、この山間の集落にまで波及し、最終的には町役場まで巻き込む大騒動に発展するとは、だれも想像していなかった。

外三郡誌真偽論争が火を噴く二カ月前のことだった。

御神体への疑問

一九九四年四月初め、私は田沢湖町の小さな温泉につかっていた。暦は春に変わったとはいえ、八幡平《はちまんたい》の山裾に連なる温泉郷はひっそりと静まり返り、人影はまばらだった。「やっぱり、ここが混み始めるのはゴールデンウイークからですよ。今は春と言っても、名ばかりですからねえ」と宿の主が弁解するような口調で言った。

温泉に来たのは、早くも二年目に突入した外三郡誌取材の疲れをいやすためなどではなかった。外三郡誌をめぐって、再びある疑惑が浮上していたからだ。これは地方行政のスキャンダルに発展する可能性があった。

残雪の見える露天風呂に体を沈めながら、つい先ほど取材を終えたばかりの佐々木雪夫《ささきゆきお》の言葉を思い返していた。佐々木は四百人に上る四柱神社の氏子総代代表を務めていた。

田沢湖町は岩手県との県境に位置し、神秘の湖として知られる田沢湖を最大の観光資源とする自治体だ。近くの盛岡市で生まれた私にとって、どこか懐かしさを感じさせる静かな町だった。

佐々木の家を探すのはそれほど難しくなかった。地区住民のだれもが知っていたからだ。どうやら、佐々木は旧家の当主で、町役場幹部とも親類関係にあるようだった。古くて小さな町にありがちな権力構造だった。

佐々木を訪ねようと思った理由は簡単だった。偽書問題の取材を進めるうちに、二年前(一九九二年)に鳴り物入りで行われていた四柱神社遷座式と、それに伴って九百三十年ぶりに里帰りした御神体への疑問が募ってきたからだ。なにしろ「御神体里帰り」の根拠は和田家文書の一つである『丑寅日本記』の一節にあった。これまでの取材から、和田家文書があやしい存在であることがわかっていた以上、調べてみる価値がありそうだった。

私が訪ねる直前の三月には、和田の元から新たに御神体が一つ、四柱神社に加わったと人伝《ひとづ》てに聞いてもいた。それは「三千年前の遮光器土偶」とされていた。

遮光器土偶は、デフォルメされたように巨大な目がイヌイットのサングラスに似ていることから、その名が生まれた人型土器である。縄文時代晩期（三千〜二千三百年前）の青森県・亀ケ岡《かめがおか》遺跡（木造町《きづくりまち》）出土のものがあまりにも有名で、縄文文化のシンボルになっていた。国の重要文化財に指定されるほどの逸品で、四柱神社に奉納された土偶が本物だとしたら大変な話だった。

なぜ、いとも簡単に国宝級の歴史的遺物をやりとりできるのか、不思議でならなかった。伝えられるように、新たに出土したものであるなら、文化財保護法違反の恐れさえあった。そんな疑問の数々が頭のなかで渦巻いていた。

佐々木にこんなことを聞こうと考えていた。

①和田家文書に大いなる疑惑が持ち上がっていることを神社の氏子たちは知っているのか。

②知ったうえで遷座式を行ったとしたなら、その理由は何か。

③もし知らないのなら、どういう経緯でそうなったのか。

④謎だらけの御神体をどう思うか。

当惑する氏子代表

お目あての家は、いかにも裕福そうな農家といった感じのどっしりした平屋だった。七十一歳の佐々木は、他県からわざわざ、それもあら探しと思われてもしかたがないようなことを調べにきた私をさして嫌がりもせず、とつとつと語ってくれた。

「遷座式も御神体もすべて和田さんから始まった話です。和田さんの話によると、御神体はもともと四柱神社にあったものですが、蝦夷《えみし》の首長だった安倍一族が前九年の役で敗れた際に持ち出し、一族の聖地である五所川原の石塔山荒覇吐神社に祀ったのだそうです。和田さんからは、もともとあった場所に御神体をお返ししましょうとの申し出でした。

御神体がここから持ち去られた経緯については、和田さんの家にある『丑寅日本記』に載っているということでした。和田さんと町教育委員会の町史編纂室長が個人的に仲が良くて、その町史編纂室長が仲介役のようなことをしていました。『丑寅日本記』は『田沢湖町史』(一九九二年出版)に収録されるということなので、信用したんです。これでおわかりのように、御神体の里帰りはすべて和田家文書が根拠となっています。和田家文書が偽書だと指摘されている? そうなんですか……。実は遷座式の内容でも何でも和田さんの一言で決まってしまうんです。里帰りした御神体だって、よく見ると青銅製で、しかも外観は神様じゃなくて仏様です。これで御神体とはおかしいと氏子たちもうわさしています。どこか外国で作られた物で、大して価値のあるものではないだろうとも話しています。

一応、こうやってもらい受けてはいますが、実は私もあやしいと思っていたんです。でも、こんな疑問を少しでも口にすると、和田さんがすぐに怒ってしまうから言い出すことができないでいました。変だと思っている氏子は私だけでなくいっぱいいます」

『丑寅日本記』が〝発見〟されたのは、遷座式前年の一九九一年。町の記録を調べると、その翌年二月には古田武彦が、そして五月には和田が相次いで訪れ、和田家文書について講演していた。

和田の来町に合わせて、和田家文書のなかで聖地とされる石塔山荒覇吐の収蔵品を集めた「東北王朝秘宝展」（五月）なるイベントも開催されていた。講演と秘宝展には、佐々木が言うとおり町役場の町史編纂室が深くかかわっていた。奇妙なことに、すべてが『丑寅日本記』が〝発見〟された一九九一年以降に動き始めていた。

「これを見てください。遷座式がなぜ行われることになったのか、だれが言い出したのか明らかです」

そう言って佐々木が書類箱から取り出したのは、氏子たちに東北王朝秘宝展の開催と、御神体をもらい受けるにいたった経緯を知らせるB４判の告知文書だった。ちょっと読みにくい文章なので、注意書きを加えてみる。

平成四年（一九九二年：筆者注）五月二十一日　青森県五所川原市石塔山荒覇吐神社へ（東北王朝秘宝展の：筆者注）展示品を受け取りに行く。（略）和田喜八郎に（車に：筆者注）乗っていただき色々と話をしながら帰る。荒覇吐の話になり、町史編さん室長より「丑寅日本記第九」に荒覇吐神社（四柱神社のことを地元ではこうも呼んでいた：筆者注）のご神体、ご本尊は石塔山に保存されていることが記されている旨、話があり、和田喜八郎氏は今回、秘宝展に出典する品物の中に荒覇吐神社（四柱神社：筆者注）のご本尊が入っているので、四柱神社の総代に返還するとのお言葉をいただいた。早速、氏子総代代表の佐々木雪夫氏に報告、五月二十二日会館にて総代会を開催、石塔山より荒覇吐神社（四柱神社：筆者注）へご神体を故郷へ帰していただくことを全員で、和田喜八郎さんにお願いすることを決める。

確かに、遷座式のきっかけをつくったのは、和田と町史編纂室長だった。佐々木によると、和田は御神体をもらい受けに行った氏子たちに向かって、「人目にさらすと天罰があるので、絶対に見せてはならない」ときつく言いつけたという。そのうえで、御神体は時価二億～三億円する貴重な遺物であると強調していたというのだ。

遮光器土偶登場

私は重ねて佐々木に聞いた。

「それでは、今年三月に新しく御神体として奉納されたという遮光器土偶のほうはどういった経緯でこちらへ来たのですか」

「ああ、あれですか。あれは、最近になって和田さんから取りに来ないかと電話連絡が来たんです。これもまた四柱神社の御神体だと言うんです。私は御神体が二つも三つもあってもしょうがないと思ったのですが、氏子たちの話し合いで、せっかくよこしてくれると言うのなら引き受けようということになりました。

和田さんの説明によると、その遮光器土偶はつい最近、安東氏の秘宝が眠る石塔山荒覇吐神社の洞窟から出てきたもので、出土した十二個のうち無傷の一個をよこすということでした。実際に見てみると、砂をかぶって本物らしく、三千五百年以上前のものだという青森県庁の鑑定もあるとのことでした。そんな貴重なものなら無料でもらうわけにはいかないと、鑑定料にあたる七万円を支払うことになったのです。

遮光器土偶を受け取りに行った氏子たちは、土偶が本物である証拠として出土した洞窟を見せてくれと頼んだそうですが、和田さんは全長が十四キロあると話すだけで、案内してくれなかったと聞いています」

ひととおり説明し終わると、佐々木は書類箱からもう一枚取り出した。それには「記遮光器土偶について」と立派な毛筆書きで記されていた。

「こちらは、その遮光器土偶をもらい受けるにいたった報告書のようなものです、見てください」と私に手渡した。


平成六年（一九九四年：筆者注）三月十九日、青森県五所川原市荒覇吐神社より荒覇吐神像と伝えられる遮光器土偶を和田喜八郎氏が当地四柱神社に寄贈して下さる事になり、同日午前七時、（略）残雪消えやらぬ青森県に向かったのであります。（略）今又、遮光器土偶をお受けするに当り、青森県埋蔵文化財センター（正式には青森県埋蔵文化財調査センター：筆者注）の鑑定を戴《いただ》きました所、三千五百年～四千年以前に出来たもので、荒覇吐神像初期の作であると鑑定を受けて居ます。石塔山で出土の際は十二体出土と申されて居《お》りましたが、完全無傷のものは三体で、他は破損して居ったと、和田氏から聞いて居ります。其の残った三体の内の一体である訳です。この御神体は土砂が身体《からだ》一ぱいについて居り、古代の面影を偲《しの》ぶ事が出来ます。後代迄《まで》氏子一同を守護下さらん事を祈念申上るものであります。

文書の最後には、土偶を受け取った氏子代表四人と、またもや町史編纂室長の名が連ねてあった。そして、文中には青森県埋蔵文化財調査センターの鑑定を受けている旨が明記されていた。

「御神体を見せてもらってもかまいませんか?」

私の言葉を待っていたかのように、佐々木は神殿の鍵を手にすると、前に立ってスタスタと歩き始めた。

四柱神社は佐々木家のすぐ近くにあった。遷座式を前に四十五万円もかけて改築したと言うだけあって、新しい木の香りがした。扉を開ける佐々木の後ろで、私はなんだかワクワクしていた。大げさに言えば、秘宝を前にしたインディ・ジョーンズのような気分だった。

扉は開かれた。目の前には九百三十年ぶりに里帰りした御神体と遮光器土偶が姿を現した。

佐々木が言った。

「じっくり、手に取って見てください」

「人目にさらすと天罰が下るのではないですか?」

聞き返すと、「まさか」と佐々木は答えた。

心なしか、御神体を手渡す佐々木の手つきが乱暴なように感じた。由来はそれほど信じていないんだよ……と暗黙のうちに語りかけているような気さえした。よく見てみた。

実は、私はアンティークを趣味の一つにしていた。特に、旅先で古道具屋をひやかすのは楽しかった。しかし、しょせん素人。そんな素人の私でさえも、二つの御神体には思わず首をひねった。

遷座式で里帰りしたという御神体は外国製の鋳物のように見えたものの、千年近くたっている古物とはとうてい思えなかった。荒覇吐神像と大仰な名がついた遮光器土偶も同様だった。造りそのものはそこそこ精巧だったが、とても四千年前のものとは……。あたかも出土したばかりのように赤土が付着していたが、逆にその行為にむなしささえ覚えた。二つとも、素人相手の骨董屋でも置いていないようなものだった。

「どう思いますか」

佐々木に聞かれたが、何とも即答しかね「専門家じゃないのではっきり言えません。でも、あやしいですよね。撮った写真をその道のプロに見てもらいます」と返すのがやっとだった。家に戻る途中、佐々木は押し黙ったままだったが、意を決したように強い口調で言った。まるで、自分自身に言い聞かせているようでもあった。

「先祖代々、私の家はこの神社を守ってきました。その責任者として思うんです。嘘の疑いがますます強くなったな、と。もし、御神体の話が嘘であるならば、はっきりさせる必要があります。先祖のためにもそうしなくてはいけないのです。二年前の遷座式には百二十万円以上の費用がかかっており、すべてが氏子四百人の寄付です。遮光器土偶にだって七万円かかっています。和田さんにはここから相当のお金が渡っているんです。氏子総代代表として、私にはすべてを明らかにする義務があります。先祖にも申し訳が立ちません。斉藤さん、あなたも協力してください」

佐々木の決意は固かった。

木々の間から漏れる初春の日差しがまぶしかった。この湖のほとりの小さな町にも、やっと春が来たのだなと思った。あらためて連絡することを約束して佐々木の家を辞した。どっぷりと和田家文書につかっているこの地区がこの先どうなるのか、ちょっと心配でもあった。

田沢湖町役場との対決

四柱神社の遮光器土偶について、佐々木は「和田さんから青森県庁の鑑定を受けていると聞いた」と話していた。受け取り報告書ではその具体的な機関名として、青森県埋蔵文化財調査センターの名を挙げていた。これに対する当のセンターの回答はいたってシンプルなものだった。

「職員に確認してみましたが、そのような遮光器土偶の鑑定を行った事実はないということです。そもそも、われわれ公共機関が鑑定料を取るというのもおかしな話です」

青森県埋蔵文化財調査センターは個人的な鑑定をあまり引き受けないとの話だった。そこで、匿名を条件に知り合いの文化財専門職員に四柱神社の御神体二つの写真を見せてみた。

彼の反応は案の定だった。

「仏像は大したもんじゃないですね。土産物《みやげもの》レベルと言っても過言ではないです。外国でよく売っている類いのものと思えば間違いありません。遮光器土偶はレプリカだと思われます。これに似たものが、やはり土産物として売られていますよ。もし、本物だったら国宝級、しかも十二個まとまって出土したっていうんでしょう。絶対ありえませんよ。氏子さんたちが聞いたとおりに最近の出土だとしたら、文化財保護法違反になります。埋まっている文化財を勝手に掘ったり、私物化することは今の法律で禁止されているんです。変な話ですね」

仏像について、別の職員は「一九九二年に田沢湖町役場が主催した『東北王朝秘宝展』に注目しなくてはいけない」とも加えた。

「石塔山荒覇吐神社の秘蔵品を公開したというんでしょう。同じ展示内容で『安倍・安東・秋田氏秘宝展』というものが、その五年前の一九八七年に五所川原で開かれている

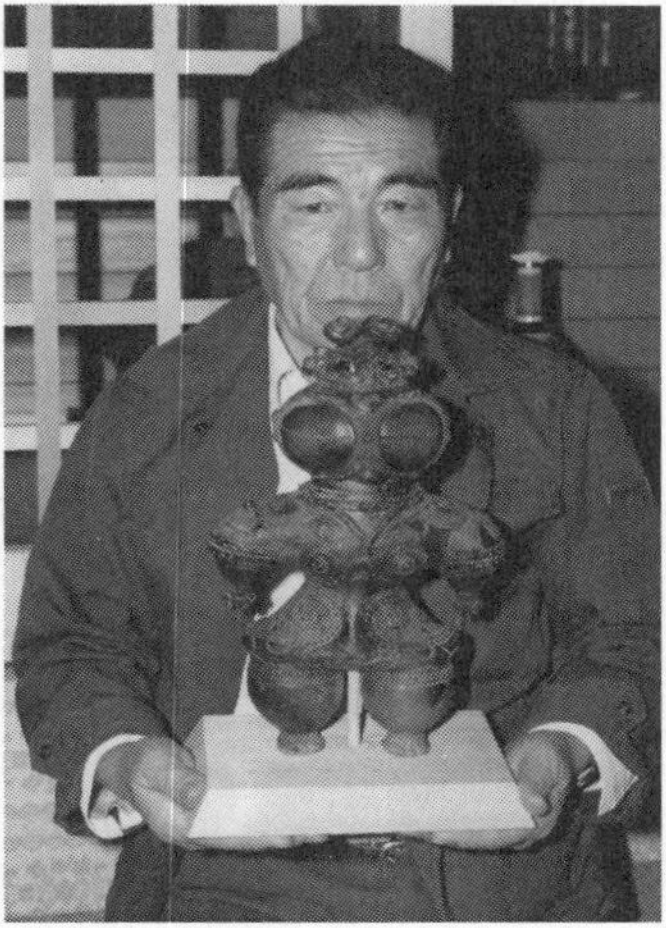

四柱神社に二つ目の御神体として奉納された遮光器土偶と、それを持つ氏子総代代表の佐々木。その後、この遮光器土偶はレプリカであることがわかった。（撮影：斉藤光政 1994年4月）

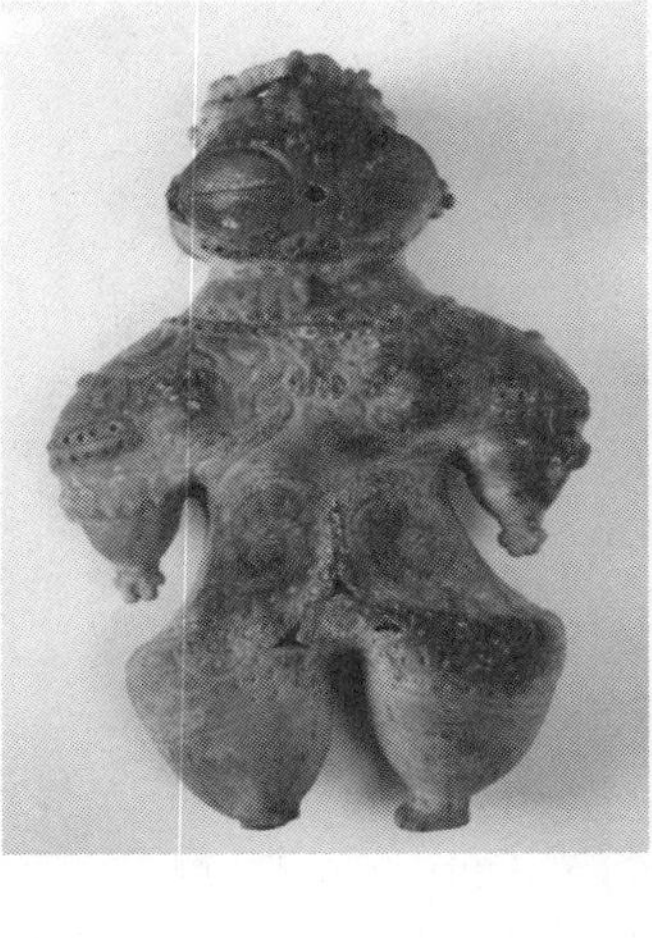

1990年代に津軽地方で見つかり、専門家によって「本物」と鑑定された遮光器土偶。四柱神社のものとは質感が違うことがわかる。

んですよ。こちらの主催は和田さんとその取り巻きグループ。新青森空港開港記念と称して大々的にやりましたが、中身はガラクタばかりでした。〝古代、東日流には壮大で強力な王国があった〟なんて大層なキャッチフレーズだから、気になって見に行ったんです。その会場にその仏像と同じようなものが陳列されてましたよ」

「ほら」。そう言うと、その職員は『安倍・安東・秋田氏秘宝展』のパンフレットを取り出した。「安東船が持ち帰った異国の文物」というキャプションつきで御神体と同じような仏像が紹介されていた。

さらに、念を押そうと産能大学教授の安本に写真を送った。安本の見立ても同様だった。

「仏像のほうは中国に行けば、どこでも買えるような土産物にすぎません。遮光器土偶も似たようなものではないですか。繰り返し言っているように、和田家文書自体が偽書なのです。遷座式の根拠となった『丑寅日本記』も同様で偽書です。和田さんが管理する石塔山荒覇吐神社が聖地？　そんな話は聞いたことがありません。町ぐるみでだまされたのではないでしょうか。悲しい話ですね」

「中国で買える土産物ですよ」。そう語った安本の言葉にまちがいはなかった。その後、私は同じ仏像を北京《ペキン》市の有名な骨董デパート「古玩城」で何度か目にすることになるからだ。考古学関係で中国取材が始まった二〇〇〇年以降のことだ。もちろん、その仏像はフェイクで、観光客用の土産物として子供のお小遣い程度の金額で売られていた。

和田によると、外三郡誌の聖地であり、お宝がザクザク出てくるという石塔山荒覇吐神社。しかし、地質学的にそんなことはありえない、というのが現地をよく知る専門家の話だった。

五所川原市文化財審議委員の新谷雄蔵《あらやゆうぞう》（考古学）はこう言う。

「石塔山一帯には遺物を含んだ層がほとんど見られません。遮光器土偶などの遺物が出土したとは考えにくいということですよ」

四柱神社の遷座式を地元紙で知っていた秋田県埋蔵文化財センターの専門職員の言葉はさらに厳しかった。彼は田沢湖町役場の姿勢に問題があるとまで言い切った。

「町役場という公的機関が偽書の疑いがある文書に直接かかわったこと自体、問題なのです。れっきとした公務員の町史編纂室長が積極的に町と和田さんを結びつけていますよね。知らなかったの一言ではすまされないんです。いいですか、町の歴史そのものがゆがめられる恐れがあるんですよ」

すべての人々が、四柱神社の御神体はもちろんのこと遷座式の意義さえ否定していた。彼らの言葉をノートに収め、私は再び田沢湖町に向かった。町役場には彼らなりの言い分があるはずだった。

「遺憾です……」

前述したように、町役場は外三郡誌絡みのお宝を集めた『東北王朝秘宝展』なる特別展を一九九二年に開催し、それと前後して古田、和田を招いた講演会すら行っていた。その秘宝展に展示された仏像と類似したものがその後、四柱神社の御神体として里帰りしていた以上、遷座式のきっかけをつくったのは町役場と言ってもよかった。

しかも遮光器土偶の件も含めて、和田との交渉には町史編纂室長が深くかかわっていた。町役場は何と反論するのだろうか、これは見ものだと思い、町役場の玄関ドアを開けた。

事前に連絡していたため、教育長の元野英雄《げんのひでお》が迎えてくれた。私は取材したことすべてを一気に語った。そして、返事を待った。

「個人としては、一連の和田家文書に対して偽書という感じを持っています。疑いがある以上、町としては和田さんと離れていくべきだと思っています。現時点ではそのように指示していますし、実際に今ではかかわりを持っていません。秘宝展や和田さんたちの講演会は、真偽論争が本格化する前のことだったので、なんとも……。

外三郡誌をはじめとした和田家文書に関しては当初、なかなか情報が入ってきませんでした。昔のことはなかなかわかりづらいという状況のなかで、外三郡誌が出てきたので、こういう結果になったのではないかと考えています。いずれにしても、和田家文書の問題に対し的確に指示できなかったのは遺憾です」

お役所得意の「遺憾」で締めくくられたものの、抗弁らしい抗弁もなく、潔い態度といえた。役所との対決を予想していた私としては、ちょっと拍子抜けという感じがしなくもなかったが半面、これで記事はいける、と確信した。

秋田県には秋田魁新報という県紙がある。東奥日報とは記事の交換を行うほど親しい関係にあった。その盟友のお膝元でスクープ記事を放ってやろう、という記者特有の意地の悪さが頭をもたげてきた。ある種の快感だった。

思惑どおり、記事は社会面トップで大きく掲載された。


「『東日流外三郡誌』新たな波紋／御神体は本物？／真偽めぐって田沢湖町困惑／一昨年、五所川原から神社へ／930年ぶりに里帰り」

「東日流外三郡誌」をはじめとする和田家文書の真偽論争が全国で過熱する中、お隣・秋田県の田沢湖町が同誌の真偽をめぐって困惑を隠せないでいる。同町教委は一昨年、和田家文書に関連して秘宝展や講演会を主催、開催したほか、文書を町史資料編に掲載。これがきっかけで町内では市浦・安東氏の祖に持ち去られたという御神体の里帰りが九百三十年ぶりに行われたほど。ところが、偽書説の高まりに伴い、町に対して「御神体も怪しい」などと疑問の声が続出している。

田沢湖町が「東北王朝秘宝展」を開いたのは平成四年五月。出品は和田家文書で聖地とされる五所川原市の石塔山荒覇吐（せきとうさんあらはばき）神社の所蔵品が大半で、前後して講演会も行われた。同神社は文書の発見者とされる和田喜八郎氏が中心になって昭和五十五年に建立《こんりゅう》した。

一方、同展をきっかけに今度は、同町生保内（おぼない）の四柱（ししゃ）神社で安東氏の祖に持ち去られたという御神体を荒覇吐神社から移すという遷座式を行った。氏子たちの主催で、和田家文書の「丑寅（うしとら）日本記」などに記された御神体の一説に基づき、式は同展から三カ月後の八月に大々的に行われ「九百三十年ぶり里帰り」と話題を呼んだ。

しかし、平成四年十月、「東日流――」をめぐる著作権侵害訴訟が青森地裁で提訴。真偽論争の中で「丑寅――」と荒覇吐神社の存在が疑問視され始めたことから、町は困惑。（略）

また、今年三月には、石塔山で見つかったとされる、なぞの遮光器土偶が「三千年以上前の御神体」として荒覇吐神社から四柱神社に奉納された。しかし、この土偶も専門家の間では「ありえない。あったら、国宝級」(県教委の考古学専門職員)と否定的な見方が強く、荒覇吐神社と文書に対する疑惑が深まっている。

このため、町内外では「これでは、最初の御神体すら怪しい。遷座式の意義はあったのか」「町はこのまま知らないふりをしていていいのか」といった声が絶えず、町の姿勢が問われている。


(「東奥日報」一九九四年四月二十一日)

イワシの頭も信心から

記事のインパクトは大きかった。特に、自分の軒先で商売されたような秋田魁新報の追跡は激しかった。

秋田魁新報は以前、四柱神社の遷座式を大きく報じていたほか、和田家文書に題材を取った連載記事まで掲載していた。それだけに、お隣青森県の記事といえど、無視するわけにはいかないお家事情があったのである。

秋田魁新報が御神体疑惑を報じたのは一カ月後のことだった。

「御神体が偽物???」と大きな疑問符が三つもつく刺激的な記事が、五月二十八日付朝刊の社会面トップを飾った。畳みかけるように、「揺らぐ町史 和田家文書の波紋・田沢湖町」と題する緊急連載をスタートさせ、御神体疑惑を追及する姿勢を明らかにした。

他社のスクープをきっかけに同じネタを書くことを「追いかけ記事」という。ニュースは独自性と新鮮さが売りである以上、二番煎じの追いかけ記事は大きな扱いにしないのが業界の常識だった。

ところが、この時の秋田魁新報は違った。社会面トップに続く連載五回という破格の扱いは、御神体疑惑が見過ごすことができないほど地域で深刻化していることの表れであり、地元新聞社としての決意でもあった。

これら一連の記事のなかで、目を引いたのは和田のコメントだった。そう、私の取材を拒否し続けていたあの和田である。なんともあぜんとする内容だった。

「地元から一銭の金ももらったわけではないし、（御神体を）渡すときには調査してもらったほうが安全ではないかと話してある」

「（御神体が）本物かと言われてもわからない。史実として、うちの文書に載っていたから四柱神社にくれてやった。『イワシの頭も信心から』というぐらいだから、信仰するものがなければ地元の人も困るだろう」（以上五月二十八日付）

「うちには仏像類だけで一万点もある。そのなかのどれが四柱神社のものなのかわかるはずがない。田沢湖町の人たちには、『くれてやるけれどちゃんと調査したほうがいいよ』と話してある」（七月十五日付）

記事の流れから判断すると、和田が言う「御神体」とは、遷座式で華々しく里帰りした青銅製の仏像のことをさしていた。

氏子総代代表の佐々木によると、和田は御神体の受け取りに際して「人目にさらすと天罰がある」と語り、「二億〜三億円はする」代物であることを強調していた。氏子たちは和田の言葉をそのまま信じ、御神体を本物と思ったからこそ、総額百二十万円余を投じて遷座式まで執り行ったのである。そして、その遷座式に派手な神官姿で現れ、陣頭指揮まで執ったのは、ほかならぬ和田自身だった。わずか二年前の出来事である。

ところが今、和田の口からついて出る御神体は「ちゃんと調査したほうがいい」レベルにまでトーンダウンしていた。しかも「イワシの頭も信心から」「信仰するものがなければ困るだろう」とは……。

なんとも無責任な言い方ではないか。「二億〜三億円の価値」と「天罰」はどこへ消えてしまったのだろう。氏子たちの怒りが目に見えるようだった。

早速、佐々木に電話した。案の定憤慨していた。

「まさか、地域挙げて遷座式まで行った御神体が偽物だったとは……。和田家文書を信じてやったのに残念です。だまされた、ということですね。そんなくだらないものを先祖代々の神社に祀っていたかと思うと、恥ずかしいやら、情けないやら、くやしさでいっぱいです。しかも、言うにことかいて〝イワシの頭も信心から〟とは、人をばかにしたせりふじゃないですか。
そもそも、御神体があると言い出したのは和田さんじゃないですか。だからこそ、五所川原の石塔山荒覇吐神社まで出かけ、御神体からのお告げまでやったじゃないですか。あれはすべて芝居だったんでしょうか。そんな意味のない御神体なら今さら鑑定する必要もないし、個人的には処分したほうがいいと思います。廃棄か返還かについては、総代会で決めようと思っています。遮光器土偶も同じ。氏子たちはみんな和田さんにはめられた、と言っています。最初から、すべてがおかしいと思っていたんです」

演出されたお告げ

佐々木が言う「御神体からのお告げ」とは、遷座式直後に石塔山荒覇吐神社で行われたものだった。それはテレビの心霊番組を彷彿《ほうふつ》させる奇妙な出来事で、その様子を総代会の報告書はこう記す。

平成四年（一九九二年：筆者注）九月十八日、五人が石塔山（荒覇吐神社：筆者注）のお祭りに、荒覇吐太郎権現様が田向《たむかい》の荒覇吐神社（四柱神社のこと：筆者注）に九百三十年振りで目出度《めでた》く遷座なされた事について、この有難い御神体を進呈下さいました和田喜八郎様の本宮に、氏子を代表して御禮《おれい》の為《ため》に参拝致しました。其の時であります。午後九時頃と思います。私達は宿泊中の車で、真夜中の神事がある為に仮眠致して居りました所、私達の田沢湖のバスを捜して、岩手県山田町《やまだまち》の僧とイタコが来られて、今神様のお告げがあるので、田沢湖の人達に聴いてもらい度《た》いと言われて、私達は車中に座って、イタコは車外で窓を開いたままで、失礼とは存じましたが神託を聞きました。

私達の氏神荒覇吐太郎権現が現れて申すには、今皆様の誠意のお陰で元宮である自分の社に帰り、無事居る事が出来て非常に喜んで居ります。これからは、氏子皆様の安泰と子孫繁栄の為に尽す事と告げられて帰られました。何重にも御礼を申されました。又、次は八幡太郎《はちまんたろう》義家が現れて、前九年の役、後三年の役で安倍一族を散々イタメツケタ事を、ここで聞いて居る私達に謝りました。これも、之からは皆様を守護する事を約して帰りました。これに依《よ》り、私達の色々考えている事も報われる事と思います。

なんとも不思議な話だった。イタコを介して御神体が現れ、遷座式と神殿改築のお礼をしたというのだ。おもしろいことに、御神体が五所川原へ持ち去られる原因をつくったはずの源義家まで現れ、「安倍一族をイタメツケテごめん」とわびたというのである。

繰り返すが、このお告げがあったのは和田の神社であり、お告げ役となった僧侶とイタコは和田の知人にほかならなかった。氏子に対して、こんな派手な演出までして権威を高めたはずの御神体を、和田は今では「調査してもらったほうが安全だ」と冷たく言い放っていた。佐々木らの怒りはもっともなことと思えた。

最後に受話器の向こうで佐々木はこう言った。

「御神体が偽物なら、われわれは詐欺に遭ったとさえ言えます」

遷座式費用と遮光器土偶鑑定料の合計百三十万円余が無駄になろうとしていた。

緊急総代会開催へ

「氏子たちに顔向けできない」という佐々木の声が、ことさら悲痛だった。まもなく佐々木から私の元へ手紙が届いた。

斉藤さんの取材、また貴社の記事記載のおかげで私も目を覚まし、氏子約四百名を説得し、大変良い方向に向かっています。（略）偽の御神体の件は、六月一日夜の総代会で決定します。私は御神体を神社の外に出すか、和田氏に返却するかの二案を提出する心づもりです。後で決定を連絡いたします。斉藤さんには遠いこの北のいなかまで来てご指示を頂き、貴社に対して、氏子全員今では感謝しております。斉藤さんの多幸あらんことを。

手紙にあったとおり、御神体の偽物騒動を受けて、佐々木ら氏子代表は六月一日に緊急の総代会を開いた。いきがかり上、私と秋田魁新報現地支局は取材を申し出たが、「非公開でやりたい」との意向で断られた。

会合後に確認したところ、佐々木は御神体すべての撤去を提案したものの、通らなかったという。

「今さら返すと言っても、和田さんが受け取らないだろう」

「一度は祀ったものなのだから、たとえ偽物でもしかたがない」

そんな白黒をはっきりつけたがらない、あまりにも日本的であいまいな理由からだった。ただし、御神体はそれまで置かれていた神殿の一番奥から、手前の一段低い位置に格下げにすることになった。佐々木は憤懣《ふんまん》やるかたなかった。

こうした騒動の顚末《てんまつ》について、秋田魁新報は緊急連載「揺らぐ町史」の最終回でこう締めくくった。

古代東北に津軽を中心とした王朝があったとする和田家文書は、常に中央から征服される側としてしか歴史に登場しなかった東北の人間達にとって、共感を覚える内容ではある。それらをロマンあふれる話として個人レベルで楽しむことに何ら問題はない。しかし真正面から公の刊行物で取り上げたことに、今回の田沢湖町の責任の重さがあった。真贋《しんがん》論争が展開されている和田家文書に登場する記述に関しては、地元の歴史研究者らが常に冷静な目を持ち、検証を続けなければならない。その作業がなければ地元の住民は混乱し、「歴史」に振り回される。

同業者の冷静な文章になるほどと思う一方、「歴史に振り回された」総代会の玉虫色の決着を聞いて、一人の老女の言葉がよみがえってきた。彼女は生保内で出会った氏子の一人で、けげんな表情で私にこう言った。

「ニセ物の神様拝んで、何か御利益があるのかな」

外三郡誌をめぐる事件の大半がそうなように、この騒動にも後日談がある。一年後の一九九五年四月、問題の御神体が何者かに盗まれてしまったのだ。手口は白昼堂々と神殿の鍵をこじ開けて持ち去るという大胆なものだった。犯人はまもなく逮捕されたが、けちがついた御神体の何が魅力だったというのか。最後までお騒がせの御神体だった。

第八章　古文書商法

「古文書商法」の実態

和田の出現とともに次々と〝発見〟され続ける〝古文書〟。この不思議と言わざるを得ない現象に疑いを抱きながらも、『資料編』として公的資料に取り込む地方自治体。自治体という地方の権威に箔《はく》づけされたその〝古文書〟を信じ、イベントなどの地域おこしに利用する住民……。

津軽半島の市浦村で起きたのとまったく同じ出来事が、二十年後の田沢湖町で繰り返されていた。しかも、田沢湖町では地区ぐるみで四百人もの住民が、和田家文書を先祖の勇姿を伝える秘史と仰ぎ、御神体遷座式に多額の寄付までしていた。

「自分が生まれ育った故郷に誇りを持ちたい」

しかし、そんな彼らのささやかな望みと善意は報われることなく、あっけなく踏みにじられた。

小さな町の大きな悲劇とさえいえた。

こうした和田家文書に翻弄される青森、秋田県の混乱ぶりを、同じ東北人の視点でじっと冷静に観察する人物がいた。福島市に住む古代史研究家の齋藤隆一だった。

四十代の働き盛りの齋藤は、偽書問題が発生以来、精力的に青森県内を調査し、その成果を『季刊邪馬台国』などの専門誌に発表していた。安本、原田と並んで偽書派の中心メンバーであり、外三郡誌擁護派（真書派）にとっては手ごわい論客だった。

もともと、齋藤は擁護派の主柱である昭和薬科大学教授の古田を師と仰ぐ研究会の一員だった。ところが外三郡誌を信じ、独自の歴史観を突き進む古田の研究姿勢に疑問を感じるようになってからは、どうしてもついて行くことができなくなっていた。それが、かつての師と袂をわかつ結果となった。

一部の古田ファンからは「裏切り者」と呼ばれることもあったが、「同じ東北人だからこそ、東北発の偽書拡散をなんとか食い止めなくては」と固く心に決めていた。そんな齋藤隆一が、田沢湖町の騒動をどう見ているか関心があった。

齋藤の分析は日ごろの文章と同様、明解で鋭かった。

「和田家文書の記述を基に発見者とされる和田さんと交渉し、その結果、御神体が帰ることになったというプロセス自体に疑問を持たざるを得ないですね。知ってますか。『田沢湖町史資料編』に収録された和田家文書は、江戸時代では知り得ない近代用語であふれ返っているんですよ。秋田県のシンボルでもある『秋田犬』がいい例です。これは明治以降に生まれた新しい単語です。公的機関が満足に調査することもせず、安易に偽書に乗っかってしまった姿勢に問題があるのではないですか」

齋藤は「秋田魁新報」の記事と同じく、田沢湖町役場の行政責任を強く主張していた。そして、御神体騒動の最大の特徴であり根本的問題として強く指摘したのが、外三郡誌が社会に拡散する過程が端的に表れている点だった。偽書派の言う「古文書商法」の存在だった。

「外三郡誌問題については、和田さんとそれを支援する関係者にとって都合のいい史料が、実に都合のいいタイミングで発見されることで知られています。さらには、そうした史料をフォローし広めるため、和田さんがいろいろな手段で裏付け工作を行っていることも。四柱神社はその典型例だと思います。

私が調べたところ、和田家文書と田沢湖町役場の接点は遷座式の五年前の一九八七年までさかのぼることができます。五所川原市で開かれた『安倍・安東・秋田氏秘宝展』で町史編纂室の職員が和田さんと出会ったというのです。斉藤さんが青森県職員から聞いたように、この特別展の中身はその後、田沢湖町で開かれることになる『東北王朝秘宝展』とほぼ同じです。そして、四柱神社のある生保内地区に関する〝新史料〟が和田さんのところから出てきたのは、〝偶然〟にも『安倍・安東・秋田氏秘宝展』の翌年の一九八八年。さらに〝偶然〟は重なり、一九九一年にはより詳しい〝新史料〟『丑寅日本記』が見つかったとして、和田さんがわざわざ田沢湖町まで持参してきています。その史料がそのまま『田沢湖町史資料編』に収録され、遷座式の根拠ともなったのです。

当時、田沢湖町の関係者には和田さんから次々と関係文書が送りつけられてきたと聞きます。箔づけという点では、古田さんが外三郡誌を賞賛する講演を行ってバックアップしていたことも見逃せませんね」

齋藤の説明によると、御神体騒ぎの火つけ役は和田で、火にせっせと油を注いでいたのも和田自身だった。世間はそれをマッチポンプと呼ぶ。その和田に町史編纂室をとおして、町役場と生保内地区が振り回されていたというのだから、なにをかいわんやである。

『中山《なかやま》文庫』とうり二つ

ニーズに応じて偶然見つかる新史料群。これは『六郡誌絵巻』の偽書性について、編集者の立場から証言した弘前市の郷土史家、山上が語っていた現象とまったく同じだった。

山上は「〝この文書とこの文書の間が抜けている、つながりになるような文書がないか探してくれ〟と和田さんに言うと、一週間もすれば、ちょうどぴったりの文書がホイホイ出てくる」と語り、それが偽書だと確信する理由となった、と説明していた。

まるで、打ち出の小槌《こづち》のように、次々と都合よく姿を現す史料群。これは、ある偽書問題と類似していた。というよりはうり二つと言ってよかった。川崎市にある『中山文庫』である。

内閣官房参与（東アジア外交問題担当）まで務めた思想家で評論家の松本健一をして、当事者の中山某《なにがし》と相対した際「外は汗ばむほどの陽気であったのに、アパートのなかはしんしんと冷え、わたしはそのなかで冷汗のようなものを流しつづけていた」と言わしめた偽書疑惑である。

『中山文庫』は、水戸藩家老・中山備前守《びぜんのかみ》の末裔を自称する中山某が所蔵していたもので、幕末の豪商として知られる中居屋重兵衛《なかいやじゅうべえ》にかかわる「門外不出」「非公開」の関係文書が眠っている、とのふれこみだった。中山備前守から代々引き継がれてきた「文庫」なのだという。

史料群は中居屋重兵衛の尊皇攘夷《そんのうじょうい》運動家としての偉大さ、ハンセン氏病支援活動に携わった仁徳の士としての清らかさを裏づける内容で、中居屋代々の交友録に「忘れられた思想家」安藤昌益《あんどうしょうえき》はじめ、吉田松陰、西郷隆盛、福沢諭吉、佐久間象山《さくましょうざん》、平田篤胤《ひらたあつたね》、果ては歴代天皇の名前まで飛び出す豪華ぶりだった。それにはまったのが安藤昌益や中居屋重兵衛の研究者たちだった。

松本は中山某に接触した研究者の証言として、自著でこう記す。

中山さんからの史料の提供方法は、次のようなものだった。——（略）わたしが何々関係の史料はありますか、と尋ねるんですよ。すると、半年ほどして、ものによっては三年ぐらいして、「ありました」という答えが返ってくるんですね。『中居屋重兵衛とらい』の史料は、そのようにして、「何々ありますか」、「探してみましょう」、「どうですか」、「ありました」といって探し出されたものばかりなんですね。

（『真贋　中居屋重兵衛のまぼろし』新潮社、一九九三年）

『中山文庫』にかかわった研究者の多くは、所蔵者である中山某との間でそんなやりとりを交わし、多くの歴史的な〝新史料〟が世に送り出される結果になったという。そして、それらの史料の真偽について問いただされると、中山某は決まってこう答えたという。

「わたしはその真偽については知りません。とにかく、文庫にあったものを歴史の〝資料〟として提供しただけなんです」

「わたしは代々、『中山文庫』に納められてきたものを、こういうものがありました、と欲しがるひとに差し上げてきただけなんです」

まるで、だれかの言い分と同じだった。

そう、和田その人である。「提供しただけ」と無責任に逃げを打つところなどそっくりだった。江戸時代の八戸藩《はちのへはん》領内に居住し『自然真営道《しぜんしんえいどう》』を著したとされる安藤昌益。くしくも、その研究者は外三郡誌の真偽論争にもかかわっていた。

『中山文庫』と外三郡誌の共通点はそれだけにとどまらなかった。

①旧家出身で戦時中は特務関係の仕事をしていた、と主張する所蔵者の派手な経歴。
②史料のやりとりに低額とはいえない金銭が絡むこと。
③史料に登場し、史料の真書性を証明するはずの主要人物の事跡が所蔵者の史料以外に見あたらないこと。
④「門外不出」「非公開」という史料群の秘密性。

などなど、偶然というには、あまりにも符合する部分が多かった。それは、薄気味悪いほどだった。

ちなみに、松本は『中山文庫』偽作説を唱える。

偽作者は中居屋重兵衛について、〝らい治療にたずさわることによって「生き神」とたたえられ、水戸浪士をはじめとする歴史上の著名人たちがみんな神札や讃《さん》を寄せた先駆的尊王家〟という確固たる仮説をつくりあげているのだ。その仮説に従って、いっしょうけんめい昌益をふくむ歴史的な著名人の思想を知ろうとし、またその字体をまねたのである。

（『真贋　中居屋重兵衛のまぼろし』）

深い井戸の底

話を田沢湖町の御神体騒動に戻そう。

齋藤は外三郡誌に潜む独特の「古文書商法」の核心に迫ろうとしていた。

「和田さんは生保内の歴史や伝説をあらかじめ調べていたのだと思います。それらに巧みに創作を織り混ぜ、あたかも新説のように装うことで新史料を作り出したのではないでしょうか。それが騒動の真相だと思います」

齋藤の分析によると、過去の和田家文書を詳細にみていくと、文書の出現とそれに伴う和田の行動に一定のパターンが存在するのだという。

つまり、

①文書を偽造するだけではなく、その内容に合った偽の古物を作るか入手する。

②古物を出現させることによって、偽造文書の価値と発見者である自分の信頼度を高める。

③偽造した古物は相手に譲ることもあるが、多くの場合には小道具として利用する。

④展示会や講演会を開き金銭を得る。

という一連の流れである。

新史料である『丑寅日本記』の出現→東北王朝秘宝展の開催→和田による講演会→御神体の譲渡→遷座式

齋藤の指摘どおり、田沢湖町での騒動はまさにこの手順を忠実に踏んでいた。彼が説明する「古文書商法」の手口の数々。ある偽書研究家は匿名を条件に、さらに詳しく古文書商法のからくりを解説してくれた。あまりに具体的な話に思わず引き込まれてしまった。

「どんな市町村にも歴史好きで熱心な、疑うより何となく信じたい人、知識欲や功名心が高じることにより、ただただ史料が欲しいと思う人がいるものです。ご存じのとおり、地域おこしには話題性が不可欠です。和田さんはそのような人たちを取り込むため、その地方の言い伝え、伝説などを巧みに取り入れた古文書を作る作業を繰り返していると考えられるのです。

この方法による成功率は想像以上に高いのです。相手が期待している内容を古文書のなかに巧みに忍び込ませるからです。相手が望む夢をさらに膨らませたり、昔話に対して抱いているイメージに肉づけするだけですから、古文書作成作業はいたって簡単なものです。そうして出来上がったものには当然のごとく、学問的な矛盾や誤りが生じるわけですが、〝もともと伝説だから矛盾点があってもあたり前〟と巧みに言い逃れし、ごまかすことができるのです。

この古文書商法の発端はというと、『市浦村史資料編』に求めることができるでしょう。『市浦村史』に外三郡誌が取り上げられた事実がいつしか一人歩きし、他の自治体の心理にまで作用したのだと思います。他の自治体が認めた古文書だから大丈夫だろうという安心感ですね。和田さんにとって、市浦村という公的機関から外三郡誌が出版されたという実績は、たとえ偽書という批判があったとしても、次の自治体に入り込むため極めて有効な小道具だったことは想像に難くありません。

和田さんの人に取り入る能力、史料に対する地方自治体関係者の願望、加えて個人的な功名心。これらがないまぜになることで、学問的な思考の基本である疑問が置き去りにされ、確認不足のまま和田家文書を取り上げてしまう……。そこが和田さんのつけ込む隙だったのではないでしょうか」

「これこそが和田さんの古文書商法ストーリーにほかならない、つまりからくりです」

と彼は念押しさえした。

正しいか、正しくないか、必要か、必要でないか。こうした大事なことを自分の頭で考えることを怠ってきた日本人独特の前例主義。そして、主体性のない横並びの論理が古文書商法のつけ込む隙だった……。齋藤と偽書研究家の言葉はそう告げていた。

外三郡誌という深い井戸の底が見えてきたような気がした。

第九章　聖　地

聖地の大いなる謎

取材のなかで「外三郡誌の聖地」として何度も聞かされた石塔山荒覇吐神社。田沢湖町・四柱神社の御神体の出所でもあり、氏子たちがイタコを介して、源氏の棟梁である源義家から〝ざんげ〟の言葉を聞いたいわくつきの場所でもあった。外三郡誌騒動の多くは、この謎の神社を起点に始まっていた。かつて青森市の弁護士事務所でマスコミに公開された和田家文書の数々も、この神社に収蔵されていると和田の代理人は説明していた。

市浦村役場が外三郡誌にかかわることになった、そもそもの発端は安倍・安東氏の〝秘宝〟が眠る洞窟とされていたが、そのありかもこの神社境内だと伝えられていた。和田家文書の由来と疑惑の多くは、この謎の神社に求めることができた。

果たして、石塔山荒覇吐神社は和田の言葉どおり、由緒ある歴史的な場所なのか、本来は関東地方に濃密に分布するはずの正体不明の神「アラハバキ」がなぜ列島北端にポツンと存在するのか、和田の話を受け売りした一部のオカルトマニアが「地底王国の入り口」と主張する洞窟は本当にあるのか……。そんな疑問の数々を胸に現地で取材を進めていくと、この神社の意外な姿が次第に浮き彫りになってきた。

「あそこはね、石《いし》ノ塔《とう》と言って、十和田様と山の神がそれぞれ祀られた小さな祠《ほこら》と湧き水があるだけの場所でした。十和田様は水の神様ですが、荒れ果てていてキツネが出るような雰囲気でした。外三郡誌で聖地になっている？　前九年の役で敗れた安倍一族が眠っている？　安東氏の秘宝？　洞窟？　炭焼きでいつも通った場所ですが、そんな話なんて聞いたことがないです。地元にそんな言い伝えなんかないです。どうせ、また和田さんが言っている話なんでしょう」

和田の近所に住む初老の男性は笑いながら語った。

彼は「新聞記者さんがそんな与太話信じているの？」と、私をからかうと、ほの暗い農家の奥に消えていった。

飯詰地区が五所川原市に併合されず、まだ村だったころ、和田とともに『飯詰村史』（一九五一年刊）編纂のため史料収集にかかわっていた人物がいる。五所川原市内に住む元地元銀行員の浜館徹《はまだてとおる》。飯詰の庭先と言っていい石ノ塔の由来を知っているはずだったが、彼の言葉も先の初老の男性とほぼ同じ内容だった。

「村史編纂のために走り回っていたのは終戦直後の二十代のころです。当時は石ノ塔に安倍氏の墓があったなどの言い伝えはなく、秘宝が眠る洞窟などの話も聞いたことがありません。ましてや地底王国だなんて……。飯詰には安倍氏や安東氏にかかわる伝説のかけらすらなかったのです。だから、石ノ塔が聖地だという話はまったくありえないことなんです」

飯詰の住人たちにとって、石ノ塔は「バケモノが出る」といううわさがある、近づきたくないような不気味な場所にほかならなかった。由緒どころか、一九八〇年に突然、和田らが神社を造るまで民間信仰の小さな祠があるだけのほとんど無名の場所にすぎなかったのである。

石塔山荒覇吐神社

そして私は、石塔山荒覇吐神社の秘密の鍵を握る一九七八年作成の「建設趣意書」なる書類を探しあてた。それをよく見ると意外なことがわかった。

建立者代表として名を連ねている人物が九人いて、そのなかで「講中代表総代　建設委員」という肩書でトップに納まっているのが、藤本光幸だった。福沢諭吉書簡の件で登場した擁護派の中心メンバーとされる人物だった。「講中総代」としてナンバーツーの位置にいるのが相馬弥一郎《そうまやいちろう》という人物。この時、和田は単なる構成メンバーの一人にすぎなかった。

相馬弥一郎は五所川原市で古物商を営んでいたが、かなり前に故人となっていた。しかし、弥一郎の二男で刀剣研師《とぎし》の相馬彰《あきら》は、父親と行動を共にすることで、和田のやることなすことをつぶさに見ていた。それは一九七〇年ころから十年余の長きに及んでいた。相馬によると、和田にとって父・弥一郎は、骨董仲間であるとともに〝相談役〟のような存在だったという。

驚くべきことに、相馬は石塔山荒覇吐神社の造成工事にも立ち会っており、建立されるまでのいきさつを詳細に知っていた。

「神社への参道といわれている道は、飯詰に住む炭焼きの人たちが炭を馬車で運び出すために戦後造ったものです。それまで石ノ塔には道らしい道すらなく、ただの炭焼きの山でした。かなり前から、和田さんは神社近くに秘密の洞窟があると言っていました。だから、神社造成の際には穴らしい場所を見つけては火を燃やし、煙の行方を見守ったのですが、どこからも出てきません。最初から洞窟なんてものはなかったんです。

現在、神社正面近くには、昔からあったものだとして北斗七星形の配石が置かれていますが、あれだって造成の際にわざわざ重機リース会社に造らせたものです。神社の敷地だって営林署からの借りものです。すべてがこの調子なんです」

相馬が炭運搬用の道路を造った人物として名指しした男性は、幸いにも和田と同じ飯詰地区に住んでいた。三浦与三郎《みうらよさぶろう》。三浦は次のように相馬の言葉を裏づけた。

「飯詰には自分の家を含めて先祖代々の炭焼きが六十二軒あり、和田さんの家もその一つでした。子供のころ、石ノ塔はムジナが出て人をだます場所だと教えられました。めったに人が行かない場所だったのです。せいぜい歩くのは、山を仕事場とする私たち炭焼きくらいのものでした。それが一九四九年のことです。石ノ塔近くの沢で、和田さんと和田さんの父親が炭焼き窯《がま》を作るために土地をならしていたところ、〝アイヌ〟の土器が出てきたんです。この出来事を和田さんは〝授かった、授かった〟と吹いて回りました。それ以来、和田さんは自分で集めてきた物をすべて〝石ノ塔から授かった〟とやり出したのです」

さらに、相馬が語る神社誕生秘話は劇的であり衝撃的だった。

「神社には、外三郡誌を書いたとされる秋田孝季の石像が祀られていますが、これは神社建設の時に体裁をつけようとして、私と父が五所川原の隣にある柏村《かしわむら》の石材店からもらってきたものです。外三郡誌とはまったく関係のないものなんです。それを和田さんが外三郡誌を書いた秋田孝季の像だと称しているのですから、何をか言わんやです。このように石塔山荒覇吐神社は由来はもちろん、中身もすべていいかげんな作り話なん

石塔山荒覇吐神社が建立される以前の石ノ塔。写真の十和田様と山の神が祀られているだけだった。（撮影：長峰茲）

石塔山荒覇吐神社建設前の貴重なスナップ。和田とともに発案者だった相馬弥一郎（右のヘルメットをかぶっていない人物）が測量に立ち会っている。後ろは朽ちた十和田様の祠。（撮影：相馬彰 1978年11月）

です。神社は和田さんが古物を販売するための道具の一つにすぎない、と言っていいでしょう」

大きなムジナがいた

相馬は神社が建立された一九八〇年という時期に注目しなくてはいけない、とも語った。それは、外三郡誌が『市浦村史資料編』として華々しく世に出た五年後にあたった。

「和田さんが石ノ塔に目をつけたのは、市浦村に相手にされなくなってからのことです。村役場は外三郡誌を『村史資料編』として出版したものの、評判が芳しくなかったことから、和田さんを避けるようになっていました。

和田さんは市浦村での収入源がなくなりどうしようかと考え、思いついたのが壊れた祠がある石ノ塔だったのです。あれを利用しようと父のところに相談に来たことがあります。市浦村でのうまみを忘れられなかったんでしょうね。父と和田さんは地元選出の代議士の名前を出して寄付集めをやり、神社建立にまでこぎつけました。

市浦村ではだれも和田さんを相手にしなくなったので、単純に収入源を確保するため、外三郡誌のルーツを市浦村から石ノ塔にシフトしたということです。神社を建てるきっかけはただそれだけ。簡単なものですよ。もし、『市浦村史資料編』刊行後も、市浦村

神社境内にある秋田孝季の石像。相馬彰によると、神社の体裁を整えるために石材店からもらってきたものだという。

石塔山荒覇吐神社建設中のスナップで、左端が和田、右端が相馬弥一郎。何もない山に神社が造られたことがこの一枚でよくわかる。この写真が露見することを恐れたのか、和田は相馬彰に対して、再三この写真を譲るよう求めたという。（撮影：相馬彰 1980年8月）

でうまくやっていくことができていたら……。当然、安倍一族の墓も石ノ塔ではなく、市浦村につくったはずです」

いよいよ、相馬の証言は核心に近づこうとしていた。

「斉藤さんが手にしている建設趣意書を見ればわかるのですが、最初、神社には山の神が祀られているだけでした。ところが、父が一九八三年に死んでから状況が一変します。和田さんが勝手にアラハバキを祀り出し、安倍一族の墓の話まで持ってきたのです。これらはみんな、建設当初にはなかった話です。

石ノ塔が外三郡誌の聖地になったのも同じようないきさつからです。もし、父が亡くならなかったら、安倍一族なんて話は一切出てこなかったと思いますよ。文句を言いますからね。和田さんは父のことを怖がっていましたから」

この奇妙な偽書問題の取材をとおして、何にでも動じないだけの気構えはできていたが、さすがに相馬の話には驚かされた。

神秘的な雰囲気に包まれ、小さな湧き水が出るだけの民間信仰の場が、ある日突然、外三郡誌の聖地に大化けしていたというのだ。それも、金儲《かねもう》けの手段の一つとして。とんでもない話である。飯詰の住人たちが語るように、どうやら石ノ塔には人を化かす〝大きなムジナ〟がすんでいるようだった。

大物政治家の参詣

神社が建立されるまでは、朽ちかけた小さな祠があるだけの石ノ塔。それでは、田沢湖町に渡った〝九百三十年前の御神体〟は、もともと存在しなかったということなのか？　この疑問に対して、古代史研究家の齋藤は断言する。

「そう、もともとなかったんです。田沢湖町役場という公的機関と生保内の人々を巻き込んだ御神体里帰りというセレモニーは、何の根拠もないところから生まれていたのです。四柱神社へ渡った遮光器土偶の御神体だって、弘前市の業者がレプリカとして精巧に作ったものを、和田さんが勝手に本物として転用しただけの話です」

齋藤が挙げた「弘前市の業者」には、私もすでに取材で会っていた。縄文時代に使われたものと同じ土を使い、それに土器片を砕いて混ぜることによって、本物そっくりの縄文土器を作ることができる、年代測定をかけてもばれないし、大学教授も見破れなかった——というような話を自慢げにしていたのが印象的だった。その業者は和田に数度にわたって遮光器土偶を売ったことがあるとも。ただし、レプリカとしてであって「本物だと嘘を言って、売ってはだめだ」と釘《くぎ》を刺しておいたと言うのだが……。

相馬と齋藤はもちろん、飯詰の住民まで口をそろえて語る「もともと何もなかった」はずの石塔山荒覇吐神社。しかし、その地をかつて訪れていた大物政治家がいた。それは、かつて自民党の一派閥を率いた安倍晋太郎だった。憲法改正や防衛問題でタカ派ぶりを見せつけ、首相にまで上りつめた安倍晋三の父親である。父親の晋太郎は、和田らに東北蝦夷《えみし》の首長である安倍一族の末裔と持ち上げられ、その気になっていたという。その結果、境内に残されたのが「安倍晋太郎先生墓参記念植樹」の標識である。晋太郎本人が神社を訪れ、多額の寄付をした名残でもあった。

安倍晋太郎は一九八七年開催の『安倍・安東・秋田氏秘宝展』(五所川原市)には名誉顧問として名を連ねていた。晋太郎の死後も、安倍ファミリーによる外三郡誌ゆかりの地の巡礼は続く。その一つが、和田家文書によって新しい聖地の一つとみなされた田沢湖町・四柱神社への洋子夫人の訪問(一九九三年)である。

洋子夫人は政敵から「昭和の妖怪」と恐れられた岸信介《きしのぶすけ》元首相の長女。三代にわたる政治家一家である岸・安倍家のゴッドマザー的存在であり、長く清和政策研究会所属議員夫人たちのリーダーを務め、政界に信奉者が多いことで有名だった。もちろん、彼女の行動は「安倍一族が四柱神社から御神体を持ち去った」という『丑寅日本記』の記述を信じてのことと思われた。

洋子夫人による四柱神社訪問の事実を私が知ったのは、氏子総代代表の佐々木の家で

故・安倍晋太郎の植樹を記念する標識。昭和62年（1987）の日付が見える。

だった。佐々木が取り出した一枚のスナップのなかで洋子夫人は優雅にほほえみ、その傍らには古田の姿があった。

そのことを田沢湖町役場の元野教育長に指摘すると、苦しげにこう説明した。

「その時、洋子夫人には注意するよう申し上げたんですが……」

本人たちが好むと好まざるとにかかわらず、安倍晋太郎夫妻は外三郡誌の広告塔として利用されていた。そして、息子の晋三はそれを知ってか知らずか、東北へ遊説に訪れると、リップサービスとして安倍氏の末裔であることを強調したりもした。また近所の話によると、和田は「娘がお手伝いとして安倍家に出入りしている」とも自慢げに吹聴していたという。そんな事実などないにもかかわらずである。

原田実に言わせれば「打ち出の小槌のように何でも出てくる」石塔山荒覇吐神社だが、この謎の神社は田沢湖町の御神体騒動後、再び注目を集めることになる。それは、大化の改新（六四五年）の際に焼失したと伝えられる日本最古の史書がこの石塔山に眠っている――という〝大発見〟によってだった。

日本最古の史書とは、聖徳太子が蘇我馬子《うまこ》とともに編集したとされる『天皇記』と『国記』。この二つの史書の存在が、和田家文書の一つである『丑寅日本記』に記されていたというのだ。

『丑寅日本記』とは、田沢湖町を混乱させるきっかけをつくった〝古文書〟にほかならなかった。それを私に教えてくれたのは、偽書派に「和田さんのパトロンで外三郡誌所蔵者の一人」と呼ばれている藤本光幸だった。

石塔山荒覇吐神社が新たな論争の火種となることは明白だった。

『天皇記』が眠る？

「手元にある和田家文書の整理と解読、分析を進めているんですが、そのうちの一つの『丑寅日本記』第九巻に、『天皇記』と『国記』の記述があるのがわかったんです。昨年のことです。『天皇記』と『国記』といえば、大化の改新で焼けてなくなったとされる有名な史書ですよね。『丑寅日本記』の記述によると、二つの史書は平将門と将門の娘の楓《かえで》姫《ひめ》らの手を経て、五所川原の石塔山に奉納されたというんです。文書が正しいかどうかについては、歴史家じゃないのでわかりません。しかし、こうした多くの史料のなかから〝真実〟を確認するのが後世の歴史家の仕事だと思うんです」

一九九四年五月。数多くの歴史書が積まれた自宅事務室わきの書斎で、藤本が説明した。

定説によると、二つの史書の成立は七世紀前半（六二〇年ごろ？）で、『天皇記』には歴代天皇の系譜が、『国記』には神代以来の物語が記されていたとされる。『日本書紀』によると、二つの史書は古代朝廷で実権を握っていた蘇我氏に伝わっていたが、大化の改新で滅亡した際、棟梁の蘇我蝦夷《えみし》が自宅に放った火で焼失し、『国記』の一部だけが取り出されたという。

藤本によると、この二つの史書の存在を示す記述がある『丑寅日本記』は、『和田家資料』として自ら編集し、弘前市の出版社から刊行する予定だったが、真偽論争によって遅れてしまったのだという。藤本は刊行がずれ込んだことをしきりに無念がっていた。

「さあ、見てください」

そう言われて、差し出された出版用のゲラには、確かに『天皇記』『国記』のくだりが「天皇記国記之抄」という題目で、次のように書かれていた。

天皇記国記之抄

即ち、天皇記とは蘇我氏に公蔵されし天皇秘書なり。国記また然なり。
然るに由ありて平将門の手に入りて豊田神皇社にありきを藤原秀郷、秋田生保内に忍任せし将門の遺姫に届けしものと曰ふ。大巻の書なり。

文正丙戌年二月七日　竹内宗達

追而　天皇記は東日流の石塔山に平楓姫奉寄せりと曰ふ。余、是を写したるものな

り。右追而如件。宗達

　石塔山古書目録

　天皇記　十二巻　秘巻

　国　記　十二巻　秘巻

　（略）

　右之通蔵書在是候

　文正丙戌年二月七日　竹内宗達

末尾にある文正丙戌年《ぶんしょうひのえいぬ》は一四六六年のこと。記述者の竹内宗達《たけうちそうたつ》なる人物は、『丑寅日本記』では船《ふねの》　史恵尺《ふびとえさか》の子孫と紹介されていた。船史恵尺とは、蘇我家が焼けた際に『国記』の一部を救い出し、大化の改新の首謀者である中大兄皇子に献上したという伝承が残る歴史上の人物だった。

　記述どおりなら、『天皇記』と『国記』それぞれ十二巻が秘密のうちに、石塔山荒覇吐神社に納められていたことになる。しかも、納めた人物は平将門の娘の楓姫で、楓姫は御神体騒動があった田沢湖町生保内に住んでいたというのだ。

　もし本当だったら、地方紙はおろか、中央紙の一面トップを飾ってもおかしくない大発見だった。だが、『丑寅日本記』は田沢湖町の騒動で明らかなように、極めて偽書性が高い和田家文書の一つ――と指摘されていた。それだけに、私も藤本の説明をうのみにするわけにはいかなかった。

そもそも、「正しいかどうかわからない」ものを出版しようとする藤本の真意をはかりかねた。加えて、真偽論争が激化し、複数の地方自治体が大きな影響を受けている状況のなかで、あえて問題の和田家文書を世に出し、「真実を確認するのが後世の歴史家の仕事」などと言い切るところも今ひとつ理解できないでいた。

私は藤本に質問した。

「なぜ、『天皇記』と『国記』の記述が和田家文書に登場するのでしょうか。なぜ、二つの史書を楓姫が奉納しなくてはいけなかったのでしょう。この文書を公開する予定はあるのですか」

藤本は答えた。

「楓姫の祖父が安倍一族だったのです。楓姫自身が直接、石塔山に奉納したかどうかまではわかりません。『丑寅日本記』に記されているのは、安倍・安東氏の資料収集のため全国を回っていた秋田孝季と和田吉次が、どこかで竹内宗達が書いたものを見せてもらって、それを書き写したからでしょう。

どこで、だれに見せてもらったかはわかりません。『天皇記』と『国記』が本当に石塔山にあるかどうかも調べてみないとわかりません。しかし、出てきたら大変なことです。天皇の系譜の一部が書き換えられる可能性があります。この『丑寅日本記』は将来公開することを考えています」

これまでの和田家文書の例に漏れず、肝心の「天皇記国記之抄」は「書き写し」で、原史料は「どこにあるかはわからない」だった。

わからない、わからない、わからない、わからない……。

いつもどおりのわからないづくしだった。大きなため息が出そうになるのをこらえながら、首を振り振り藤本家を後にした。

学問的に成立せず

会社に戻って早速、『天皇記』と『国記』について調べ、この問題に詳しい人間を物色した。すると、古墳・飛鳥《あすか》時代の研究で知られる成城大学教授の佐伯有清《さえきありきよ》（日本古代史）がいた。運がいいことに成城大学は私の母校だった。

「開口一番、卒業生であることを告げたら、むげには断らないかもしれない」

そんなせこい計算もあった。

神奈川県綾瀬市《あやせし》に住む佐伯はすぐにつかまった。電話越しに藤本から聞いた話を説明し、返事を待った。権威と呼ばれる人間には珍しく、佐伯の言葉はもったいつけることなく単純明快だった。

「『天皇記』と『国記』ですか。もし、存在するなら大変なことですね。ぜひ見てみたいものです。本物だったら、文体などからすぐにわかるはずです。しかし、これまでの研究結果から、現存する可能性はまず考えられませんね。青森県の石塔山というところに奉納されたという説は、学問的にまず成立しないと考えます。恐らく、作られた話でしょう」

さらに、安本美典に聞いてみた。慣れっこにはなっていたものの、相変わらず彼の分析は緻密、かつ手厳しかった。

「竹内宗達なる人物が記した日付に注意してください。文正丙戌年は寛正から文正に改元した年で、二月二十八日から始まります。したがって、『丑寅日本記』にある文正丙戌年の二月七日という日付は歴史上、存在しないのです。和田家文書の特徴の一つとして、このような年号の単純ミスが多いことが挙げられます。

『天皇記国記之抄』の五行目に〝石塔山に平楓姫奉寄せりと曰《い》ふ〟という文章が出てきますが、〝奉寄〟という単語も、国語辞典には出てこない和田家文書特有のものです。つまり、製作者とみられる和田さんの造語なのです。たったこれだけの短い文章のなかに、こんなにたくさん偽書を証明できる個所があるんです。『丑寅日本記』の信頼性たるや、推して知るべしですね」

藤本の説明に、佐伯、安本のコメントを加え、この一件を記事にまとめたのは言うまでもない。

「日本最古の史書『天皇記』『国記』」

「石塔山（五所川原）に眠っている？」

「和田家文書に記述」

「専門家『あり得ない』」

という四本見出しが、いつもどおり社会面に並んだ。百三十行で署名入りの囲み記事だった。

取材のなかで、石塔山の『天皇記』と『国記』について興味深い話を聞き込んだ。同業者の間では歴史・考古学関係に強いとの定評がある中央紙が、これらの文書を以前、和田から買い取ろうとしたというのだ。

関係者の話を総合すると、『天皇記』と『国記』に触手を伸ばしたのは、関西のある支局記者。かねてから古代史と外三郡誌に興味を持っていたこの記者は、はるばる和田の家を訪ねたところ、『天皇記』と『国記』を買い取ってほしいと持ち掛けられ、この時点でお金が動いたともいう。

ところが、その記者がこの件について本社に相談したところ、歴史分野が専門のベテラン記者に「そんなアホな話があるもんか、一〇〇パーセントありえない」とはねつけられ、その結果、和田が現物を引き渡すこともなく、社内の不祥事として処理されたという。話を支局記者に持ち掛けたのは古田で、記者は古田のファンだったというのだが……。

本当だとしたら、なんとも笑える話だった。功を焦った支局記者の勇み足といったところだろうが、私としては他人《ひと》ごとと笑ってばかりもいられなかった。なんと言っても、私も外三郡誌という危険な地雷原を素足のまま一人で歩いているようなものだったから。

藤本の予告どおり、『天皇記』と『国記』の記述がある『丑寅日本記』は『和田家資料2』に収録され、藤本家訪問の二カ月後に弘前市の北方新社から刊行された。北方新社は市浦村に続いて、外三郡誌を刊行した出版社だった。

『和田家資料2』のあとがきで、〝資料提供者〟である和田はこう語っていた。

市浦村より村史資料編として「東日流外三郡誌」が初めて世に出たのが、昭和五十年であった。それが、全国的な話題になるようになって、もう十八年にもなりました。そして忘れかけていた頃「偽書説」を提訴する者や、新聞、週刊誌、刊行本などに提稿する者などが、私の名誉を侵害するような記事を載せ、地元のマスコミなどに提供している。だが、私としてはいかに書かれようが、史料の出自にかかわる偽造をしたこともないので、「真実はひとつであり、ふたつはない」と断言できる。

私自身をして、此《こ》の世に生まれて六十七年の歳月を過ごし、時代の目まぐるしいまでも速い移り変わりを見てきました。変わっていないのは私自身であり、青春時代に志した唯一の美がある。抜擢《ばつてき》されて、短期間ではあったが静岡県天竜市二俣町《ふたまたちょう》の通信研究所に学び、我が国の捨て石となって果てる信条を心身にその教育を受けたのである。（略）これは私にとって心の鉄則で、いつまでも変わらない。


偽書派なんかに屈しないぞ、という和田の意気込みが伝わってくる力強い文章だった。文中の「地元マスコミ」とは、恐らく私であろうことは容易に想像できた。和田にとって牽制球《けんせいきゅう》のつもりだったのかもしれない。

そんな私にも言わせてもらいたいことがあった。プライバシーにかかわることなのであまり触れたくなかったのだが、和田のあまりにも多すぎる経歴疑惑とスキャンダルについてである。

和田の経歴は印刷物ごとに二転三転するのが常だった。一定していないのである。この『和田家資料2』のあとがきにも「二俣町（現在の浜松市）の通信研究所で学んだ」

とあるが、そんな事実が存在しないことは、訴訟原告の野村孝彦による通信研究所関係者の聞き取り調査と和田の親類の証言などで明らかにされていた。

また、経歴のなかには第二次大戦中のスパイ養成学校として知られる「中野学校出身」というものもあったが、これも同様に中野学校関係者によって完膚無きまでに否定されていた。あげくの果てに、警察官だった事実もないのに、まんまと警友会幹部になりおおせていたことさえある。しかし、これだって内部告発によってあかるみに出たことで除籍処分になっていた。

掘れば掘るほど経歴詐称の山だった。そのほかに五所川原市役所関係者などからは家族関係で深刻なトラブルを抱えているとも聞いていた。何をかいわんやである。

和田の言葉をそっくりそのまま拝借するなら、「真実はひとつ」しかないのである。

ワーナー映画に登場?

『天皇記』と『国記』の件で藤本を訪ねた際、和田の近況も教えられた。それはワーナー映画会社が撮影に来る予定で、和田も近く中近東に行くかもしれないという内容だった。和田自身が話していたという。

「あの有名な米国のワーナー・ブラザーズですか? 外三郡誌絡みですか?」と藤本に

聞くと、「そうだ」との返事だった。

壮大な話である。外三郡誌によると、編者の秋田孝季らは厳しい鎖国時代にもかかわらず、はるかエジプトまで旅していたことになっており、実際にピラミッドやローマ、ギリシアの遺跡に関する内容の文書や絵図が『和田家資料２』に収められていた。

ワーナーの話については、和田が自分の先祖ゆかりの地を旅する企画か、などと思いをめぐらす半面、あまりにもスケールが大きすぎてピンとこなかった。

そんな藤本の話を忘れかけていたころ、古田がある本の対談コーナーで、その和田の中東行きに触れて次のように語っていた。相手は歴史好きで知られるタレントの上岡龍太郎。

去年の六月に、何といいましたかアメリカの有名な映画会社（ワーナー・ブラザーズ）が、和田さんとこへ来まして、それでいろいろ撮って帰った。その後、和田さんに中近東へ行ってくれいう話があったらしいんですよ。私には撮りに来たという話はされたんですが、中近東云々《うんぬん》の話はまさかと思うていわんかった。ところが去年の七月の終わりになって『古田さん、中近東に一緒に行ってくれんか』っていう電話がきて、びっくりして『いや私は予定がいっぱいで一週間あとなんてとても無理です』といったんですが。『じゃ、しょうがない』ってゆうてね一人で行かはった。

一〇日間か二週間ぐらいいて、いろいろ撮ってきたらしいですよ。どういう映画になるか楽しみです。やっぱりアメリカでは、偽書説とか何とかそんなレベルではなくて、私は『これは』というか『やはりさすが』という感じを持ちましたね。

（『新・古代学』第一集、新泉社、一九九五年）

さらに、古田は同じ本の中で、和田の中近東行きについて次のようにも紹介していた。

昨年八月前半、アメリカの映画会社（ワーナー・ブラザーズ）の招きで中近東・ギリシア・エジプト等を巡回されたから、当方面に対する氏の知識は急増・倍加したことであろう。それは疑えない。

途方もない話だった。

これに対して不審に思った偽史研究家の原田が、ご丁寧にもワーナー・ブラザーズ映画日本支社に文書で問い合わせた。すると、返ってきた答えは、

「〝弊社スタッフが和田さんのところへお伺いしていろいろ撮影して帰った〟との記述については、心当たりがございません」

原田は念のため、あらためて日本支社に電話を入れたが、「たとえ、アメリカの本社

から直接スタッフが派遣されるにしても、日本支社とまったく連絡を取らないまま作業に入ることはあり得ません。和田さんとワーナー・ブラザーズ映画との間にはまったく接触がなく、もちろん和田さんを海外旅行に招待したという事実もありません」と完全否定だった。日本支社は会社名を無断で使用されたことに当惑すらしていたという。

さらにこの件については、東京の政治系雑誌『ゼンボウ』が追加取材を行っていた。『ゼンボウ』が注目したのは和田の渡航歴で、詳しく調査した結果、「和田が中近東に行った」とされる時期に国外に出た形跡は一切なかったという。

調べるほうもご苦労だが、大変なのは振り回された古田と藤本だろう。二人は和田の語った「中近東行き」の話をそのまま私と上岡に話したのだろうか。

埋蔵金詐欺？

石塔山とマスコミの関係といえば、こんな話もある。テレビ東京の人気番組でお宝ブームをつくった『開運！なんでも鑑定団』に、和田から大金と引き替えに受け取ったという遮光器土偶を手にした出演者がいたのだ。

彼は、石塔山に埋まっている財宝を掘り出すための資金提供を和田から持ち掛けられ、百万円以上を支払ったという。しかし、肝心の財宝が出ることはなく、和田はその資金の代わりに「国宝級の品」と称して、遮光器土偶を差し出したというのだ。

この土偶に対する注目の鑑定結果は、なんと「市価数万円の模造品」というお寒いもの。この人は司会の島田紳助や石坂浩二、鑑定士一同の同情を大いに買ってスタジオを後にしたのは言うまでもない。

田沢湖町の四柱神社に続いて、またもや遮光器土偶の登場だった。


実は、和田の〝財宝探し〟は笑って見過ごせるような話ではなく、外三郡誌のルーツにもかかわる重要な問題だった。第六章では外三郡誌出版に市浦村の公費が使われるまでの経緯について触れたが、そもそもなぜ外三郡誌刊行に村役場が動いたかというと、ずばり「和田の埋蔵金詐欺に引っかかったから」(原田実)だ。

その辺の事情について詳しく調査した原田は言う。

「『開運!なんでも鑑定団』の番組で明らかなように、和田さんは財宝や埋蔵金詐欺の常習者なんです。〝自分は埋蔵金の地図と裏付けになる文書を持っている〟〝代わりに掘ってやるからその資金を出せ〟といった具合に、繰り返しあちこちから金を集めています。その埋蔵金の地図や由来書がだんだん膨らんで出来上がったものが外三郡誌の正体なんですね。市浦村役場もそれに引っかかったあげくに、そのつじつま合わせとして村史編纂予算を組み、和田から預かった〝古文書〟を刊行することにしたというわけです」

安東氏の秘宝というえさを前に欲を突っ張らせた村役場幹部と、石塔山を利用しつつ彼らを翻弄した和田。欲と欲のぶつかり合いが外三郡誌を生み出したとは、なんとも情けない話ではないか。安東氏秘宝騒ぎには津軽地方選出の元県会議員もひっかかってい る、と私は取材の過程でよく耳にし、実名まで教えられていた。

平成の大合併によって、市浦村はその後、五所川原市に吸収されることになるが、それによって外三郡誌刊行の責任はうやむやとなり、ほっと一息ついたのが村役場幹部だったことは想像に難くない。

要するに財宝・埋蔵金とは、関係者にとって触れてほしくない古傷で、蒸し返したくない話でもあったのだ。村役場幹部が私の取材に過度に反応していた理由の一つはそれだった。

第十章　増　殖

戸来《へらい》キリスト伝説

私たち一行は一路戸来へ進む。四面山のひなびた土地である。ここにキリストの墓があるというのである。細い小道をたどり、登りつめた所にこんもりと盛られた土の小さな丘二つ。一つはキリストの弟イスキリの墓だそうである。私は何やら混乱してしまい、とてつもない伝説を持てあましていた。

墓守りの古老の話ではヘライというこの土地の名、民謡の歌詞ナニヤドヤラヨーなどヘブライ語に非常に似ていること、昔、子供の額に炭で十字を書き入れたという風習、語源がどこにあるか分からない多くのことば、加えてキリストがこの地に生存したということを記した文献がはっきりあるという事実など種々の信じ難い話をしてくれた。

私は裏付けのある話を信じないわけにはいかず、車にもどるまでにはキリストはこの地で暮らし、そして没したのだと確信した。驚くべきナゾに一歩近づいただけで私は幸福であった。車のクッションに深々と腰をおろして私は強い満足感に浸った。

一九六九年九月二日付の東奥日報夕刊に、『ナゾの地・戸来　伝説信じる気に』と題して掲載された寄稿文である。外三郡誌問題が火を噴く四半世紀も前のことである。

青森市内に住む高校二年生の男子生徒が書いたものだが、三戸郡新郷村《さんのへぐんしんごうむら》の戸来地区に残る「キリストの墓」と、それに伴う「キリスト伝説」が、いかに広く一般に普及し、純粋な少年少女たちに信じ込まれていたかを示すいい見本といえた。

新郷村戸来地区は県庁所在地の青森市から南東へ約百キロ。国内最大のイカ水揚げ基地であり、臨海工業地帯でもある八戸市と十和田湖の中間辺りに位置する。新郷村は主要産品のニンニクを前面に押し出した村おこしを進めている最中だ。

私は小学校から高校までをこの八戸市で過ごした。そのため、戸来のキリスト伝説についても、学校の先生や周りの大人から冒頭の男子高校生のごとく、さも事実かのように教えられた記憶がある。

「キリストはゴルゴダの丘で十字架にはりつけにされ死んだということになっている。でも、本当は違うんだな。弟のイスキリが身代わりになったんだ。窮地を脱したキリストは東へ東へと逃れ、ついには日本へたどり着いた。それが八戸だ。八戸に上陸後、居を戸来に定めて地元の女性と結婚し幸せに暮らしたそうだ。だから、戸来には今でも白人のような彫りの深い顔つきをした人が時々現れる。キリストの名残だな。キリストは身代わりとなったイスキリの頭髪と耳を戸来に埋めてねんごろに供養したが、それが今に残る墓なんだそうだ。戸来にある二つの墓はキリストとイスキリのもの、そういうことなんだ」

そんなホラ話を、折に触れては繰り返し聞かされたものだ。幼心にキリスト逃亡伝説を「そんなばかな」と思いながらも、真剣に語る大人たちの表情を見るとそれが言い出せず、いつしか半ば信じるような気持ちになっていた。きちんとした裏づけを取ることもなく、興味本位で伝説を取り上げるテレビや雑誌などの影響も大きかった。

だから、男子高校生が寄稿文のなかで「とてつもない伝説を持てあましていたが、信じないわけにはいかない」なかったと語る気持ちもよく理解できた。

ヘブライによく似た「戸来」という地名の響き、子供の額に十字を描く風習、哀切を帯びるとともに理解不可能な民謡「ナニヤドヤラ」の歌詞。これらの小道具が、山間の小集落が持つ神秘性をさらに増幅し、キリスト伝説を生き生きとしたものにしていた。

しかし、このキリスト伝説が観光開発と新興宗教の宣伝のために意図的に作り上げられたもので、しかもたかだか六十年前の新しい出来事となると、話は別だった。そして驚くことに、昭和の産物であるはずのキリスト伝説が、江戸時代に編纂されたという和田家文書にしっかり登場しているとなると……。

それが明らかにされたのは、一九九四年四月に奈良大学で開かれた市民参加型の公開シンポジウム『東北王朝・東日流外三郡誌偽作事件』（ヤマタイ国研究会主催）でのことである。シンポジウムでは、外三郡誌をはじめとする一連の和田家文書が「昭和の知識で書かれた現代人の製作である」ことが、あらためて報告されるとともに、製作の際に使われたと考えられるタネ本の存在まで具体的に列挙された。

偽書問題は新たな段階を迎えようとしていた。それは外三郡誌が「現在生きている人、それも名前が特定される人物が書いた、と断定してもいい段階に入った」（原田実）ことを示していた。

公開シンポジウム

奈良大学を会場に開かれたシンポジウムには、全国から古代史研究家やファンら百人以上が詰めかけ、今や遅しと開会を待ちかねていた。

主催のヤマタイ国研究会は福岡県に事務局を置く団体で、その名が示すとおり古代史、特に邪馬台国の学術的な研究に力を入れていた。ところが、東北で吹き荒れる古代史の嵐が無視できないほど巨大化してきたことから、急遽《きゆうきよ》シンポジウムを開くことになったのである。嵐とはもちろん外三郡誌真偽論争だった。

パネリストには安本美典、原田実、鈴木政四郎（青森古文書解読研究会会長）のほか、古代日本史研究会会長の泉俊作が名を連ねていた。複雑さを増す偽書問題について、偽書派が市民の問いかけに答えるという趣旨であることが、メンバー構成から見て取れた。全国の古代史ファンがどんな目で問題を見ているのかが知りたくて、私も取材におもむいた。

まず、口火を切った原田が取り上げたのが、青森県のキリスト伝説と外三郡誌の関連についてだった。

「和田家文書には昭和以降の知識で書かれているという大きな特徴があります。だから、江戸時代に書かれたなどという和田さんらの主張は真っ赤な嘘なんです。その最たる例がキリスト伝説で、これは一九三五年に創作された作り話にすぎません。それなのに、和田家文書には寛政六年（一七九四年）の情報として載っています。ということは、和田家文書は少なくとも一九三五年より後に作られたもの、ということになります。私自身は近年の製作と推測していますが」

原田によると、キリスト伝説が登場する和田家文書は『奥州風土記全』。このなかの

新郷村戸来地区にある「キリストの墓」の前では毎夏、「ナニヤドヤラ」の踊りが披露される。

『外三郡誌』をテーマに開かれたシンポジウムで、質問に答えるパネリスト。奥の列左から安本、原田、鈴木。（撮影：斉藤光政 1994年4月）

「戸来上下大石由来」という項に次の記述があった。

戸来邑にてはキリストの墓など奇相な遺跡ぞ存在す　寛政六年七月二日　秋田孝季

戸来という場所にはキリストの墓という変わった遺跡がある、とはっきり書かれている。ところが、である。原田によると、キリスト伝説が降って湧いたように戸来地区（当時は戸来村）に出現したのは、前述のように一九三五年八月で、江戸時代以前などではなかった。

きっかけをつくったのは、古代史マニアの画家、鳥谷幡山《とやばんざん》だった。鳥谷はその前年に戸来村役場の招きで、十和田湖に隣接する迷ケ平《まよがたい》を見て回っていた。迷ケ平は村内の西端に位置する高原地帯で、村役場は十和田八幡平国立公園の一部にともくろんでいた。

しかし不幸にも、国立公園の選定から外れてしまう。このため、次善策に思いついたのが、観光資源としての大々的な売り込みだった。その宣伝役を仰せつかったのが鳥谷というわけだった。

多分に神秘家的側面を持つ鳥谷は、日本にもピラミッドがあると信じ、戸来村内にある大石神山《おおいしがみやま》がそうだろうと考えていた。『奥州風土記全』のなかの「戸来上下大石由来」とは、この大石神山のことを指していた。鳥谷は村役場と相談した結果、天津教《あまつきょう》という新興宗教の教祖である竹内巨麿《たけうちきよまろ》に白羽の矢を立て、大石神山がピラミッドであることを確認させようとする。

竹内を呼んだ理由は、天津教教祖に代々伝わる〝古文書〟であるとともに、教典であり神宝に位置づけられている『竹内文献』の存在にあった。『竹内文献』は、かつて日本は世界最高の聖地であり、キリストはじめモーゼ、釈迦《しゃか》、孔子《こうし》、マホメットらが教えを請いに来日したと説いていたからである。いわゆる「聖者来日伝承」である。

戸来村を訪れた竹内は、鳥谷らとともに大石神山を視察。やはりと言うべきか、大石神山麓の集落にある盛り土二つの前で突然立ち止まると、「やはり、ここだ」と騒ぎ始めたのだ。

その後、竹内は教団本部に戻り、教典の『竹内文献』からキリストの遺言が見つかったと発表、戸来村大石神山にある盛り土がキリストの墓だと断定した。以上がキリストの墓〝発見〟までのいきさつである。それまで、戸来村にはキリスト伝説など影も形もなかったのに、である。

竹内によるキリストの墓発見の瞬間を、鳥谷は自著で劇的に記す。

翁《おう》（竹内：筆者注）は天を仰ぎ地を相して熟視し、そして黙禱《もくとう》を続けてから独りで肯《うなず》かれ、矢張此処《ここ》だと許《ばか》り、これが余等《よら》には何《な》んの事やら不思議でならぬ。其《そ》れは其筈《そのはず》で、今日迄誰れにも見せぬ古文献を独で調べて来ての対照探査であるからである。そして此処に目標を建てよ統来訪神と後に記されよ、前の野月の二ツ塚には十来塚と書くべしと村長に話された。（略）余は密《ひそ》かに掌の内で十の字を書いて若《も》しや此《これ》ではないでせうかと聞くと、今少し黙れ黙れの御託宣である。

（『十和田湖を中心に神代史蹟《しせき》たる霊山聖地之発見と竹内古文献実証踏査に就《つい》て併せて猶太聖者イエスキリストの王国たる吾邦《わがくに》に渡来隠棲《いんせい》の事蹟を述ぶ』一九三六年）

まわりくどい文章だが、竹内が盛り土の前で「ここだ」と大げさにうなずき、村長に「ここには十来塚と記しなさい」とご託宣を行ったという当時の状況がよくわかる。根拠となったのが「誰にも見せぬ古文献」である『竹内文献』だったが、村長は村おこしの絶好のチャンスと飛びつく。こうして世にも不思議なキリスト伝説が、それまでほとんどの日本人が耳にしたこともなかった東北の寒村で産声を上げたのである。

『竹内文献』信者による拡散

キリスト伝説は『竹内文献』の信者たちによって積極的に拡散される。『竹内文献』

とその背後にある天津教の特殊性、優位性を売り込む好機にほかならなかったからだ。

キリストの墓発見から二年後の一九三七年には、聖者来日伝承を研究する山根菊子《やまねきくこ》が著書『光りは東方より』で戸来村を東方の聖地に祀り上げ一躍有名に。さらに二年後には、ドキュメンタリー映画「日本に於《お》けるキリストの遺蹟を探る」が公開される。文字と映像が持つ宣伝効果は大きかった。

山根は、『光りは東方より』のなかで、太平洋に沈んだとされる謎の大陸ムーとは日本列島のことだろうと推測し、戸来村迷ケ平は人類発祥の地であるとまで言い切っていた。旧約聖書でアダムとイブが住んだとされるあのエデンの園である。青森県にはキリストの墓のみならず、エデンの園まであったというのだから大変だ。

折しも、国内は経済が低迷し、第二次大戦前夜の不穏な空気に包まれていた。暗く不安定な世相は国民の心を幻想の世界へと向かわせ、第一次超古代史ブームとも呼べる動きが胎動していた。民俗学やオカルトに詳しい評論家で漫画原作者の大塚英志《おおつかえいじ》に言わせるなら「オカルトや偽史が笑って済まされないほど現実の為政者の近くにあった時代」なのである。

そんな暗雲低く垂れ込めるなか、「日本は世界の賢者が訪れた聖地」と説くキリスト伝説は勢いを得、雑誌・新聞などのマスコミもこぞって取り上げる。そしていつしか、キリスト伝説はあたかも古代史上の事実かのように語られるようになっていった。

が、『竹内文献』の寿命は思いのほか長く続かなかった。京都帝国大学文科大学の初代学長である狩野亨吉《かのうこうきち》らアカデミズムが『竹内文献』批判に乗り出し、その偽書性を暴露するにいたったからだ。天津教の教典である『竹内文献』には偽書の烙印がくっきりと押された。

このように、戸来のキリスト伝説は村おこし運動と新興宗教、超古代史ブーム、そして偽書が入り乱れて生まれた徒花《あだばな》にすぎなかったのである。

話を奈良大学シンポジウムに戻そう。

原田はそんな昭和初期に創作されたキリスト伝説が載っている以上、和田家文書が江戸時代にまとめられた文書であるわけがない、と強く主張していた。さらに、和田家文書にはムー大陸の記述も見られることを指摘したうえでこう言った。

「かつて太平洋にはムーという大陸があった——とする説が初めて登場するのは、一九三一年に米国で出版された『失われた大陸ムー』によってです。筆者は自称・元英国陸軍大佐のジェームズ・チャーチワードという人物ですが、本の内容はもちろん筆者の素性、経歴もあやしいものです。『失われた大陸ムー』はまともな研究者なら相手にしない突拍子もないことが書かれている本。すなわちトンデモ本のたぐいです。

日本では翌年に雑誌で紹介され、話題を呼びました。つまり、日本人がチャーチワードのムー大陸論に触れたのは一九三二年以降ということになります。それなのに、一八九七年に書写されたと主張する和田家文書にしっかりムー大陸が登場する。この事実が意味するものは明白です。和田家文書が昭和期以降の製作だということです。古代史を扱った通俗的な雑誌や本、それにオカルト雑誌からネタを仕入れているとみなすのが合理的でしょう。

和田家文書の擁護派たちは、文書が編纂されたという江戸時代後期なり、書写されたとされる明治期なりに、すでにキリストの墓が青森県の戸来村に存在していたことや、ムー大陸説が唱えられていたことを証明しなくてはいけないということです。果たして、それが可能なことでしょうか」

偽作者は筆ペン派

タネ本は歴史雑誌にオカルト雑誌――。

和田家文書のネタ元とみられるものについて、偽書派がここまで公の場で言及するのは初めてだった。パネリストとして原田の言葉を引き継いだ鈴木もまた同様であった。

古文書解読の専門家である鈴木がタネ本として挙げたのは、『青森県史』（青森県、一九二六年）、『新釈青森県史』（東奥日報社、一九六〇年）、『東北太平記』（青森県文化財保護協会、一九八七年）など。

また、鈴木は外三郡誌の偽書性を青森県内でいち早く公言していた地元ジャーナリストの松田弘洲が、これ以外のタネ本として『東北の歴史　上・中・下』（吉川弘文館、一九六七〜七九年）、『青森県の歴史』（山川出版社、一九七〇年）、『つがるの夜明け』（陸奥新報社、一九五九年）などを指摘していたことを説明した。

いずれも、青森県内の図書館ならどこでも置いているような、広く知られた郷土史関係の書籍ばかりだった。鈴木は熱心に耳を傾ける参加者を前に言った。

「内容からみて、以上のような歴史関係の本を参考にしたと考えられます。それに加えて、県内に残る伝承や昔話、子守歌も材料にしています。こうした素材を元に作り上げたのが和田家文書と呼ばれる代物なのです。外三郡誌は最初から、これは創作です、小説みたいなもんです、とただし書きつきで発表していれば問題がなかったはず。それをあたかも史実のように、古文書の体裁を装って世に出したから問題となったのです」

さらに、鈴木は和田家文書の偽書性を示す具体例として、筆書きの多さを指摘した。

「和田家文書はすべて筆書きです。江戸時代の古文書を見慣れた者なら、それだけでおかしいとすぐに感じるはずです。なぜなら、当時の地方の文書は竹で書かれていることが多いからです。半分くらいがそうです。今と違って、筆は高価だったので、なかなか普及しなかったんですね。青森県内の庄屋に残る文書なんかだいたいそうです」

この筆書きの秘密について、古代史とともに文章心理学を専門とする安本はもっと突っ込んだ説明をした。

「筆の専門家たちと筆跡を詳しく分析した結果、いろんなことがわかってきました。なかでも興味深いのは、文書の大半が純粋の毛筆で書かれていないということです。和田家文書の作者が愛用するのは純粋の毛筆ではないもの、つまり筆ペンなんですね。市販されているごくごくありふれた筆ペンを使って殴り書きしているんです。書いたのは、独特の癖字を持つ〝発見者〟の和田さんでしょう」

グリコ・森永事件や連続幼女誘拐殺人事件で筆跡鑑定をしたことがある安本は、最後にこう締めくくった。

「外三郡誌の作者は、自分が書いたものが全国規模で報道されることを喜んでいるのではないでしょうか。たとえ、地元で疑いの目で見られていても、東京など中央で知られればそれでいいと考えているのかもしれません。その意味では、外三郡誌は単なる偽書事件ではなく、愉快犯による劇場犯罪のような要素を持っている問題だと思います」

筆ペンを手に夜な夜な机に向かい、せっせと文書作りにいそしむ男。その男は自分の文章に酔いしれ、文書が世に出る日を想像しては一人快感に浸る。傍らには歴史関係の本が堆《うずた》く積まれ、超古代史をテーマにしたオカルト雑誌が散乱する……。

原田、鈴木、安本が導き出した外三郡誌製作者の姿だった。

質問攻めのパネリスト

シンポジウムでは参加者の関心の高さを示すように、多くの質問がパネリストに向けられた。

――外三郡誌をはじめとした和田家文書が、極めて偽書性が高いということはよくわかります。それでも支持する人が絶えないのはなぜですか。

安本　作り方がとてもスキャンダラスで面白いからです。鈴木先生が報告したように、最初から「これはフィクションです」と断り書きをして世に出したなら、逆にうけなかったでしょう。

鈴木　学問的な興味より、ただ単に面白いから、ロマンがあるから、と安易に考えて買った人が多いと思います。しかし、最初に外三郡誌を刊行した市浦村役場は現在、困った立場に置かれているようです。偽書問題が大きくなったことで、いろいろしわ寄せがきているとも聞いています。

――外三郡誌に書かれていることがすべて嘘とは言えないのではないですか。

安本　外三郡誌には歴史的に正しい記述があるから信用できる、と言う人がいますが、

鈴木　それは本末転倒の話です。外三郡誌は既存の歴史本を材料に書いているので、正しい記述がある場合があります。外三郡誌のなかに事実として登場することが、青森県内には伝承として残っていることがあります。しかし、それを単に言い伝えとしてではなく、史実として世に出してしまったことが、外三郡誌の根本的な問題なのです。ロマンなんだからそれほど目くじらを立てなくてもいいだろう、と言う人たちがいますが、それは違うと思います。嘘の歴史が後世に残ることを私たちは恐れているのです。

――外三郡誌には邪馬台国についての記述もありますが。

鈴木　それは、学問的に信用できる書き物にほとんど出てこないことばかりです。邪馬台国論争が起きてから作り上げたものと考えていいと思います。

――外三郡誌では大和朝廷と対立する王国が東北にあったと書かれていますが、本当に存在したのですか。

安本　現時点であったかどうかはわかりません。

原田　あったかどうかではなく、そういうことを和田さんが書き、文書として世に出した行為こそが問題なのです。偽書であるかどうかの定義と、その文書の内容の真偽とを混同すると、議論は混乱するだけです。仮に東北王朝が実在した可

能性があったとしても、偽書を根拠としているのなら、すべての議論は砂上の
楼閣となるのです。

質問攻めともいえる状態だった。三十分以上に及んだ質問コーナーで最も多かったのが「千冊以上といわれる膨大な文書群を一人で書くのは無理ではないか」という単純な疑問だった。

古田ら擁護派が、外三郡誌は和田が製作したものではないと主張する論拠の一つにもなっている重要なポイントでもあった。「あんなに膨大な古文書群を、それほど学歴の高くない初老の男性一人で作れるはずがない、だから偽書ではないんだ」という理屈である。

これへの原田の答えはこうだった。

「和田家文書を調べていくと、思いついたことをそのまま文章にしているように見えます。書き飛ばしという感じですね。しかも、ネタ元は市販の本や雑誌、テレビ番組など身の周りにあるものならなんでもといった感じ。思いつくまま書いているので、内容的には矛盾や繰り返しが多く、ネタも使い回しが多いのです。

文書は、小説でいえば短編やショートショート程度のごく短いものが多くを占めます。和田さんは断片的な思いつきを羅列することができても、それを長い文章にまとめる構

成力に欠けているんですね。われわれの調査によると、和田さんはそんなことを若いころから日常的に繰り返していました。従って、時間的にも量的にも膨大な和田家文書を一人で書くことはそんなに難しくない、可能だったと思いますよ」

同じことを、かつて取材した弘前市の郷土史家・山上笙介が次のように語っていたのを思い出した。和田家文書の一つである『六郡誌絵巻』の編集者を務め、和田家文書を和田自身による偽近世文書――と指摘した人物である。

「和田さんはかなり若いころから文書を作っていたらしいので、書く能力は十分あると思います。外三郡誌などの文書を見てもすべて雑で、用語や文法を気にしない垂れ流し式の書き方です。だから、和田さんによる製作だと足もつきやすいのです。そんな具合ですから、古文書一冊を作るのにたいした時間は必要としないはずです。既成の歴史書や論文から史談や伝承を集めて筆を加え、都合よくまとめた創作物。それが和田家文書と呼ばれるものの実体だと、私は考えています」

和田家文書をめぐり、文書の膨大さとともに疑問とされていたのが、山上の言う和田に文書を「書く能力」があったかどうかだった。

この点について、偽書派は山上と同様に「和田さんは十分書く能力を持っている」と主張し、対する擁護派は「和田さんに書けるはずがない」と抗弁していた。

偽書説の立場から和田の創作能力を評価する論者に、作家の森村誠一と青森ペンクラブ会長の三上強二がいた。三上は外三郡誌が『市浦村史資料編』として刊行される三年前（一九七二年）の段階で、文書の現物を実際に手にし、いち早く偽書だと見抜いていた人物だった。二人はこう言う。

この壮大な偽書とこれだけの偽書をつくりあげた作者の情熱には賛嘆しました。これだけの才能と情熱に恵まれていれば贋作《がんさく》ではなくオリジナルな作品を創造できるのではないかとおもいました。

（森村誠一「編集部・編集者への便り」『季刊邪馬台国』五十五号、一九九四年）

「和田家文書」は、喜八郎氏が書いているものだ。「和田喜八郎には書けない」という人もいるが、器用で歴史的な知識もあるので、あの程度は書けると思う。「それはおかしい」と指摘すると、説明がコロコロ変わったり、関係ないものを持ち出したりと、論理に一貫性がないことも確かだ。また、以前に自分が何を言ったか忘れてしまって、次には違うことを言うような、ちょっと抜けたところがあるようで、『東日流外三郡誌』にも、その傾向がみられる。

（三上強二「和田喜八郎氏という人物」『だまされるな東北人』本の森、一九九八年）

また、作家の高橋克彦は和田を「日本のチャーチワード」とさえ持ち上げていた。チャーチワードとは前にも説明したムー大陸説を唱えた謎の人物である。

和田を追及する立場の人間たちが和田の能力を高く評価し、逆に和田を守るべき人間たちが和田の能力を低くみるという、なんとも皮肉な現象が生じていた。

ウソでまとめたジョンカラ節

山上笙介の言葉を借りるなら「垂れ流し式の和田家文書」は、キリスト伝説やムー大陸以外にも、多くの時代的矛盾を抱えていた。

それは、古代史研究家の齋藤隆一の詳細な分析によっても明らかにされている。和田家文書には昭和初期どころか、戦後の知識や言葉まで含まれているのである。その数はおびただしいが、ほんの一部をここに紹介しよう。


「洗脳」………中国共産党軍の思想教育を受けた旧日本軍人たちに対して一九五三年に初めて使われた。

「闘魂」………プロレスラーのアントニオ猪木《いのき》が自分のキャッチフレーズにした。

「民活」………民間活力の略語で一九八〇年代の行政調査会から使われ始めた。

「超古代」……一九六七年に超古代史研究家の黒沼健《くろぬまけん》が初めて使ったとされる。
「準星」………一九六〇年代に使われ始めた天文学用語。
「古史古伝」…超古代史関係の本を多く書いた超古代史研究家の吾郷清彦《あごうきよひこ》が一九七二年に初めて提唱した。

これらはあくまでも氷山の一角にすぎず、二十世紀末に人類は滅亡するというショッキングな予言で大ベストセラーを記録した『ノストラダムスの大予言』（五島勉、一九七三年）のパクりまであるというから驚くしかない。

そのほか、初期の外三郡誌を取り上げた『歴史読本』（新人物往来社）、『歴史と旅』（秋田書店）などの歴史専門誌や、『トワイライト・ゾーン』（KKワールドフォトプレス）、『ムー』（学習研究社）といったオカルト雑誌をタネ本にしていたことも考証できるという。

和田家文書は外三郡誌が引き起こした波紋をさらに新情報として取り込み、拡大再生産していたというのだから、自転車操業の極みと言えた。専門家によって、岩波文庫の『ギリシア・ローマ神話』からの引用も明らかにされているから、こうなるともう、縁日の夜店のようになんでもありの世界だった。

こんな複雑怪奇な状況を齋藤はこう説明する。

「粗略、雑多、不統一が特徴の和田家文書は、ある意味で広く浅くの現代的な偽書といえます。文書を支持する人たちは〝人をだまそうとする偽書なら、もっと整然とした内容にするのではないか〟と抗弁しますが、それは違います。膨大な文書を一人の人間が無造作に書きまくったために生じた結果が雑然と相互矛盾であり、それこそが和田家文書の本質そのものなのです」

このように、各種の素材を海深く潜むサメのように貪欲に取り込み、増殖していく和田家文書。そのさまを青森ペンクラブ会長の三上は皮肉交じりに「嘘でまとめたジョンカラ節」と評する。

「ジョンカラ節」とは津軽の代表的な民謡で「お国自慢のジョンカラ節よ　若衆歌って主人のはやし　娘踊れば稲穂も踊る」という一節は、県人ならだれでも一度は耳にしたことがあるものだった。

ジョンカラ節は物語風の長編バージョンが数多く存在することでも知られている。バージョンが多いということは、ジョンカラ節が各地で増殖していることを物語っていた。三上の言葉は、増殖拡大する和田家文書にジョンカラ節をオーバーラップさせることで、文書にあまりにも多くの人間が踊らされ、傷つけられたことを示唆しているようにも思えた。

だが、和田家文書というジョンカラ節は一九九四年の時点でまだやむことはなかった。

第十一章　会　見

縄文フィーバー

一九九四年夏、青森は燃えていた。

青森市郊外にある三内丸山遺跡に「国内最大の縄文集落」が突如、姿を現したのだ。小高い丘にある遺跡は連日、県内の市町村、そして全国から詰めかける老若男女であふれ返り、身動きが取れないほどだった。

長蛇の列に向かって、メガホンで「立ち止まらないでください」と繰り返す県教育委員会の埋蔵文化財専門職員。したたる汗をタオルでぬぐいながら、出土したばかりの直径一メートルの木柱を魅入られたように見つめる人、人、人……。発掘中の住居跡が、まるで月面のクレーターのように広がる遺跡は異様な熱気で包まれていた。

「国内最大級の縄文集落」が姿を現した三内丸山遺跡。各種の遺構と遺物が月面のクレーターのように広がる。（1994年8月）

これまで遺跡の現地説明会といえば、一部の考古ファンだけのお楽しみというのが通り相場だったが、この時の三内丸山は違っていた。ふだんは歴史に縁遠い一般市民までもが何度も足を運んでは、深くため息をついた。

「すごいなあ、すごすぎる」

「ここはいったいなんだったのだろう」

遺跡を支配する異様な空気の正体は明らかだった。

「もしかしたら、列島の北の外れに位置するこの青森は、はるか五千年前に日本の中心地だったのかもしれない」

そんな、知的興奮からだった。興奮を根底から支えているのは「こんな田舎」とけなしながらも、心の底では自分が生まれ育った故郷を誇りにしたい、大切にしたいと願う、郷土愛にも似た気持ちだった。

毎年一回戦負けの高校野球チームが、甲子園の晴れ舞台で予想外の大活躍をしているようなものだった。県民の多くは突然のスポットライトのまぶしさにとまどいながらも、心から楽しんでいるようだった。われわれマスコミも同じだった。

なかでも、県紙を自認する「東奥日報」の力の入りようはすごかった。本来なら事件・事故を担当するはずの社会部記者が一日中、遺跡にへばりつき、遺物が出土する度に事細かに報道していた。社会面と一面は三内丸山の記事で埋めつくされていた。一種の社会的躁《そう》状態にあったと言ってよかった。

「大事件か大事故が起きたような騒ぎだな」

記者たちはそうささやき合い、蟬時雨《せみしぐれ》が降り注ぐなか、遺跡へと向かった。確かに、三内丸山遺跡の発見は日本史を塗り替える大事件に違いなかった。

私はそれまでのサツ回りから遊軍へと担当が変わっていた。遊軍とは、経験豊富な社会部の中堅記者が任せられるポジションで、簡単に言えば何でも屋だった。

当然のごとく、全社挙げて取り組んでいる三内丸山遺跡取材のお鉢も回ってきて、特別取材班の一員として会社主催の縄文フォーラムや連載の準備に追われる毎日だった。二年前からしつこく追っていた偽書問題も、この時ばかりは開店休業状態だった。

そんな時だった。昭和薬科大学教授の古田から連絡が入ったのは。

「今度、青森方面に行くんです。弘前でお会いできますか」

そういう内容だった。九月のことだ。

古田といえば、外三郡誌擁護派のエースとされる人物で、歴史界のカリスマの一人だった。専門は日本思想史で、朝日新聞社から刊行された『「邪馬台国」はなかった』（一九七一年）、『失われた九州王朝』（一九七三年）、『盗まれた神話』（一九七五年）――の古代史三部作で世を揺るがすとともに、古代史ブームを支えた論客の一人だった。自著のなかで外三郡誌との出会いは一九八一年までさかのぼると語っていた。

和田とは個人的にも親しく、継続中の外三郡誌訴訟では、被告側が提出する準備書面の多くにかかわっているとも聞いてもいた。一方で、和田家文書の筆跡をめぐって青森県内の会社員家族とトラブルを起こしていた。何かと話題の多い研究者であった。

古田の声を聞いてまず頭に浮かんだのは、ついに擁護派の巨頭から話が来たか、という緊張にも似た気持ちだった。地方新聞の一記者にいったい何の用があるのかな、という疑問もあった。

古田との〝会見〟

彼とは休日にJR弘前駅前のホテルで待ち合わせた。喫茶室に現れた古田は助手のような青年を引き連れていた。青年は「古田史学の会」事務局の古賀達也《こがたつや》と名乗った。

取材を重ねるなかで、古田についてはさまざまなうわさを耳にしていた。しかし、目の前の古田は丁寧な物腰で、高名な研究者にありがちなおごりというものがあまり感じられなかった。

あいさつの後、長いやりとりになりそうだったので、「テープに録音してもいいですか」と私は聞いた。メモ代わりにするつもりだった。

古田は快諾すると、「自分もいいですか」とテープレコーダーを取り出した。双方がテープレコーダーをテーブルに載せ、言葉を一つ一つ選びながら慎重に会話するという、なんとも不思議な光景があった。こんな二人の姿は知らない人の目にどう映っているのだろうかと思うと、おかしくもあった。

古田の話の大半は、自分が外三郡誌に対してどのようなスタンスで臨んでいるのかといったことの説明だった。

「学問は時間をじっくりかけて研究し、討論すべきなんです」と、古田は繰り返し語り、偽書派は結論を急ぎすぎる、と強調していたように思われた。

一つ印象的な話があった。それは外三郡誌問題をきっかけに、和田の親族がイジメに遭っているというのだ。古田はこう説明した。

「和田さんの弟さんのお孫さんら、一族の小学生がイジメに遭っています。周りにわいわい言われているようです。親族のなかには、頭がおかしくなって入院している女性も複数出ています」

話の流れから、そのイジメなるものの原因はわれわれマスコミの報道、特に私が書いた記事にあると言っているようにも聞き取れた。

もし、イジメが本当に存在するなら、それがもしマスコミの報道に起因するのなら、簡単には見過ごせない社会問題だった。それはそれで、外三郡誌が新たに生み出した問題の一つとして取り上げるべきことだった。

私は言葉を返した。

「もし、本当に外三郡誌問題がきっかけで、和田さん家族の小学生たちがイジメに遭っているようなら、そしてこれからもイジメに遭うことがあったら、具体的な内容を私に教えてください。いつ、どこで、だれが、どういう被害に遭ったのか詳細にお願いします」

こんな調子で、古田との〝会見〟は終わった。時間にして二時間弱だったろうか。お互い、言葉じりをとらえられないように話していただけのような気もした。そして、古田を取材しての成果はというと……、なんとも即答しかねた。ただただ疲れた、そんな気分だった。

「いったい、古田さんは私に何を話したかったんだろう……」

青森市に帰る三十キロの道が遠く、ハンドルを握る手が重かった。

偽作キャンペーン記者と呼ばれて

外三郡誌問題がきっかけでイジメが起きているとなると、それはマスメディアとしても考慮すべき問題だった。しかしその後、私のところへ古田から「イジメ発生」の連絡が来ることはなかった。

　和田本人ではなく、古田からイジメの〝被害報告〟があったのも、おかしな話だった。もし、マスコミ報道でトラブルが起きているのなら、当事者である和田自身が直接、当のマスコミに相談すべきだった。そんなもやもやを先輩記者にぶつけてみた。答えはあっさりしていた。

「イジメが本当にあるのかないのか、おれにはよくわからないけど、さりげなく持ち出すことで、君を牽制したかったんじゃない。ほら、君は偽書問題をしつこく追っているでしょう。目の上のタンコブなのかもよ」

　そういえば、古田のファンの連絡紙である『古田史学会報』は、私のことを「偽作論者を支援し、偽作キャンペーンを執拗《しつよう》に続ける記者」と名指しで批判し、東奥日報を「偽作キャンペーン紙」と罵倒していた。偽書問題の迷路をさまよい歩くうちに、いつしか私には「偽書派の急先鋒」とありがたくないレッテルが張られるようになっていたのである。

　外三郡誌について私は、その時々の問題点をピックアップして報道してきただけで、キャンペーンなど大げさなことをしているつもりはさらさらなかった。それが「戦後最大の偽書事件」（安本美典）を生みだした青森県の記者としての使命なのだととらえていた。

そもそも、キャンペーンというのは前述の三内丸山報道のように会社挙げての取り組みを言うのであって、こと外三郡誌問題に限っては、私一人がサツ回りや遊軍という本業の傍らにシコシコやっているというお寒い状況にあった。擁護派の面々が「偽作キャンペーン」と過大評価してくれるのはありがたかったが、的外れもいいところだった。また、『古田史学会報』は、「斉藤光政記者の偽作キャンペーンは執拗に続けられており、和田家子女へのイジメも深刻になっている」とも書いていた。古田が私に告げたのと同じ内容だった。

そんなこんなをいろいろ考えているうちに、だんだん腹が立ってきた。もともと、「イジメ」の原因は私や偽書派にあるのではなく、和田と彼を取り巻く擁護派にあるのではないか、これでは責任転嫁ではないか、何より論点のすり替えではないか、と。

考えてもみてほしい。外三郡誌という極めて偽書性が高い文書を〝発見〟し、事あるごとにマスコミや自治体に売り込み、積極的に世に出そうとし、それに一時成功したのは和田自身だった。市浦村役場と田沢湖町役場が和田の発見談と外三郡誌をうのみにし、公的資料に組み入れた結果、厳しい非難を浴びても知らん顔を決め込んでいるのも和田だった。

田沢湖町・四柱神社の御神体騒動で、住民のなけなしの金百万円以上を「詐欺まがいの行為」（氏子総代代表の佐々木雪夫）で浪費させたあげくに、「イワシの頭も信心から」とうそぶいているのも、やはり和田だった。それにもかかわらず、和田は新しい文書をなおも〝発見〟し続けていた。

真偽論争を本格化させるきっかけとなった民事訴訟だって、和田が他人の写真を勝手に使ったことが原因だった。

福沢諭吉の名言「天は人の上に……」の一件では、慶應義塾大学から厳しく論破され、原史料の提供を強く要求されていながら、知らぬ存ぜぬを決め込んでいるのも和田だった。

何より、外三郡誌をはじめとした和田家文書の全面公開と、広範な研究者や研究機関による史料調査の要求を、紛失などさまざまな理由で拒んでいるのは、和田と彼を取り巻く擁護派と呼ばれる人々にほかならなかった。

外三郡誌は、文書の即時全面公開によって簡単に解決するはずの問題で、偽書派は「もし、第三者機関による分析の結果、和田家文書が和田さんの製作でないことがわかったら、潔く謝罪し頭を下げる」と明言すらしていた。

ことほどさように単純な問題をあえて複雑にし、長期化させているのは和田と擁護派にほかならなかった。古田と古田史学の会が主張するように、もし万が一、「イジメ」が存在したとしても、それは和田家文書の全面公開によって解決できる種類の問題だった。ことわざどおり、火のないところに煙は立たないのである。また、「イジメ」があったとしても、それは和田家内部が抱える複雑な家庭事情に起因していると証言する和田の親類もいた。

イジメ問題

事情に精通した原田実に意見を聞いてみたいと思った。はるか遠くの広島から届く原田の声はあきれ返ったかのようにカラカラ笑っていた。

「そうですか。古田先生はとうとうイジメ問題を持ち出してきましたか。斉藤さんにはご愁傷様と言うしかないですね。古田先生と支援組織は何かといえば、〝和田家子女へのイジメ〟をことさら主張するんです。その行為自体が現代のイジメ問題を安易にとらえている証拠にほかならないのにね。現代のイジメ問題は、いじめる側といじめられる側の関係が複雑で、しかも原因が特定できないところに深刻さがあるのだと思います。それなのに、古田先生たちはイジメ問題の責任をマスコミと偽作論者に転嫁しようとしている。

和田家文書の真偽性とまったく関係のないイジメを論争の舞台に上げること自体、勝ち目がないことを認めた結果ではないですか。マスコミに対してイジメの存在を口にし、発言や執筆を制限しようとする行為は子供を盾にするのも同然で、卑劣だと思います。

本当に和田さんの潔白を信じ、〝和田家子女へのイジメ〟を憂えているのなら、イジメの火元となった和田さんを説得し、全文書の公開を促すべき、それが本筋ではないでしょうか。和田さんという家長が進んで家族を守ろうとしないで、だれが子女をイジメから守れるというのでしょうか」

原田の考えは私と同様だった。それでも、擁護派は「偽書派の論客と偽作キャンペーン記者だから、話が合うのはあたり前」と言い返してくるのだろうかと思うと、ちょっと憂鬱になった。

原田はこうも言った。

「議論が不利になると、古田先生には問題をすり替える傾向があるんです」

擁護派が外三郡誌の新たな問題として持ち出してきたイジメ問題。これについて、京都大学で日本史を学ぶ石田健彦という学生は「私はマスコミの立場にある者でも、司法の立場にある者でもないが」と前置きしたうえで、『季刊邪馬台国』(五十三号、一九九四年)に次のように寄稿する。

学問とは、事実のためには冷徹・冷厳であるべきものである。現代人の手になる偽作だと判断する根拠があるのなら、そう主張することになんらのためらいも見せるべきではなく、いかなる感情論も排除されるべきである。現代人が偽作したとすれば、現所蔵者がまず第一に疑われるのは当然のことである。しかも今回の場合、筆跡鑑定がでているのである。いじめの問題などは教育の問題だろう。古田氏は歴史学者としての立場を見失っているのではあるまいか。

（「『東日流外三郡誌』の偽書騒動に見たこと」）

そのとおりだと思った。歴史などではなく、教育マターなのだと。

実は、古田と会う二カ月前に古田が絡んだ奇妙な〝出来事〟があった。それには、共同通信社という国内最大の通信社が絡んでいた。本当に不可思議としか言うほかない事件で、私も当事者の一人として深くかかわっていた。

第十二章　奉　納　額

とんだスクープ記事

「斉藤、外三郡誌に関する変な記事が共同通信から流れてきたぞ。お前に次から次と書かれるから、共同通信もあせっているんじゃないか。ちょっと来て、見てくれないか」

社会部デスクのHから自宅へ連絡が入ったのは、一九九四年七月二日の夜九時過ぎだった。会社に行ってその記事を読んだ。確かにHデスクの言葉どおり、共同通信社の配信記事は妙だった。

何がおかしいかと言えば、まず第一に、記事の出どころが外三郡誌とは縁もゆかりもない静岡支局となっていた。第二に、配信時間が朝刊の締め切りが迫った午後八時四十七分で、しかも週末の土曜日だった。緊急性を要するとも思われない歴史関係の記事が、まるで締め切り間際の慌ただしさを狙ったかのように送られてくるのは不自然だった。

こんな記事だった。

◎偽作論争に終止符か　東日流外三郡誌
【編注】写真、静岡発、青森、仙台注意、独自ダネ（65行）

「東日流外三郡誌」の著者とされる秋田孝季が、文書の完成を祈願して奉納したとみられる宝剣額の鉄剣の裏側に額字と一致する寛政元年（一七八九年）の製造年月が彫り込んであることが、二日までに東北大金属材料研究所の鑑定で分かった。

外三郡誌は、先史時代からの東北・津軽地方の歴史を記した江戸時代の古文書で、先進地域とされた西日本中心の歴史観に再考を迫る内容を持つとも評価されている。鑑定結果は、宝剣額が外三郡誌の実在を証明する一級資料であることを裏付け、偽作論争に終止符を打ちそうだ。

外三郡誌は（略）昭和二十二年、青森県五所川原市の民家から写本が見つかった。四十八年ごろには同県北津軽郡市浦村の神社で宝剣額が発見された。しかし、原本が未発見で、「孝季は架空の人物」などとして偽作説が持ち上がっていた。

古田武彦・昭和薬科大教授（歴史学）や「古田史学の会」事務局長古賀達也さん（三八）らが五月、市浦村教委に保管してあった宝剣額を調べたところ、木製の額（縦七十センチ、横三十三センチ）に矛（ほこ）状の鉄剣が金具で固定してあり、額には「寛政元年酉八月●（判読不明）日　東日流外三郡誌　筆起　為完結」と墨で書かれ、孝季ら二人の自筆とみられる署名があった。

鉄剣の裏側には「鍛冶　里原太助」「寛政元　戊酉《つちのえとり》八月　日」と作者と日付が彫り込んであり、鑑定した谷野満・東北大金属材料研究所教授は「剣は当時の製造とみて問題ない。額に取り付ける際に彫ったとみられる」と説明している。

「戊酉」とある干支について古田教授は「正確には己酉《つちのととり》だが、前年の干支が戊申《つちのえさる》のため、鍛冶職人が錯覚したのではないか」とし、「孝季が実在し、寛政年間に外三郡誌を書き始めていたことを証明するもの」と話している。

冒頭に記載されている【編注】の内容を説明するとこうだ。「青森、仙台注意」とは、外三郡誌問題の渦中にある青森県の新聞社と、「宝剣額」と呼ばれるものの鑑定を行った東北大学の所在する仙台市の新聞社は注意してくださいという意味で、「独自ダネ」はスクープ記事ということを示していた。

つまり、共同通信社静岡支局が外三郡誌問題に終止符を打つ特ダネを出稿するので、加盟する全国の新聞社はもちろん、問題に深くかかわっている東奥日報と仙台市の河北新報（東北のブロック紙）は優先的に使ってください――という注意書きのようなものだった。

繰り返しになるが、なんとも変な話で、なんとも妙な記事だった。なぜかと言うと、記事に出てくる「市浦村教委に保管されていた宝剣額」というものに秋田孝季の署名があったからといって、どうしてすぐに「外三郡誌の実在を証明し、偽作論争に終止符を打つ」ことになるのかまったく理解できなかった。

同業者として即座に感じたのは、スクープにしてはずいぶん短絡的で稚拙な記事だということだった。書いたのは外三郡誌問題をまともに取材したことがない若い記者なのだろうなと思った。こんなお粗末な記事を「独自ダネ」と銘打って堂々と配信してくる共同通信社の真意すら疑った。

振り回される全国の新聞社

私はHデスクに記事の内容がおかしいことを告げて、使用保留を提案すると、早速、鑑定にあたったとされる東北大学金属材料研究所の谷野教授に電話を入れた。業界で言うウラを取るためだった。この研究所は磁石の研究などで知られる世界最高峰の研究機関で、マスコミにとってはおなじみだった。

谷野の返事は、やはり予想どおりだった。

「確かに、古田さんが持ち込んだ鉄剣の鑑定を行いましたが、記事中にあることを共同通信のS記者に言った覚えはありません。心外です。私が古田さんと同行したS記者に話したのは、〝鉄剣が作られた時期を特定することはできない、それは二百年前に作られたものであるかもしれないし、つい最近作られたものであるかもしれない〟ということであって、記事中にある〝当時（二百年前：筆者注）の製造とみて問題ない〟などというようなことを決して言っていません。ただ〝鉄剣は普通の鉄で出来ている〟と説明したにすぎず、鑑定は時代特定と関係のないものです。第一、この鉄剣が外三郡誌という偽書問題と関係しているなんてことを一言も聞いていません」

自身のコメントを全面否定する谷野は、思いがけない展開に困惑するとともに憤っているようでもあった。

記事を構成する最大の柱であり、「偽作論争に終止符を打つ」根拠となっていた谷野のコメントが事実ではない以上、共同通信社の記事は掲載するわけにいかなかった。ボツである。

しかし、せっかくの週末の夜を台無しにしてくれたお騒がせ記事に一矢報いなければ、どうしても気が済まなかった。出稿元である静岡支局に電話をかけS記者を呼び出すと、こう忠告した。

「あなたの記事は不正確なので、とても使うわけにはいかない。外三郡誌問題は複雑で、しかも多岐にわたるので、取材にあたっては慎重を期した方がいい」

胸のつかえが少しおりたような気がした。

事の顚末を報告すると、Hデスクは「やっぱりな」と笑い、配信記事をゴミ箱に投げ捨てた。日の目を見なかった〝特ダネ〟が未練がましそうに、ガサッと大きな音をたてた。

共同通信社が満を持して放った深夜の〝スクープ〟はこうして空振りに終わったのである。

だが、笑ってばかりもいられなかった。こうしたお粗末な〝スクープ記事〟の実情を知らない全国の新聞五紙が翌朝掲載したからだ。産経新聞（東京版）、神奈川新聞、神戸新聞、中国新聞、岐阜新聞と、規模の大きな会社ばかりである。各社にとってとんだ災難だった。

災難は、話してもいない内容を勝手に書かれ、関心もない偽作論争に巻き込まれた谷野も同じであった。谷野は窮地を聞きつけ、同じ大学研究者として協力を申し出た安本とともに共同通信社に厳重抗議することにした。

追い込まれたのは共同通信社のほうだった。

真実を報道する義務

「今回の件では本当にご迷惑をおかけしました。お恥ずかしい限りです。うちは今、大変なことになっているんですよ。静岡支局を管轄する名古屋支社が中心になって、取材から配信にいたるまでの経緯について調査が行われています。こりゃあ、書いた記者は大変ですね」

記事配信から数日後、共同通信社青森支局の記者が浮かない顔で私に耳打ちした。全国の県庁所在地にある共同通信社の地方支局は、県紙の建物のなかに事務所を置くのが通例となっている。青森支局も例外ではなく、東奥日報社二階に間借りしていた。そのため、記者同士の交流は盛んで、彼とも時々飲みに行く間柄だった。

私は、S記者が大変な状況に置かれていることは容易に想像できたが、同情する気にはなれなかった。もし、社会部デスクが気を利かせて私に連絡をしなかったら、そして、谷野からウラを取らなかったら……。自分の新聞に大誤報が載ることになったのである。同業者として許せないことだった。

谷野によると、後日、共同通信社名古屋支社から「記事掲載の事情を調べた結果、共同通信社側に明らかに落ち度があったことが判明したので、何らかの処置を講じたいと考えている」という釈明と、編集部長とS記者による謝罪があったという。

共同通信社は釈明どおり、異例とも思える記事を七月末に配信する。「『東日流外三郡誌』報道に望む」というタイトルで、谷野自らが配信記事を訂正する内容と、偽書問題に対する自らの見解が詳細に示されていた。そのなかで、谷野はS記者の記事を「わい曲された」ものとまで言い切っていた。

しかし、その「わい曲された記事」は共同通信社の謝罪と訂正にもかかわらず、その後も古田と支援者の間で生き続けることになる。彼らにとって悪役は、谷野からウラを取って記事をボツにした私と、共同通信社に訂正記事を求めた安本だった。逆うらみだった。

この共同通信誤報事件について、古田は支援者がつくる会報『多元』第二号（一九九四年八月三日）で次のように語る。インタビュアーは関東地区の支援者の代表である高田かつ子。

高田　この問題が共同通信のスクープで、各新聞社に「配信」されると、すごい「反応」が深夜にまきおこった、と聞きましたけど。

古田　その通りです。東北の一新聞社の担当記者が「偽作説」の学者に通報し、その双方やさらに第三者たちから、金属を鑑定していただいた自然科学者（東北大学教授）や発信した記者（共同通信）のところへ「深夜の電話」が殺到しました。その「結果」、東北六県の地方紙には、一切この記事は〝日の目を見なかった〟のです。（全国紙として、共同通信の記事を扱う、産経を除く。）

高田　ひどい話ですね。国民の「知る権利」はどうなるのでしょう。
古田　本当ですね。国民の理性を信頼していないのです。むしろ〝恐れている〟と言うのが真相でしょう。このような「深夜のドタバタ劇」は、学問の自由と報道の自由を犯すものであることを、未来の日本のために、はっきり申させていただきます。

高田のせりふではないが「ひどい」のは古田のコメントだった。古田が言う、偽作説の学者に通報する一方、東北大学教授と共同通信社記者のところへ深夜の電話をかけ、配信記事を日の目を見ないようにした「東北の一新聞社の担当記者」とは、私のことだった。

ただ単に、記事の裏付けを取るという新聞記者として最低限の義務を遂行し、結果的に会社の名誉と信頼性を守ることになった行為が、古田に言わせれば「深夜のドタバタ劇」だったというのだ。

高田というインタビュアーの言う「国民の知る権利」を守り、「真実を報道する義務」があるからこそ、私は共同通信社静岡支局の記事のウラを取ったのである。その結果、谷野が言うとおり「わい曲」され不正確な記事だと確信したから、ボツにしたのである。

そうしたマスメディアが取るべきあたり前の行為を「学問の自由と報道の自由を犯すもの」とは……。新聞社の存在、そして自主性と編集権をないがしろにするせりふだった。

不幸にも掲載した産経新聞など五紙は、外三郡誌が抱える複雑な問題を詳しく知らなかったため、「わい曲された」不正確な記事をそのまま掲載することになり、新聞社としての信頼性を著しく損ねる結果となった。「報道の自由」をゆがめたのは、どうみても私ではなく、S記者をミスリードした古田のほうだと思われた。

配信記事のコアとなる宝剣額について、古田ら擁護派は「偽書説を消滅させるもの」と位置づけ、これまでの不利な状況を打開し、あわよくば一発逆転するサヨナラホームランと期待していたようだった。

だが、その期待は共同通信社の訂正記事によって、空振りに終わった。そのことがよほど悔しかったのか、古田の支援者による東奥日報への中傷はさらに続く。

今回の銘文発見は共同通信社を通して、各地の新聞に掲載されたが、掲載前日の夜中に、どういうわけか共同通信社の配信記事の内容を知った、安本美典氏らによる、さまざまな「報道妨害」がなされたと聞く。また、鑑定にあたった、谷野教授にも同様の「圧力」がかけられたためか、その後、同教授は和田家文書真贋論争に関わることを恐れられ、鑑定結果に対する発言が後退しているようである。（略）地元青森県では東奥日報などによる偽作キャンペーン、あるいは奉納額の報道拒否などにより、肝心の青森の方々に情報が伝わらないでいることが、あらためて実感された。

（古賀達也『古田史学会報』二二号、一九九四年八月十八日）

もうこうなれば、何をかいわんや、だった。「報道妨害」に「圧力」。一記者にすぎない私に、そのような意図も力もあろうはずがなかった。この文章を書いた古田史学の会事務局の古賀とは、弘前市での古田との〝会見〟で、影のように古田につき従っていた青年だった。

浮かび上がる文字

古田らが起死回生の一発と狙った「寛政の奉納額」だったが、なぜ江戸時代の額が出現したことで「偽作論争に終止符が打たれる」のか。その理由について、古田はこう説明する。

「偽作騒動」を一掃するもの、それが今回の「奉納額」の「発現」だ。なぜなら、「偽作」論者によって「架空の人物」視された、当の秋田孝季と和田長三郎（吉次）の筆跡が、いわゆる「金石文」に属する、同時代史料として、わたしたちの眼前に凛《りん》然《ぜん》と立ち現われたからである。しかも、ただ「筆跡」だけではない。「東日流外三郡誌」の執筆という、後代に遺すべき最大事業の「完結」を、二人は神かけて祈願した。その事実を裏書きする、最高の一等史料が疑いなく、わたしたちの眼前に出現したのである。希有《けう》のこと、まさに彼等《かれら》が祈った「神への願い」が成就され、「偽作」説花ざかりの今、わたしたちの前に到達したのである。これを「神の加護」と呼ぶこと、それをわたしにはためらうことができぬ。「神」は、かくのごとく、時をへだてて「人と人の真心」を結ぶものなのではあるまいか。

（『古田史学会報』創刊号、一九九四年六月三十日）

なんとも思い入れたっぷりの文章だが、簡単に言えば

①外三郡誌の著者とされる秋田孝季と和田長三郎の署名が入った奉納額が見つかったことで、二人が架空の人物ではないことが明らかになった。

②奉納額は外三郡誌の完成を祈願して寛政元年（一七八九年）に寄進したもので、外三郡誌が現代人による製作ではなく、そのころ実際に存在していたことの証明と

なる。

ということだった。

偽書派の標的となっている古文書以外に、秋田孝季と和田長三郎、そして外三郡誌そのものの実在を示す証拠がついに見つかったというのが、古田が言う「奉納額発現」のポイントかと思われた。

だが、そう簡単に問屋は卸さなかった。私が市浦村教育委員会と交渉したところ、問題の奉納額を借り受けられることになった。そして、安本と齋藤隆一らが分析した結果、意外な事実とさまざまな疑惑が浮上してきたのだ。

ちなみに、奉納額は市浦村内の日吉《ひえ》（日枝）神社にあったとされるもので、額には次のように墨で書かれていた。

奉納御神前　日枝神社
土崎住　秋田孝季
飯積住　和田長三郎
寛政元年酉八月■（判読不明）日　東日流外三郡誌　筆起　為完結

そのまま口語訳すると、共同通信社が報道したように、寛政元年に秋田孝季と和田長三郎が外三郡誌の無事完成を祈って、日枝神社に奉納したことになる。

ところが、である。

安本が鑑定を依頼した国立奈良文化財研究所の赤外線写真撮影装置からは、肉眼では見えない新たな文字が浮かび上がってきたのである。なんと、「土崎住　秋田孝季」の下からは「願主」「[redacted]仁（推定）左衛門」「宝屋（推定）同　半助」の文字。このほか二人分の名前らしきものが読み取れたという。

さらに、「奉納御神前」「寛政元年酉八月[redacted]日」を除く、「日枝神社」「土崎住　秋田孝季」「飯積住　和田長三郎」「東日流外三郡誌　筆起　為完結」の文字はすべて、江戸時代の書法の影響を受けていない現代人の書いたものであることもわかった。

筆跡鑑定には、江戸時代の古文書研究の第一人者とされる立教大学名誉教授の林《はやし》英《ひで》夫《お》、書家で山岡鉄舟の書の真贋について著作のある二松学舎大学教授の寺山旦中《てらやまたんちゅう》、古文書の筆跡に詳しい皇学館大学教授の恵良宏《えらひろむ》、そして、和田の筆跡をよく知る青森古文書解読研究会副会長の佐々木隆次があたっていた。

これらの鑑定結果が告げていたことは明白だった。この問題の奉納額はもともと仁左《にざ》衛門《えもん》と、宝屋の屋号を持つ半助という人物のほか二人が日枝神社ではない、どこかの神社に納めていたもの——という新事実だった。

偽作証明の一級資料

林、寺山らの見解はこうだった。

「〝奉納御神前〟〝寛政元年酉八月■日〟の部分は江戸時代の筆跡です。しかし、そのほかの文字はすべて、限りなく現代に近いものだと言えます。なぜなら、江戸時代の書法の影響を受けていないのと、筆で物を書くことに慣れていない人のものだからです。従って、もともとあった寛政元年の奉納額に現代人がさらに文字を書き入れたのだと思われます」

鑑定を受けて、安本は奉納額を「手品まがいの贋造物」と断言した。

「現代人がどこからか寛政時代の奉納額を調達し、もともとあった文字を紙やすりなどで消したうえで、外三郡誌関係の文字を新たに書き入れたのでしょう。変造した人は、外三郡誌の筆者とされる秋田孝季と和田長三郎吉次をどうしても実在の人物に仕立てたかったのでしょうね」

安本と佐々木の分析によると、変造のために書き入れられた現代人の文字は「和田さんのもの」にほかならなかった。和田の癖字がそのまま表れているのだという。奉納額が変造物であるとしたら、古田の言う「実在証明の一級資料」は一転して、「偽作証明の一級資料」となることを意味していた。

私が、市浦村教育委員会に奉納額の由来を尋ねると「昭和四十年代後半に和田さんから保管を依頼された」という説明が返ってきた。昭和四十年代後半（一九七〇年以降）とは、市浦村教育委員会がまさに外三郡誌の編纂作業を進めているさなかで、和田が村内に盛んに出入りもしていた。

その後、齋藤たちの綿密な調査によって、日吉神社（基本的に日枝神社という表現は使われていない）が神仏分離によって誕生したのは明治十三年（一八八〇年）で、奉納されたとされる寛政時代には存在していなかったこともわかった。歴史上存在しない人物が、歴史上存在しない神社に宝剣額を奉納していたとは、まったくもっておかしな話、ミステリーだった。

またもや……だった。

これらの取材結果について、紙面化したのは言うまでもない。十月六日付の夕刊一面に掲載した百三十行余りの大型記事の見出しはこうだった。

東日流外三郡誌　真贋論争新たな展開

「奉納額の署名が証拠」真書派

「既存の額を変造した」偽書派

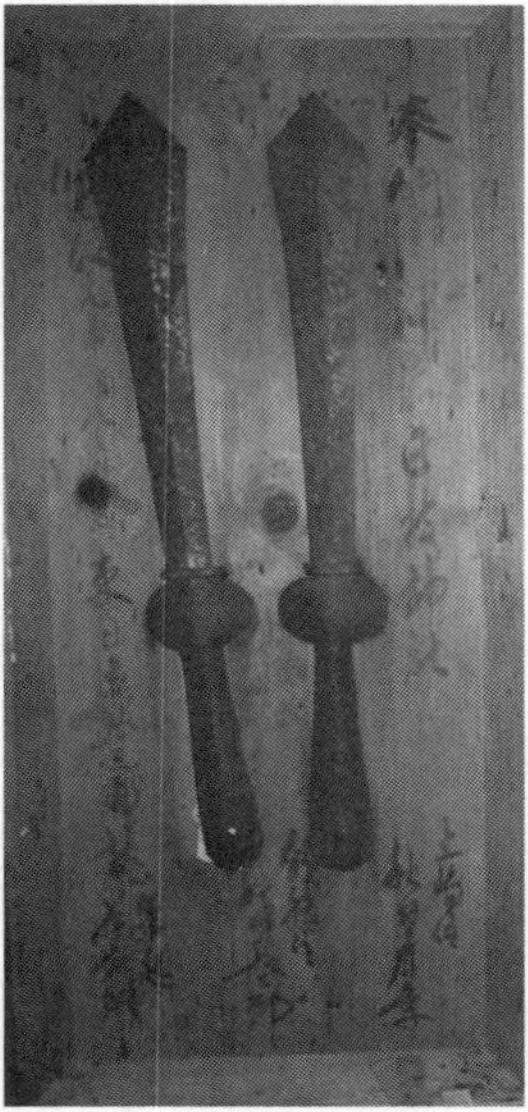

問題の「寛政の奉納額」。専門家グループは右上の「奉納御神前」と左上の「寛政元年酉八月」を除くすべての文字が「現代人によって書き入れられた」もので、変造物にすぎないと分析した。(撮影:斉藤光政)

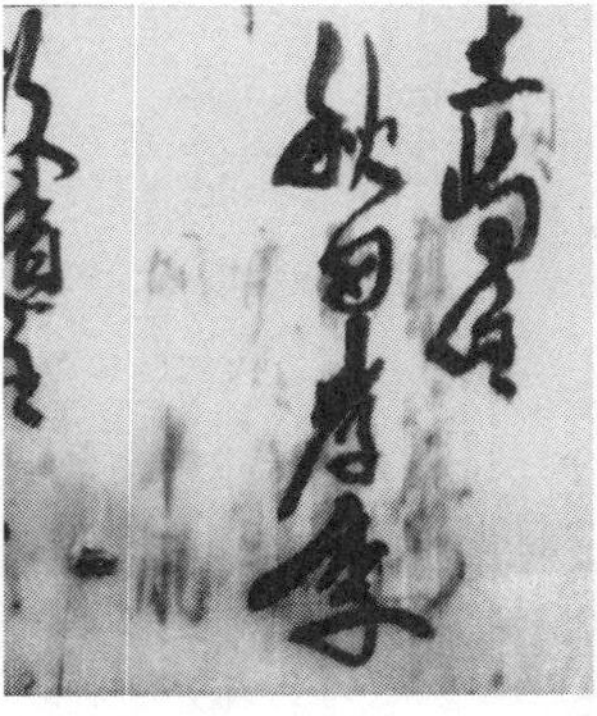

赤外線装置を通してみると、「奉納者」とされる秋田孝季の署名の下から、違う人物の署名が。(安本美典提供)

「執筆者は実在」　古田武彦昭和薬科大教授
「いや、架空人物」　安本美典産能大教授

ルール違反はだれか

擁護派が「偽作説を一掃する」決め玉として発表したはずの寛政の奉納額。しかし、偽書派の反撃はすさまじく、たどり着いた結論はいつもどおりの「和田さんによる贋造物」だった。これには、さすがの擁護派も戦意喪失かと思ったが、そうでもなかった。

意外にも古田は意気軒昂《いきけんこう》だった。

「昔は資材の再利用があたり前です。だから、奉納額の墨書きの下から前の字が浮かび上がるのはよくあることで、なんの不思議もありません。筆跡については、孝季らの文字と十分に比較してから判断してほしい。学問とは、結論が出るまで時間のかかるものです。偽作説を主張する人たちは結論を急ぎすぎるのではないでしょうか」

そしてこの後、奉納額の一件は古田と谷野という研究者同士の間で一年に及ぶ激しいやりとりへと発展することになる。古田が「ルール違反」となじったことが原因だった。望まない金属鑑定を渋々引き受け、結果的にその存在すら知らなかった偽書問題に引きずり込まれ、そのあげくに「ルール違反」と後ろ指まで指された谷野こそいい迷惑だった。

彼は満を持して鋭い一撃を放った。タイトルは「ルール違反をしたのは誰か」。「誰か」とは、もちろん古田のこと。折しも、オウム真理教問題が真っ盛りでマスコミをにぎわせていた。

つい最近まで連日のようにテレビに出演し、同席者の質問に対し詭弁《きべん》を弄して嘘を吐《つ》き続け、あまつさえ教団の宣伝に利用しようとしたオウム真理教教団最高幹部の一人であるJ氏の言動に対して言いしれぬ苛立《いらだ》ちを憶えた人は多いと思う。一方で「J氏にあこがれる」若い女性ファン層が現れたことも事実である。彼女らにとっては教団がいかなる反社会的活動をしていようとも無関係のようである。このようなテレビ報道をみて、『東日流外三郡誌』の真贋問題に関する古田武彦氏の言動とそれを支持する友の会的ファン層の実体に類似点を感じたのは筆者だけであろうか？

（略）貴方《あなた》（古田のこと：筆者注）は、ご自分の説にとって不利な証拠はそれが決定的に証明されない限り認めないという態度を貫いておられるようにお見受けしますが、ご自分の説の妥当性を主張される際には、（古田史学の信奉者だけでなく）専門の歴史学者も一般の読者も納得するような客観的証拠に立脚した議論を展開して頂きたいと思う。そしてなによりも、これこそ『東日流外三郡誌』が本物であるという決定的証拠を一刻も早く公開した上で、偽書派の人たちと堂々と論争されることを期待しております。

もし貴方の主張が正しければ、貴方に反対してきた偽書派の人たちもその常識に従い、貴方の説を受け入れるでしょう。これこそ正しい論争のあり方だと思いますが如《いか》何《が》でしょうか。何しろ、筆者も含めて蒙昧《もうまい》な一般読者は貴方の史観にはとてもついて行けませんので。

（『季刊邪馬台国』五十七号、一九九五年九月）

谷野は古田を「情報操作の張本人」と批判していた。奉納額の一件で謝罪に追い込まれた共同通信社のS記者に対して、古田はどんな言葉をかけたのだろうか。同じ記者として、それも気になった。

第十三章　はんかくさい

マスコミの責任

谷野は共同通信という国内最大の通信社が配信した記事に振り回された苦い経験について、次のような率直な感想を日本金属学会誌に投稿した。

今回の騒動の原因は、若いS記者が記事を書くにあたってF氏の主張のみを取り入れ、反対の立場の人の見解を全く聞かなかったこと、とりわけ取材した相手に対して記事の妥当性を確認することなく発信したことにあり、マスコミ関係者として持つべき社会的責任に対する認識の甘さが感じられる。さいわい、今回はK社が責任をとって、「東日流外三郡誌報道に望む」と題する筆者の反論を各新聞社に発信し、前回記事を掲載した地方紙がすべて取り上げてくれたため、怪しげな論争のお先棒を担いだという非難は避けられそうである。しかしマスメディアの影響の大きさは想像以上である。今回の出来事を通して、全く中立的な発言が恣意的《しいてき》、かつ不正確に流用されるとき、有無を言わさぬ形で騒動に引きずり込まれる危険性があることを痛感した。

（『まてりあ』第三十三巻第十一号、一九九四年）

谷野が語るとおり、第四の権力と評される新聞やテレビなどマスメディアが持つ影響力は否定できなかった。青森で産声を上げた外三郡誌という謎の文書を、歴史界を震撼《しんかん》させるまでの怪物に育て上げたのもマスメディアといえた。

そして、外三郡誌問題の取材を重ねていくなかで、ある中世史の研究者から言われた言葉が厳しく、胸にズシンとこたえた。

「新聞記者や雑誌編集者、テレビ製作者たちの不勉強はもちろんのことですが、ニュースになればそれでいい、視聴率さえ稼げればいいんだという安易な考えが、外三郡誌という虚構を増幅しているという一面は見逃せないのではないでしょうか。外三郡誌は専門知識を持っている者がひと目見れば、すぐにニセ物とわかるお粗末極まりないしろものです。それが〝世紀の古文書〟として流通していった背景には、マスコミの責任もあると思いますよ。マスコミが大々的に取り上げたことで、いつしか虚構が真実となって広まってしまったのではないですか」

「マスコミの責任」に関連してはこんなことも言われた。

「東奥日報は外三郡誌問題を積極的に報道しているようですが、昔は、歴史ものの記事として扱っていたことがあったじゃないですか」

東奥日報が以前に外三郡誌を取り上げていた？

驚くとともに、会社に戻ってバックナンバーのつづりをめくってみた。すると、一九五一年からいくつかの記事が目に止まった。その一つに若き和田の写真が載っていた。ショックだった。

役小角《えんのおづぬ》の墓騒動

和田が三段見出しとともに、紙面に登場するのは一九五四年二月十四日の朝刊で、内容は以下のとおり。

「五年前、和田親子が発掘／本邦には珍しい佛、神像など／融雪まって一般に公開／飯詰山中から古文化財出土」

北郡飯詰村大字飯詰、和田元一（元市の誤り：筆者注）さん（五五）同長男喜八郎さん（二六）親子は昭和二十四年七月、同村東方の飯詰山中で炭焼窯を造ろうとして土中を掘り返したところ相当大きい石窟を発見、発掘の結果仏、神像をはじめ仏具経木を利用した古文書などが出土した。出土品は本邦の原始宗教につながりのある全く珍しいものとされているが、同親子は出土品と場所を公開することを極端に拒否したためその真偽をめぐつて関係者から興味を持たれていたが、初の出土品の公開が十二日午前十時から同村大泉寺《だいせんじ》で行われた。

この公開には県教育庁文化財施設係員市川秀一氏らも立会いアララ、カラマ仙人、老子、聖天狗、ガンダラ仏、アシュク如来、ムトレマイヲス、法相菩薩、求世観音像（いずれも同寺住職開米智鎧氏鑑定による）のほか経木に書いた祭文、原始宗教のうちの山岳教（山伏し）の表徴で学説では架空の人物とされている「役の小角」の一代記の他、造形文字の古文書、仏舎利壺などで出土品はこのほかまだ相当あるといわれるが公開されたもののうち摩訶如来像、ムトレマイヲス像は本邦には全く珍しいものといわれている。

二十六歳の若々しい和田が仏像のようなものを両手に抱え、神妙な面持ちをしている写真に七十行ほどの記事が添えられていた。七十行といえばなかなか大きな扱いだから、当時の注目のほどがわかる。

四十年以上前に書かれたその記事によると、出土した遺物のうち「仏具経木を利用し

五年前、和田親子が発掘

―本邦には珍しい佛、神像など―

融雪まって一般に公開

飯詰山中から古文化財出土

「東奥日報」1954年2月14日付朝刊。

た古文書」に、飛鳥時代の山岳修行者で修験道の祖とされる役小角の一代記が漢文で記され、一部の仏像の裏には役小角の銘が刻まれていたという。役小角は紀伊半島の吉野で修験道を広め、七世紀末に伊豆に流されたという伝説上の人物だ。

つまり、和田（記事では形式的に親子となっているが、発見の主役は喜八郎）が飯詰の山で見つけた「相当大きい石窟」とは役小角の墓にほかならず、伝説上の人物が実在した証拠を和田が二十一歳の時に〝発見〟していたということだった。もし、これが事実なら「みちのくの天才考古青年による国宝級の大発見」だった。

だが不思議なことに、発見された遺物と場所について、和田は記事が出るまで五年間にわたって「極端に公開を拒否」していたのだという。また、出土した仏像などは地元住職の鑑定があるということになってはいたが、それが直接、役小角につながりのあるものなのかどうかも不明だった。こうした不自然さに記事を書いた記者自身も気づいていたようで、

しかし同鑑定は中央の専門家によるものではなく、その上（仏像の素材となっている石は：筆者注）同村附近で産出する俗称『アマ石』で約千四百年前に製作された像としては原型が完全すぎることと、問題である『役の小角』の晩年は山岳宗教家の間では『唐』へ渡つたという説があるため飯詰山中にその仏舎利があるわけはないと疑問

視しているという。

とのただし書きを末尾につけ加えることを忘れていない。記者は記事にしながらも〝重大発見〟の正当性をかなり否定的にみていたのだ。

だが、謎に満ちたこの役小角の墓発見談は、記事が掲載される三年前の時点で、すでに地元の公的資料である『飯詰村史』（一九五一年）にしっかりと組み込まれていた。なぜなら、飯詰村史編纂のため地元郷土史家の下で資料収集に奔走していたのが、和田その人だったからだ。

先輩記者の証言

和田と和田に絡んだ〝発見談〟はその後二度、三度と東奥日報紙上をにぎわすことになる。例えば、一九七九年六月八日夕刊に次のような一文が登場する。

五所川原市の山奥に〝古代人〟の激烈な戦闘と滅亡の歴史を物語る遺跡が残っている。いまから約百八十年前の寛政年間の古書「東日流外三郡誌」に「津軽飯積（いいずみ）の奥地、壺化岳（つぼけだけ）の未知なる峡谷台地に石の塔なる奇石、巨石あり、何人も解説あたわざる謎の銘刻文ありて、地民、十和田さまとて、これをあがめ奉る」とあるのがそれである。

同市飯詰を通り、青森方向へ向かう「あすなろ街道」の中腹から右南方へ一・五キロ。周囲に山峰が迫り、樹木がうっそうと生い茂っている。(略)その一角には入り口を大きな石と土砂で閉ざされ謎の岩窟らしきものもある。(略)岩窟のとびらは何百年もの間、開かれたことがなかった。たたりがあるという言い伝えがすっかり定着していたからだ。

昭和十八年、飯詰に住む和田神官家の勇気ある子孫が伝説を確かめようと、初めてそのとびらを開けた。やはりあった。奥壁に、子グマにまたがった背丈ほどの石像が祭られていた。この子孫は勇気をふるい起こして写真に収めると、すぐにとびらを元通りに閉め、あわてて山を下りた。たたりを恐れたのだ。とびらは今でも閉められたまま。

(連載『ふるさとの歴史散歩』⑦)

記事は、地元の郷土史研究家からの聞き書きという体裁を取っているが、なんともテレビドラマを地でいくような心躍る発見談である。謎の岩窟らしきものがある「壺化岳の未知なる峡谷台地」とは、外三郡誌の聖地である石ノ塔であり、岩窟の扉を開いた「和田神官家の勇気ある子孫」とは、若き日の和田を指していた。

この記事が書かれたのは、外三郡誌が『市浦村史資料編』として世に出た四年後。公的機関のお墨つきという安心感も手伝ってか、外三郡誌の内容と和田の武勇談（発見談）が、郷土史研究家の言葉をとおしてそのまま紹介されているのが印象的だ。

なぜ、このような記事が生まれたのか？　当時、取材にあたった複数の先輩記者はこう答えてくれた。

「この当時はね、和田さんがちょくちょく東奥日報五所川原支局に顔を出していたんだよ。和田さんといえば、テレビや雑誌に出ていて、地元ではちょっとした有名人だったからね。その和田さんが〝こんな発見があった〟〝こんな物が見つかった〟とわざわざ教えに来るんだ。なんかあやしいなと思っても、面と向かっては言いづらい。和田さんはこっちが、乗り気じゃないとわかると〝じゃあ、この話はほかの新聞社に持って行く〟とくる。

一応、外三郡誌は『市浦村史資料編』というれっきとした公的資料の一部として出回っていたし、オックスフォードやケンブリッジという世界の有名大学からも〝村史を送ってほしい〟と来てたほどだからね。そこに安心感みたいなものを感じていなかったと言えばうそになる。それに、ほかの新聞に先に掲載されたら格好悪いし。そのころ、和田さんと外三郡誌は一種のブームで、言い訳に聞こえるかもしれないけど、東奥日報以上に和田さんの話を積極的に紹介している地方紙や中央紙、テレビがたくさんあったから。そんな、マスコミ同士の競争心みたいなところを突かれたのかもね」

夕闇とともに消える発見者

抜いた抜かれたが日常の新聞記者。しかし、抜かれないで過ごせたら、それは幸せなことだった。「和田さんはマスコミ操作がうまかった」と言う先輩記者もいた。今や五十代後半にさしかかった彼らにとって、外三郡誌は駆け出しのころの苦い思い出の一つだった。さらに証言は続く。

「和田さんといえば、今でも覚えていることがある。それは突然、五所川原支局にやって来て、〝荒覇吐族《あらはばきぞく》のお宝が眠っている洞窟が石ノ塔にある、見せるから行こう〟とくるんだ。こっちも若いし、万が一という気持ちがあるからね。じゃあと言って、石ノ塔のやぶのなかを三十分以上上ついて行くと、確かに洞窟らしきものの入り口にたどり着いた。ところが、和田さんは〝危険だから、ここから先には入れない〟と言うじゃない。現在の荒覇吐神社から二十メートルほど離れた場所。せっかく、ここまで来てそれはないと思うよね。

そんなことを三度繰り返されたら、さすがにもう和田さんの言うことを信じる気になれなかったよ。そして、四度目に和田さんが現れたのは夜。たいまつを手に白装束だった。真夜中にそんな格好をした人と、しかもマムシがたくさんいるような山にだれも行かないよ。彼とはそれっきり」

また、違う記者は「和田さんについて行くと、いつのまにか石塔山の山中でいなくなっている。夕暮れとともにね。和田さんは歩くのも速かったからね」とも語った。

お宝を信じて和田について行くと、いつのまにかまかれ、山中に取り残される……。そんなキツネやタヌキに化かされた猟師のような話は、和田とかかわった多くの人たちから異口同音に聞かされた。

和田にとって、若いころから炭焼きで歩き回っていた石ノ塔は自分の庭のようなものだった。ふだん歩き慣れていない学校の先生や郷土史研究家、村役場職員、新聞記者を険しい山道で振り回すことぐらい、お手のものだったのかもしれない。

さらに調べていくと、同様の話はすでに役小角の墓発見の時点で登場することがわかった。それは東奥日報ではなく、五所川原市の小規模な地域紙に掲載されていた。

こうした重要な資料（役小角の遺物のこと：筆者注）がなぜ公開されないのであろうか。このため村長以下一部村の主達が愚弄程でないにしても多少踊つたことは否めない。（和田さんが：筆者注）発掘の場所を教えるといつて村議、村長を例の山（石ノ塔：筆者注）に案内したまではいいがかんじんのところに行くと雲がくれしてしまつて、案内された人々が途方にくれて帰つたことが一度ならず二度、三度とあつたことは当時（昨年）村人の笑い草となつた。（『週刊民友』一九五二年八月十四日）

和田に雲隠れされた人たちはその後、和田が事あるごとに口にする〝お宝〟なるものにめぐり会うことは決してなかった。それは役小角の墓騒動でも同様だった。

はんかくさい

「役小角の墓と、そこから見つかったというお宝は本当にあったんですかね」

半信半疑で半世紀前の出来事を聞く私に、和田のいとこの和田キヨヱは津軽美人の整った顔にしわを寄せると、こう言った。

「はんかくせえ、あんたは記者さんなのに、そんなこと信じているの？」

今も和田の家の隣に住むキヨヱは、和田親子が炭焼き窯をつくろうとした際に見つけたという出土物を目撃していた。

「出てきたといえば出てきたけど、それは盃《さかずき》のような物が多くてせいぜい二十個ほど。そのほかは何もありません。記事にある大泉寺で公開したような仏像や経文なんてありませんでしたよ。私は、喜八郎さんの父親の元市さんが山から持ってきた物を、この目でじかに見ましたからね。そう言えば、当時、喜八郎さんは大泉寺にしょっちゅう出入りしていたと記憶しています」

和田と同じ炭焼きとして石ノ塔に入っていた近所の三浦与三郎は以前、その時の出土物についてこうも語っていた。

「和田さん親子が石ノ塔近くの沢で炭焼き窯をつくろうと土地をならしていたところ、〝アイヌ〟の土器が出てきたということがありました。一九四九年ころです。それを和田さんが〝神様を授かった、授かった〟と言って回ったんです。

その後、私が山から炭を背負って帰ってくると、やはり、和田さんも川から流れてきたという長い石を背負って下りてきました。私が〝また神様を見つけたのか〟と笑って話しかけると、苦笑いしてました。それ以来、和田さんは自分で集めたものをすべて〝石ノ塔から出土した〟とやり出したから、飯詰の人間はみんな怪訝《けげん》な目で見ていたんです」

「アイヌの土器」とは地元の言葉で遺物一般を意味する。一九五四年に和田がマスコミ向けに公開した〝発見物〟と、実際の出土物とは内容がかなりくい違っているようだった。

だが、「役小角の墓発見」は一躍、和田を有名人にした。本人もそれをかなり意識していたようで、地元関係者によると、そのころからあやしげな行動が目立ち始めたという。

マスコミ向けの発表が大泉寺であった一九五四年前後の和田を知る近所の男性の証言だ。

「石ノ塔からいろんな物が出土したと評判になったので、みんなで見せてもらおうと和田さんの家に押しかけたんです。出土したという仏像が床の間に置かれ、その前には千円札が一枚置かれていました。賽銭《さいせん》を上げなさいという意味なんだろうなと、私は受け取りました。仏像は二十体ほどあり、まもなく白装束の和田さんが自分の部屋がある中二階から下りてきたんです。すっかり、神官気取りでした。これには驚きました。さすがに、和田さんの父親はあまりいい顔をしていませんでしたね」

床の間に安置されていた仏像とは、かつての炭焼き仲間が言う「石ノ塔から授かった」ものにほかならなかった。

梅檀《せんだん》は双葉《ふたば》より芳し

こうした半世紀前の役小角騒動を「和田さんによる一連の偽作の処女作」と位置づけるのは安本だ。

「炭焼きの窯をつくろうとしていた時に、盃のような遺物が出てきたのは事実でしょうが、それ以外の物。つまり、役小角にかかわる物については、すべて和田さんの親類や炭焼き仲間の人たちが言うようにニセ物だったと思います。〝梅檀は双葉より芳し〟という言葉があるように、処女作にはその人の全業績の特徴が集約的に表れると言います。偽史や偽書づくりの天才である和田さんの特徴は、二十歳《はたち》そこそこの〝役小角の墓発見騒動〟に集約的に表れているのだと思います。

この騒動は外三郡誌とまったく同じパターンを踏んでいます。まず第一に、構想が雄大で大胆不敵であること。第二に『飯詰村史』など公共の刊行物に、自らが提供した資料をまぎれ込ませるのに成功していること。第三に資料に関連した建造物をつくること。第四に資料を容易に専門家の分析にゆだねないことなどなど。まさに外三郡誌事件の小型版、プロトタイプと言えます」

偽史に詳しいノンフィクションライターの藤原明《ふじわらあきら》も「外三郡誌事件の原点」として役小角騒動に注目する一人。

役小角墳墓の発掘資料の偽造は、後の『東日流外三郡誌』を中心とする和田氏の関与になる資料群に基づく、東北地方の各町村史編纂や地域活性化運動に和田氏が巻き起こした一連の騒動の原点ともいうべきものである。その意味で、和田氏の行動のパターンの原型を示すものとして無視しがたい。

（「偽書が古伝説に化けるとき」『季刊邪馬台国』六十九号、一九九九年）

藤原は取材の過程で、当時の消息に通じた人物から貴重な証言を引き出していた。それは、役小角の墓に疑問を持っていたその人物が和田を問いつめたところ、出土品は京都や奈良から仕入れてきたものだと、和田が告白したというのだ。

この告白が、当時公表されていれば旧石器捏造事件同様の結末を迎え、『東日流外三郡誌』の出現はありえなかったが、（略）『東日流外三郡誌』が偽書であること自体は、真贋論争以前にすでに解決していたのである。

（『日本の偽書』文春新書、二〇〇四年）

さらに、キヨヱによる決定的な証言もあった。私には彼女の話が騒動のすべてを物語っているように思えた。

「盃が見つかった場所から今度は仏像が出るといううわさが立ったので、飯詰の村人数人が喜八郎さんと一緒に石ノ塔の山に行ったことがありました。同行した人から聞いた話ですが、あまり土を掘らないうちに仏像が出てきたそうです。でも、掘り出したとしたん、仏像の首がポロッと取れてしまった。

村人の一人が〝喜八郎さん、首がもげた〟と言うと、即座に〝うん、それは前からもげそうだったんだ〟と返したそうです。みんな笑うしかなかったと言っていました。喜八郎さんが自分で作った仏像を事前に埋めておき、自分で見つけていたということですよね。仏像が出るなんてうわさを広めたのも喜八郎さん自身なんですから、本当に笑い話。自作自演でしょう。それが、斉藤さんが知りたいという役小角騒動というものの真相なんです」

近所では、自宅物置で地元産の「アマ石」と呼ばれる軟らかい石を削って仏像を作っている和田、その仏像を背負って出ていく和田の姿を目撃していた人が数多くいた。

キヨヱが私に放った「はんかくせえ」とは、津軽弁で「ばからしい」「あほらしい」「あきれた」という意味。知れば知るほど、調べれば調べるほど、半世紀前の役小角騒動はまさに「はんかくさい」話のオンパレードだった。

開けるべからずの竹筒

「はんかくさい」話はまだまだあった。それは、一九九五年が明けてまもない厳寒の一月のことだった。

連日、最高気温が零度に届かない真冬日が続いていた。窓の外は一面の地吹雪《じふぶき》。恐怖すらこみ上げてくるほど真っ白な世界を車でひたすら走り、たどり着いたのは五所川原市の西隣にある西津軽郡木造町だった。

木造町は縄文時代晩期（三千〜二千三百年前）を代表する亀ケ岡遺跡と、和田の石塔山荒覇吐神社が御神体とあがめる遮光器土偶で知られる考古学と歴史の町だった。

待ち合わせ場所の実相寺《じつそうじ》本堂は、キーンとした冷気に包まれていた。この日の取材目的は古文書ではなく、寺に預けられていた謎の竹筒だった。このころになると、和田家文書由来の物にはほとんど疑問符がついていたが、この「開けるべからず」と記された竹筒は、ことのほか〝？〟だった。なんと、四百年以上前の戦国時代、天正十六年（一五八八年）までさかのぼる〝謎の遺物〟というのだから……。

当時、五所川原市飯詰の高楯城を拠点に津軽半島一帯を支配する武将に藤原行安《ふじわらゆきやす》がいた。しかし時は利あらず。藤原行安は破竹の勢いで津軽統一を進める大浦為信《おおうらためのぶ》（のちの津軽為信）に攻め込まれ、滅亡のふちへと追いやられる。落城の際、木村孫十郎《きむらまごじゅうろう》なる重臣が行安の奥方とともに近郊へ落ちのびた、との言い伝えが地元に残されていた。

謎の竹筒の所有者が、この木村孫十郎の子孫とされる男性で、筒に収められているものこそが、落城の際に死んだ藤原行安の遺髪だというのである。しかし、所有者の男性はその由来について「なんかおかしい」と疑問を抱いていたことから、住職立ち会いの下、「開けるべからず」の戒めを解き、開封することにしたのである。

私が開封式に立ち会った理由は和田ゆかりの物だったからにつきる。竹筒は、所有者の父親が和田から「木村家ゆかりのもの」と勧められて買った代物だった。一九六五年ごろの話だという。原田と安本の言葉を借りるなら「和田の行くところ、行くところに疑惑があった」。

開封する前に、私はじっくり竹筒を観察してみた。長さ三十センチ、直径十センチほどで、それほど古そうには見えなかった。表面には「必開不可」と開封を禁じる文字が刻まれ、ほかにも次のような刻み文字があった。

木村孫十郎　天正十六年七月十六日納是
東日流飯積高楯城落舘
　大光院観頂堂
　萬里小路一系朝日左ヱ門尉藤原行安殿
　　御遺髪是管奉納

そのまま解釈すると、自刃して果てた殿様の遺髪を忠臣の木村孫十郎が落城直後に大光院観頂堂という所に奉納した、ということになる。高楯城については史料が少なく、長い間「幻の城」とされていた。それだけに、この竹筒が本物なら高楯城と藤原一族を知る貴重な手がかりとなるはずだった。

竹筒を真っ二つ

「いいですか、開けますよ」

お経を唱えた後、住職はドライバーとノコギリで一気に竹筒を割った。私はカメラのシャッターを何度も、何度も切った。そして、ファインダー越しになかをのぞいてみた。何もなかった。遺髪どころか、ごみすら入っていなかった。空っぽだった。さすがに、しらけたような、キツネにつままれたような空気が漂った。

ふたのように見えた溝も、彫刻刀のようなもので切り込みを入れているだけで、切り離されてはいなかった。要するに、筒に見せかけたフェイク。ただの竹だったのである。五所川原近くの板柳町からわざわざ駆《か》けつけたという、六十代の所有者は一瞬呆然《ぼうぜん》とし、複雑な表情に変わった。

「本当なら小さく刻むべき木村孫十郎という奉納者の名前が、一番目立つように大きく記されていたり、おかしい点が多いので、それほど期待はしていなかったのですが……。それにしても、なんか変な気分です」

「開けるべからず」の竹筒。ふたがあるように見えるが……。（撮影：斉藤光政 1995年1月）

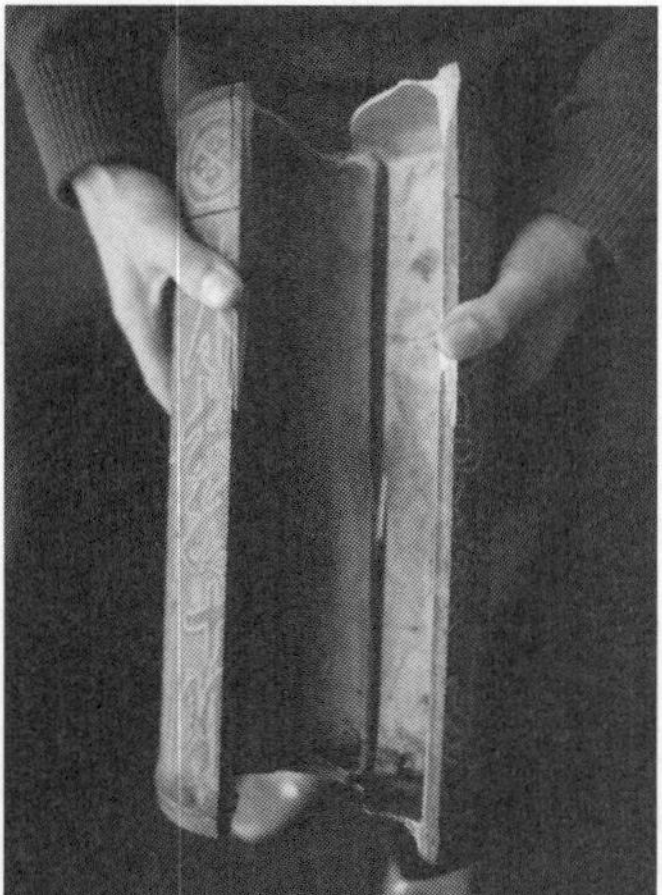

真っ二つに割られた竹筒。中には遺髪どころか何も入っていなかった。（撮影：斉藤光政1995年1月）

成り行きを見守っていた住職は「四百年の間に、遺髪が溶けたなんてことも考えられませんしねえ。寺には高楯城戦没者の慰霊堂があるので、この竹筒も四年前から預かって安置していたのですが、これではもう無理ですね。お寺に置くわけにはいきません」と、きっぱり語った。

縦割りに真っ二つにされた竹筒を、再び見てみた。刻まれた文字は、今では見慣れた和田独特の癖字だった。そして気づいた。高楯城は和田にとってご近所の遊び慣れた遺跡で、「高楯城史跡保護会」の設立発起人に和田自身が名を連ねていたことを。

私は事の次第をその高楯城史跡保護会（会員百十人）会長の飯塚平次に連絡した。彼らには開封式の結果を知る権利があると考えたからだ。代々、飯詰地区の庄屋を務めた旧家だという飯塚の言葉は沈んでいた。

「竹筒に城主の藤原行安の遺髪が入っていると信じている会員も多かったのですが、そんな結果ではどうしようもありませんね。まじめな気持ちで飯詰地区と、地区の象徴でもある高楯城の歴史を守ろうとしている私たちにとって、本当に迷惑千万な話です。高楯城の名を騙《かた》った悪質ないたずらとしか言いようがないですね」

まさに「はんかくさい」話だった。いたずらというよりは、文化財偽造に近い悪質な行為とすらいえた。この一件については、これまでどおり記事にしたことは言うまでもない。

五所川原高楯城主　遺髪入り竹筒／『開けるべからず』実は空っぽ／偽物だった／信じていたのに……　研究者がっかり

約四百年前の天正十六年（一五八八年）、津軽半島一帯を支配しながら大浦為信（後の津軽為信）に滅ぼされた五所川原市飯詰、高楯城主の藤原行安（ゆきやす）。その遺髪が入っていると伝えられていた「開けるべからず」の竹筒をこのほど開けてみたところ、なんと中は空っぽ。筒も竹を刻んだだけのまやかし物と分かった。筒は藤原一族と高楯城落城のなぞを解く歴史資料と期待されていただけに、関係者は一様に落胆と困惑の表情を見せている。

（「東奥日報」一九九五年一月二十五日）

第十四章　判　決

外三郡誌に判決下る

最初のころは何が何だかわからず、しゃにむに取材を繰り返していた外三郡誌偽書問題。ところが、事件をとおしてさまざまな場所へ行き、さまざまな人に会い、さまざまな記事を書いているうちに、いつしか私も歴史の裏に潜む暗部に惹かれ始めていた。簡単に言えば、真偽論争の取材が面白くなってきたのである。

そして、そもそもの発端であった著作権侵害訴訟は、過熱する一方の論争をよそに着実に進行し、ついに青森地方裁判所で判決言い渡しが行われる日を迎えていた。一九九五年二月二十一日。大分県別府市の野村孝彦が提訴してから二年四カ月が過ぎていた。

この間、被告である和田は一度も法廷に姿を現すことがなかった。すでに、私は和田と連絡不能状態に陥っていただけに、出廷時を狙って突撃取材を敢行しようともくろんでいたが、当人が現れないのであれば、それは無理な話だった。

外三郡誌を裁判で裁くことができるのか、それともできないのか――。マスコミの関心事はそれにつきた。

第一報をスクープした者の特権として、私は傍聴席の一番前に陣取った。原告席、被告席、傍聴席のだれもが、裁判長の判決言い渡しをかたずをのんで見守った。

片野悟好裁判長は言った。

「原告が剽窃《ひょうせつ》（盗用の意味：筆者注）の根拠として指摘する前記各書籍中（外三郡誌や和田の著書などのこと：筆者注）の各記載部分は、いずれも本件新聞記事（野村の論文記事：筆者注）中の記載と内容的には一部似通っている点があると評価できなくはないが、文体、表現方法、使用語句などはかなり異なっている。

また、前記のとおり『東日流外三郡誌』は長大な史書の体裁をとっているのに対して、本件新聞記事（略）は熊野地方の本件石垣についての調査結果を記載した手記のようなものであり、両者は本質的に全く異なるものである。

したがって、前記各書籍中の一部に本件新聞記事と内容的に一部似通った記述が存在するとしても、これをもって前記各書籍が、原告の本件新聞記事を複製または翻案して作成されたものであるとは到底認めることが困難である」

持って回った表現だったが、つまるところ、「外三郡誌が自分の論文記事の著作権を侵害した」という野村の主張を退ける一方で、「和田さんの著作に写真を無断掲載された」という著作権侵害の主張（写真盗用）は認めていた。

和田が支払いを命じられた慰謝料は二十万円。原告の一部勝訴というやつだった。また、裁判長は最大の関心事である外三郡誌の偽書性について「一部似通った点がある」「偽書であると指摘する古代史家も存在する」などの認識を示しながらも、「成立経緯、内容等に立ち入って判断するまでもない」としていた。

裁判所は真偽問題に立ち入りません、ということだった。外三郡誌という極めて偽書性が高い文書に社会的メスが入ることを期待していたマスコミは肩すかしをくらう結果となった。

青森地方裁判所から帰る途中、中央紙の記者から声を掛けられた。

「なんか期待外れという感じですよね。斉藤さんはこの問題を熱心に追ってきただけに、よけいその感じが強いでしょう。やっぱり、裁判所は偽書問題にはかかわらないってことなんでしょうか。被告側も著作権侵害訴訟に偽書問題を絡めるのはおかしいって言い続けていましたからね。野村さんはこれからどうするんでしょう」

確かに、野村の提訴に対して「著作権侵害で訴えているはずなのに、なぜ外三郡誌の偽作性を論点にしているのか？」と疑問を投げかける関係者はいた。こうした声に対して、偽書派の論客である原田はこう説明していた。

「外三郡誌をはじめとした一連の和田家文書に、現代人である野村さんの文章が盗用されたという主張を成立させるためには、和田家文書そのものが、和田さんという現代人が製作した偽書であることを証明する必要があったんです。しかし残念ながら、和田家文書は〝紛失〟を理由に、ついに被告側から法廷に提出されることがなかった。もし、古文書の鑑定が行われていたら、すぐその場で真贋の判定はついたはずなのですが……」

原田の言い分はよくわかった。だが、私は二年半にわたる取材体験から、もっとシンプルな考えを持つようになっていた。

それは「裁判という形で問題提起されたからこそ、それまで外三郡誌の偽書性に目をつぶり、口をつぐんできた人たちが声を上げ始めたのではないか。その結果、反社会的な側面を持つ、謎の文書の存在を広く知らしめることができたのではないか。そのことは、日本全国のどこにでもある外三郡誌的な社会問題に警鐘を鳴らすことにもなったのではないか」という思い。

ささやかだけれど大切な問題がこの社会には数多くある。それに対して、だれもが声を上げなくてはと思っているが、実際にそうする人は少ない。面倒くさい、わずらわしいというのが主な理由だ。それは私も同じで、日本人特有の事なかれ主義である。

そんな悪《あ》しき事なかれ主義に染まったわれわれが、早期退職後の蓄えを使ってまで提訴し、あえて火中の栗《くり》を拾った原告に向かって何が言えるのだろうかという気持ちが強かった。いつまでも書生気質の抜けない新聞記者ならではの青くささかもしれなかった。

「文化の破壊行為」

そんな複雑な思いを抱えたまま、野村と代理人の石田恒久弁護士の元へ向かった。原告側のコメントを聞かなくてはいけなかったからだ。野村は少々疲れた表情で語った。

「私が撮影した写真について、和田さん側の著作権侵害をはっきり認めていただいたことには感謝しています。これで、私の史料が嘘の歴史に利用されることがなくなって、大変うれしいです。

次に、外三郡誌が私の論文記事の著作権を侵害した件についてですが、これが認められなかったことには納得しかねます。認めなかった理由として、判決は〝論文記事と外三郡誌などの文体、表現方法、使用語句などがかなり違っている〟としていますが、私の記事は現代のものです。これに対して、外三郡誌は江戸時代を想定して作られています。文体や語句が異なるのはあたり前のことなんです。この理屈では、現代の文章を盗用し、古代風にアレンジした偽書を作った場合には著作権侵害は認められないことになります。

また、判決では外三郡誌が長大な史書の体裁を取っているのに対して、私の論文記事はそうではないと言っていますが、あくまでも訴訟対象にしているのは、外三郡誌のほんの一部であって全体ではありません。ゆえに、この判断はおかしいと言わざるをえません。

結果的に、和田さんによる偽書作成の一端が裁判所で認められたのはありがたいことですが、証拠をでっち上げてまで、偽書性を頑固に否定し続けようとする人たちが世の中に存在するという事実が残念でなりません。文化の破壊行為で許せないことです。外三郡誌が偽書ではないと被告側が主張するのであれば、堂々と自分たちが持っている古文書を公開し、鑑定の場に出してほしかった」

実質的な控訴の意思表示だった。

一方の被告側代理人である五戸雅彰弁護士のコメントは次のようなものだった。

「支払い金額が二十万円と極めて少ないことは実質的勝訴と考えます。原告側が力を入れていた外三郡誌の真偽性については、まさに却下判決に等しいといえます」

判決が示していたのは、裁判所は真偽問題に立ち入らない——ということにすぎなかった。それにもかかわらず「真偽性については却下判決に等しい」とはいささか強引にも聞こえた。また、被告側に慰謝料の支払いが命じられているにもかかわらず「実質的勝訴」とは……。やや疑問が残るコメントだった。

最高裁へ持ち越し

結果的に、この五戸弁護士のコメントが火に油を注ぐ結果となった。

野村側は早々に仙台高等裁判所に控訴したのである。仙台高等裁判所の判決は一九九七年一月に出されたが、一審の写真盗用についての慰謝料二十万円にさらに上乗せし、四十万円とする内容だった。ただし、外三郡誌への著作権侵害の主張はまたも認められなかった。

控訴審の判決内容は「偽書とする説にはそれなりの根拠がある……」「外三郡誌中の記述と本件の論文との類似は否定できない」「ヒントを得たとみられる」と、論文盗用についてある程度の共通性と依拠性を認め、偽作説にそれなりの理解を示しながらも、著作権侵害までは認められないというものだった。

ここであることに注意してもらいたい。それは、和田家文書の一つである『總輯　東日流六郡誌』のなかに、秋田孝季が紀州熊野の猪垣を実際に見た〝記録〟として、「熊野山中十五里之石垣」という個所が存在するということだ。実は、この「十五里」こそが、『總輯 東日流六郡誌』の製作者が野村論文を見ることなくして書けるはずがない数値、つまり「盗用」の証拠と考えられる。

というのは、野村は論文で「石垣の総延長は、現在までの段階でおよそ六十キロにおよんでいる。徹底的に調べれば、まだ延びるかも知れない」と書いていた。文章の内容からみて、野村の言う六十キロとはあくまでも調査中の暫定的な数値にすぎなかった。ところが、戦前の教育を受けた人間には一里イコール四キロという認識がしみついている。このため、『總輯 東日流六郡誌』の製作者は、野村が調査して得た「六十キロ」という数値を、単純に「十五里」と換算してしまったと考えられるのだ。その後、野村の調査で猪垣は百キロ以上に達することが判明しているにもかかわらず、だ。

つまり、『總輯 東日流六郡誌』の製作者は、戦前に教育を受けた者で、しかも野村の論文を見たことがある現代人の可能性が極めて高かった。

しかし、青森地方裁判所はこの問題を無視。そして、仙台高等裁判所も偶然の一致かもしれないという判断であっさり片づけていた。はなはだ疑問だった。

結局、裁判での決着はさらに最高裁まで持ち越されることになる。野村が上告したからだ。上告理由は「偽書の疑いのある著作物についての著作権侵害は、偽書であるかどうかを確認したうえで判断してほしい」という内容で、主な上告理由は次の三点。

①野村の論文中の「六十キロ」と、『總輯 東日流六郡誌』の「十五里」を偶然の一致で片づけるのか。
②歴史的文書の偽造という公序良俗に反した著作物を著作権法で保護するのは違法ではないか。
③著者や年代などを詐称した偽書は、その特殊な性格上、著作権を実質的に放棄している。そんな著作物を著作権法上どのように扱うべきなのか。

仙台高等裁判所の判決から九カ月が過ぎた一九九七年十月、ついに最高裁の判断が下された。

「上告棄却」

原告側が強く望んだ著作権法上の解釈については一切明示されない、あっけない幕切れだった。提訴からじつに五年の月日が流れていた。

東奥日報はこの結果を十月十七日朝刊の社会面トップで大きく報じた。

「真偽論争　決着つかず／最高裁、上告を棄却／双方が勝利宣言コメント」

だれが勝ったのか？

双方が勝利コメント？　そんなばかなと思うだろうが、不思議なことに現実はそうだったのである。

原告側の石田弁護士と吉沢《よしざわ》寛《ひろし》弁護士は「外三郡誌は原告の論文の著作権侵害――ということちらの主張は認められなかったものの、仙台高裁判決が偽書説に理解を示していたことが、これで確定したことになります。一連の裁判のなかで外三郡誌の偽書性を広く社会に知らせることができたのは大きな成果です」と一部勝訴の確定を強調していた。対して、被告側の五戸弁護士は「本件真偽論争に終止符を打たれ、和田さんの盗作者の濡れ衣が晴らされたことは喜ばしいかぎりです」とした。法廷戦術に疎いわれわれには、なんとも理解しかねる状況だった。

双方が勝った？　では、だれが負けたのか？

法律の勉強が嫌いで嫌いでしょうがなかった法律学科出身の私の頭は、この複雑な状況を理解しかねていた。しかしそんな私でも、一連の判決が真偽の判断を回避しており、その結果、真偽論争に「終止符」など打たれていないことだけはわかった。「和田の濡れ衣」も晴れたわけではなかった。

そんな時、大学時代の友人から電話がかかってきた。私と違って、まじめに法律の実務を勉強した人間である。彼にこの裁判の経緯を詳しく説明し、聞いてみた。

「偽書を争点にした訴訟は日本では無理なのか？」、そして「だれが勝ったのか？」と。

彼はちょっと考え込んでから、こう言った。

「偽書であるかどうかを訴訟の争点にするのは難しいんじゃないかな。というのは、偽書かどうかの判断そのものが法律の問題じゃないと思うんだ。現行の法律では無理だということ。じゃあ、この訴訟でだれが勝ったのか？　はっきりとはわからない。でも、写真の著作権侵害が最高裁で確定したってことは、少なくとも写真の件について和田さんの嘘が裁判所に認められた、ということだよね。嘘つきって言われるのはつらくない？」

この訴訟でつらい思いをしたのは、朝日新聞も同じだった。朝日新聞青森版は上告棄却について次の見出しで報じていた。

「津軽地方史　著書は盗作ではない／最高裁、真偽論争に決着」

「真偽論争決着つかず」とうたった東奥日報の見出しとは百八十度違っていた。わたしは朝日新聞の見出しを見ながら思った。論争を積極的に取材したとはいえないメディアがよりによって「真偽論争に決着」とはやれやれ……、クレームがつかなければいいが……。

案の定、朝日新聞は翌一九九八年三月に訂正記事を掲載するはめになった。外三郡誌問題に関しては、寛政の奉納額事件（一九九四年）で共同通信社が誤報記事を流して以来の訂正記事だった。

だが、収まらないのは原告の野村側だった。その後、和田と有力支援者である古田、そして彼らの支持者たちが奉納額事件の時と同様、朝日新聞が「誤報」と認めたはずの記事を積極的に活用し続けたからだ。

野村はため息まじりに言う。

「裁判所が〝偽書説にはそれなりの根拠がある〟と理解を示しているにもかかわらず、朝日新聞はそれを無視し、結果的に読者をミスリードしました。さすがに、訂正記事を出しましたが、それはこちらが強く求めたから。古田さんたちは誤報記事をいまだに宣伝に使ってますし、それを受けて〝偽書説敗訴〟と著書のなかで書き続けている朝日新聞記者もいるほどです。もう、あきれるしかない」

ある意味で、マスコミにとって外三郡誌は鬼門とさえ言えた。

偽書とは何か

現行の法律では問うことが難しいとされる偽書。では、偽書とはいったい何を指すのか。実は、その定義は曖昧だ。曖昧なまま漠然と、しかもルーズに使われてきたのが偽書という言葉の正体だった。

だが、その曖昧な問題に敢然と取り組み、真偽論争が本格化する七年も前の時点で、外三郡誌を「虚妄の偽作物」と切って捨てた人が山形県にいた。それは、遊佐町《ゆざまち》文化財保護審議員の須藤儀門《すどうぎもん》だった。

須藤が、外三郡誌の偽書性を指摘する論文記事を地元紙の庄内日報に掲載したのは一九八五年十二月のことだ。タイトルは「偽書の弁」。青森市で少年時代をすごした須藤の目に、外三郡誌は第二の故郷の歴史をゆがめる荒唐無稽なものに映った。怒りは文章にも表れ、続いて寄稿した「続偽書の弁」のなかで、皮肉たっぷりにこう締めくくる。

私は津軽人である佐藤紅緑《さとうこうろく》や葛西善蔵《かさいぜんぞう》・石坂洋次郎、それに太宰治を愛すると同時に、狂躁《きようそう》華麗《かれい》な津軽三味線やネブタ祭に熱中し天衣無縫に踊りまくるかれらの気質の一端を知っている。奇想天外の虚言を吐いて、快闊《かいかつ》に笑い飛ばすかれらである。なんの躊躇《ちゆうちよ》もなくさらりと書き上げた『三郡誌』に、世の多くの人が熱をあげて、過去の国史をくつがえす大発見、福沢諭吉以前の平等相互主義などと感嘆し、ひたすら真摯に取り組んでいるのを見て、してやったり、と快哉《かいさい》を叫んで、呵々大笑《かかたいしよう》しているような気がするのである。

古文書にも詳しい須藤が定義する「偽書」とは「作者名と作成時を偽って、ある種の目的のために事実を曲げて書いた本」のことで、ただ単に、内容が嘘や偽りで固められ、デタラメであるだけの本は偽書とは言わなかった。なぜなら「内容が虚偽、史実でないものを偽書というのであれば、世にある多くの物語、小説の類いはすべて偽書となってしまう」からだ。

須藤の分析によると、外三郡誌は現代人が書いたにもかかわらず、作者名を秋田孝季、作成時を江戸時代と偽っていた。それだけで、外三郡誌は須藤が考える偽書の定義を満たしていた。こうした論点から、須藤は次のように結論づける。

『東日流外三郡誌』の場合、現在人が奇抜な構想をもって虚実入りまじえ、丹念に書斎で書きなぐったものを、三春藩主の委嘱を受けた秋田孝季なる架空の人物が、全国を回ってさぐり集めた中世からの文書というから、私はこれを偽書というのである。青森県の亀ケ岡や田舎館《いなかだて》の遺跡（弥生時代の最北の水田跡が出土した：筆者注）がいかに素晴らしいものであろうと、また、安東一族の足跡がいかに武勲雄略のものであろうと、それは『東日流外三郡誌』偽書説に対する反証とはならないのである。

（「『東日流外三郡誌』の虚妄と誤謬《ごびゅう》」『季刊邪馬台国』五十二号、一九九三年）

外三郡誌の編者とされる秋田孝季は、天保《てんぽう》三年（一八三二年）に六十三歳で死亡したことになっている。ところが須藤によると、和田家文書には七十七歳と七十八歳の時の肖像画が存在する。一度死んだ人間が復活して、その後十年以上も生きるというのである。安上がりなホラー映画に出てくるゾンビのように奇々怪々、おかしな話だった。それが外三郡誌なるものの実態だった。

一方、偽史研究の立場からは、藤野七穂が偽書の定義として、六十年前の日本書誌学会の機関誌『書誌学』（一九三四年）を持ち出し、外三郡誌の偽書性を鋭く指摘していた。『書誌学』は偽書の概念についてこう語っている。ほとんど須藤の見解と同じことがわかる。

広義に偽書と云《い》へば、記述に誤りのあるものはすべて偽書とされないでもないですが、それは余り無差別と思へます。例へば娯楽の為《た》めに作つた軍記や物語などは、無論誤つた材料で書かれたものだが、それを偽書と呼ぶよりも寧《むし》ろ俗書と呼ぶ方が妥当でありませう。凡《およ》そ偽書と云ふには偽る意図があるものです。何か為めにする所があるか、或《あるい》は古人の名など藉《か》りて世を欺くやうなものが偽書でありませう。

この論文が発表された二年後の一九三六年、日本初の偽書論争が沸き上がる。偽書と糾弾されたのは、新興宗教の天津教が教典としていた古文書『竹内文献』。『竹内文献』

は第十章で紹介したように、和田家文書にも登場する新郷村戸来の「キリスト伝説」を生み出した謎の文書だった。

糾弾に立ち上がったのは、京都帝国大学文科大学の初代学長を務めた狩野亨吉。江戸時代の八戸藩領内で活動したといわれる「忘れられた思想家」安藤昌益の再評価で知られる研究者だった。

繰り返された偽書事件

狩野が『竹内文献』の糾弾に乗り出した一九三六年の時点で、彼が手にしていた文献サンプルは、信者から持ち込まれた写真五点にすぎなかった。

だが、狩野は「片鱗《へんりん》を以て全体を見ることは出来ないとの反駁《はんばく》あらば認めることを躊躇しない。しかしながら同時に又生命を取るには一箇の致命傷にて足ることを心得なければならぬ」との並々ならぬ決意をもって、鑑定結果の公開に踏み切り、『竹内文献』を「最近の偽造」と結論づけた。

偽造者として浮上したのが、教祖で文献の所有者でもある竹内巨麿。「天津教古文書の批判」と銘打った鑑定内容は以下のとおりである。

第一に文章は揃《そろ》ひも揃つて下手《へた》であり、肝心な語法語調も億万年を通して不変なるのみならず、誤謬は頑強に保持せられて共通永存してゐる。第二に筆蹟《ひつせき》は孰《いず》れも見事ならず、著しく近代風を帯びたる上に類似の点多く、一々別人の手に成るものと取れない。第三に所説は正史と矛盾するばかりか、明治以後漸《ようや》く知れ亙《わた》つた如《ごと》きことを平然として述べてゐる。依《よつ》て追次此等《これら》の文書に就《つ》き、其《その》文体、其書体及び其内容の検討を遂げ、悉《ことごと》く最近の偽造であることを暴露せしめたのである。

(『思想』一九三六年六月号、岩波書店)

「下手な文章」「単純な誤り」「同一人物による現代風の筆跡」「とうてい昔のものとは思われない新しい知識」……。

狩野の指摘する偽書の要件は何かと似ていた。そう、これまで偽書派が明らかにしてきた外三郡誌の調査・分析結果とあまりにも共通していた。というよりは、これがそのまま外三郡誌の鑑定結果と言っても通用しそうだった。

偽史研究家の原田に言わせるなら「和田家文書事件は『竹内文献』偽作事件の再現にほかならない。まさに、歴史は繰り返す」のだ。原田の見方によると、狩野が展開した『竹内文献』偽書説の根拠は次の五点だった。

①違う人物の手になるとされる文書間で、同一人物の筆跡が見られる。

②文書が書かれたとされる時代の官位や制度について不正確な記述がある。
③文法や仮名遣いについて、明白な誤りがある。
④漢字・仏教伝来以前の神代文字で書かれている個所に、漢語・梵語《ぼんご》が混入している。
⑤文書が書かれたとされる時代よりも後の時代の用語や知識の混入がある。
このうち、④を除くすべてが外三郡誌にもあてはまると原田は考えていた。さらに外三郡誌を現代人による偽作と考える一方で、それを取り巻く擁護派の姿勢を「疑似科学」の最たるものだと受け止めていた。

疑似科学とは文字どおり「科学を装ったまがいもの」で、原田はその基準として、①反証不可能性、②検証への消極的態度、③立証責任の転嫁――の三点を挙げる。

原田は言う。

「これは疑似科学批判で知られる米国の心理学者、テレンス・ハインズの考えなのですが、この三項目の観点から擁護派をみると、すべての要件を満たしていることが明らかです。である以上、彼らの説が疑似科学であることは疑問の余地がないと思います。

まず、①の反証不可能性。正規の科学では、ある仮説に対して反証が挙がった場合、論拠を示して抗弁する必要があります。しかし外三郡誌の場合、筆跡や紙質など偽書派が提示する鑑定結果に対して、擁護派は〝資料の選定に問題がある〟〝でっち上げ〟などと感情論を繰り返すばかりで、中身を詳しく検討しようとしません。

次に②の検証への消極的態度。擁護派は〝原本の発見こそが肝要〟と言いながら、自ら原本捜索のために積極的に手を打とうともせず、これまで〝発見〟された文書に沿った主張を一方的に繰り返すだけです。

そして、③の立証責任の転嫁。擁護派は和田さんの言動を信じ込んだがゆえに、多くの矛盾を抱えているにもかかわらず、それらが信じられないという理由説明を偽書派に求めています。本来、立証責任は〝外三郡誌は正しい〟と法外な主張をしている擁護派が負うべきことなんです。これではねじれ現象です。立証責任の在り方については、ハインズがUFO信奉者のケースを例に取って、次のようにわかりやすく説明しています」

彼ら（UFO信奉者：筆者注）は、未確認飛行物体は宇宙からの飛行体だと主張している。こうした意見の持ち主たちは、ほとんど無限といってよいほど多数のUFO目撃事件やUFO関連の現象を収集しているのだ。だから疑いを抱く者に対して、その膨大な報告の一つ一つを説明できない限り、UFOが宇宙船であるという説は正しいはずだ、という説得がなされる。言葉を換えていえば、立証責任は問題の説を否定する批判者の側に、いつのまにか転嫁されてしまっているのだ。

現実には、法外なことを主張している本人こそ、立証責任を背負ってしかるべきだろう。

（テレンス・ハインズ『ハインズ博士「超科学」をきる』井山弘幸訳、化学同人、一九九五年）

原田から見て、UFO信奉者も外三郡誌擁護派も根本は同じだと言うのである。それは、自説に矛盾が生じた責任を相手に押しつける〝特有のやり方〟に固執するからだという。

とにもかくにも、外三郡誌は戦前の『竹内文献』以来ともいえる本格的な真偽論争を国内に巻き起こしていた。原田の言うとおり、歴史は繰り返されたのである。

六十年ぶりに繰り返された偽書事件は、果たして悲劇だったのか、それとも喜劇だったのか。それは、なんとも言えない。

第十五章　マスメディア

漫画に私が登場？

相変わらず、三内丸山遺跡の取材に追われていた。

一時期の病的なまでの騒がしさは消えていたが、一九九八年の三内丸山の丘には高さ十四・七メートルの六本柱建物がすっくとそびえ、はるか五千年前に栄えた縄文都市の新たなシンボルとなっていた。

東奥日報社から三内丸山遺跡までは五キロほど。そんな近さも手伝ってか、発掘現場には取材と称して、足繁《あししげ》く出掛けていた。そのため、岡田康博《おかだやすひろ》をリーダーとする青森県教育委員会三内丸山遺跡対策室の発掘チームとも親しくなり、くだらない冗談を言い合うような仲になっていた。私にとって、三内丸山遺跡は上司のいない第二の職場のようなものであった。

そんなある日のことだった。発掘チームの一人から意外なことを聞かされた。

「斉藤さん、知ってますか。超能力を持ったあやしげな少年と、女性新聞記者が主役になっているコミックがあるんですよ。歴史ものなんですけど、遮光器土偶が東北のアラハバキ神として出てくるところをみると、作品自体はかなり外三郡誌を意識して描いているみたいですね。そのなかに青森県の地方新聞の記者っていうのが出てくるんです。準主役級で狂言回しみたいな存在なんですが、それがなんか、斉藤さんをモデルにしているんじゃないかって、みんなうわさしていますよ。ほら、外三郡誌問題を最初からずっと追ってきた記者って斉藤さんしかいないじゃないですか。絶対、斉藤さんと東奥日報を参考にしていますよ」

私の趣味の一つにコミック本の収集があった。コミックは幼いころから大好きだった。書斎に並ぶ本棚の半分以上を占めているのもコミックだった。特に、歴史ものと軍事ものは熱心に読んでいたので、たいていの作品は知っているつもりだったが、教えられた作品は初耳だった。

書店で探したが、すぐに見つかった。それは、とり・みきの『石神伝説』（文藝春秋）だった。一九九六年から月刊誌『コミックビンゴ』に連載され、一年後には単行本化（計三巻）されていた。

帯には「闇の力、目覚めよ！　騒然!!　日本の闇をえぐる大河伝奇コミック」と、歴史好きな読者ならすぐに飛びつきそうなキャッチコピーが並び、「日本各地の聖石をめぐって怪事件が相次ぐ。ヤマト朝廷によって古代史の深層に葬られた怨念を解き放ち、破壊を繰り返す謎の少年の野望――迎え撃つ物部《もののべ》氏の裔《すえ》との対決は⁉」などと、刺激的に紹介していた。

あっという間に読み終わったが、予想以上におもしろかった。それまで歴史や民俗学に題材を取った本格コミックとしては、星野之宣《ほしのゆきのぶ》の『宗像教授伝奇考』（潮出版社）や諸《もろ》星大二郎《ほしだいじろう》の『妖怪ハンター』シリーズ（集英社）などの先行作品があったが、骨太な内容はこれらに勝るとも劣らなかった。

対決する新聞記者

『石神伝説』のあらすじを紹介するとこうだ。

目元涼しげな超能力少年が、古代のヤマト朝廷によって征服された九州、出雲、東北地方の豪族の怨念をよみがえらせ、現代の日本に復讐させようと大活躍する。その舞台が、古代の豪族の魂が神として封印されたとされる全国各地の神社や史跡だった。

それを阻止しようと奔走する陸上自衛隊特殊部隊の青年幹部。彼はヤマト朝廷の先兵だった物部氏の末裔で、これらライバル二人が地下世界で繰り広げる戦いを、中央紙の美人女性記者と、青森市に本社を置く津軽日報の記者が目撃する……という筋書きだ。津軽日報記者は古代史はもちろん、考古学、民俗学にも詳しく、主人公の女性記者を陰に日向《ひなた》になり助けるとともに、事件の複雑な背景を解説してみせるというおいしい役どころだった。

この津軽日報記者のモデルが私なのではないか、と三内丸山遺跡発掘チームの職員は言うのである。言われてみれば、コミックに出てくる津軽日報の建物は東奥日報とそっくり、というよりは写真をリライトしただけだった。

確かに、内容を見ていけば見ていくほど、「これは」とうなずける場面があった。三内丸山遺跡はもちろんのこと、山岳信仰の対象である岩木山、製鉄技術を伝える鬼伝説で有名な鬼神社《おにじんじゃ》（弘前市）、田村麻呂《たむらまろ》伝説が残る大星神社《おおぼしじんじゃ》（青森市）など津軽地方の名所・旧跡が随所に登場し、作者がかなり綿密に現地取材していることがわかる。

そして一番印象的なシーンは、荒崎という白装束姿のインチキ郷土史家と、都賀《つが》という名の衆議院議員が三内丸山遺跡に現れるくだりだった。作者は津軽日報記者とカメラマンの口を借りて、荒崎と都賀についてこう説明していた。

津軽日報記者　「和服姿の男がインチキ郷土史家の荒崎だ」

カメラマン　「ああ！　あの偽書騒動の……」

津軽日報記者「その通り。都賀は荒崎がでっちあげた怪しげな古文書を根拠に各市町村を抱き込んで、村おこし、町おこしと称しては、おざなりな観光施設を建てて、その工事請負などの利権でもうけている」

津軽日報記者「古代の東日本にアラハバキと呼ばれる土地神があったのは事実。だが、誰が見てもまったくニセモノの古文書を自作し、しかもそれを自分達の金もうけのために使おうなどというのは許せない。前にもいったように、神を利用しようなどと企《たくら》む輩《やから》は、まずまっ先に本人が報いを受ける。だいいち、そんな物に頼らずとも、古代の東北にはこんな立派な文化（三内丸山遺跡のこと：筆者注）があったんだ。それで充分じゃないか」（以上『石神伝説』3巻）

作者は、荒崎というインチキ郷土史家が深夜、自宅で三内丸山遺跡の六本柱建物の写真を見ながら、ニセ古文書のようなものをひそかに書いている場面を登場させたうえで、「古代アラハバキ族から安東氏に伝わった財宝が眠っている」とまで言わせていた。

さらに、インチキ郷土史家が作るニセモノ古文書によって、地域開発の恩恵を受けている悪徳会社は東日流外三郡誌を連想させる「東日興産」だった。このインチキ郷土史家とナンチャッテ衆議院議員が引き起こす偽書騒動を追及し、批判記事を精力的に書いているのが、津軽日報記者だった。

「青森での偽書騒動」

「怪しげな古文書による村おこし」

「ニセモノの古文書」

「古代アラハバキ族から安東氏に伝わった財宝」

どこかで聞いたことがあるような話だった。巻末でフィクションと断り書きしていたものの、こうなれば何を参考に描いているかは明白だった。そう、外三郡誌問題である。

読み終えた後、外三郡誌問題もついにコミックの題材にされるまでになったのか、と妙な感慨が湧き上がってきた。それだけ真偽論争が全国に波及し、一般の人たちにとっても身近な問題になっていることの裏返しでもあった。偽書問題をしつこく追ってきた記者としてはなんとなくうれしく、なんとなく照れくさかった。

ただ気になったのは、津軽日報記者の行く末だった。彼はインチキ郷土史家とナンチャッテ衆議院議員の批判記事をしつこく書いたことが原因で会社にいづらくなり、トンデモ本のフリーライターに転身する結末となっていた。

コミックのなかのこととはいえ他人ごとのような気がせず、思わず手を合わせてしまった。津軽日報記者の幸福たらんことを。

いた。

遅出しじゃんけん

『石神伝説』を読み終わって、あることを思い出した。それは、和田家文書から三内丸山遺跡の六本柱建物が描かれた絵図が出てきた、と古田が主張し始めていたことだった。六本柱建物の絵図は、古田の支援者が出版する『新・古代学』第二集（新泉社、一九九六年七月）のなかで、「雲を抜ける如き石神殿」の具体的な「画」として紹介されていた。

和田家文書に描かれている絵とそっくりの遺構が三内丸山遺跡から出土したのだから、一連の和田家文書は偽書などではない――というのが古田の理屈らしい。「三内丸山に文献の後づけあり」と、古田は強調していた。

だが、これをどう解釈すればいいのか。

六本柱建物の巨大な木柱跡が出土したのは一九九四年六月。その事実が全国的に知れわたったのは、翌月の東奥日報、朝日新聞の報道記事によってだった。しかも復元された六本柱建物は、あくまでも考古学や建築史学の専門家による推定の産物、つまり「想像の世界」にすぎなかった。はるか昔の現物などだれも見たことがないのだから、研究者といえど頭のなかで考えるしかなかった。その想像上の建物がそっくりそのまま、江

「和田家文書」に登場した六本柱の大型建物。(『新・古代学』第二集、新泉社)

三内丸山遺跡に復元された六本柱の大型建物(右)と縄文最大級の竪穴式住居(左)。(撮影:高谷成彦)

戸時代の古文書絵図に登場したというのである。これには、三内丸山遺跡の発掘担当者たちもびっくり仰天だった。

原田は言う。

「木柱跡が見つかったのは一九九四年。三内丸山の巨大木造建築が描かれた絵図が和田家文書から出てきた——などと古田先生が言い始めたのは報道から二年が過ぎた一九九六年。六本柱発見のほうが和田家文書の絵図公表より早く、しかも絵図が復元物にそっくりな以上、和田家文書の偽作は歴然じゃないですか。じゃんけんで言えば遅出しもいいところ。また和田さんがマスコミの報道資料を見て描いたのでしょう。偽作が現在進行形で行われていることを示す好例です」

他の偽書派メンバーも異口同音に「幼稚すぎる偽作テクニック」「もはや、ここまでくるとコメディー」と一笑に付した。この「和田家文書に六本柱建物の絵図があった」の〝ニュース〟が、東奥日報など新聞はもちろん各種メディアをにぎわすことはついになかった。

実は、古田は「六本柱の絵図」の公表の二年前、つまり三内丸山遺跡が大々的に報道される一九九四年の時点で、すでに当地入りし、発掘責任者の岡田康博から詳細な現地説明を受けていた。そして『古田史学会報』三号（一九九四年十一月）で、外三郡誌のなかに津保化族が造ったと書かれている「石神殿」こそ、三内丸山遺跡の高層木造建築である、とも説いていた。

しかし、この〝先行発見〟についてもマスコミはついに取り上げることがなかった。六本柱にかかわる都合二度の和田家文書ニュースは報道各社によって無視されたのである。そんなマスコミに対して、古田の怒りが爆発する。

昨年（一九九四年：筆者注）の夏以来、くりかえし当三内丸山遺跡に関する報道がなされたにもかかわらず、和田家文書との関連にふれた「情報」が、各新聞・雑誌とも「皆無」であった。（略）もちろん、各編集者がこの「情報」を知らなかったのではない。（略）「知らなかった」というのでは、ジャーナリズムの名が泣こう。しかし、一切新聞等の「情報」には出ないのである。あたかも「報道管制」が敷かれているかのごとくに。

「東日流外三郡誌は『偽書』説が出ているから、危ない。さわらぬ神にたたりなし」。これがジャーナリストの心情だろうか。だとすれば、何とも情ない。戦時中の自己規制、文化大革命中の自己規制、それと同じ「規制の壁」が、今なお日本のジャーナリズムに〝健在〟である。その証拠ではないだろうか。それこそ「危ない」兆候だ。

（『新・古代学』第一集、新泉社、一九九五年七月）

うらみ節のような文章だった。古田に言わせれば、悪いのは和田家文書を報道せず、「自己規制」に走るジャーナリスト＝マスコミだった。しかし、マスコミには国民に知らせる使命がある一方で、事前にウラを取ることで誤報を防ぐジャーナリストとしての義務があった。

何より、ジャーナリストたちは忘れていなかった。日本最大の通信社が外三郡誌に絡んで誤報を全国に配信した結果、謝罪するはめに陥った一九九四年夏の出来事を。マスコミも今では、何が「危ない」のかを理解し始めていた。

勇気あるディレクターの告白

外三郡誌報道とジャーナリズム。この点について興味深い〝告白〟がある専門誌に掲載されることになる。二〇〇六年のことだ。

専門誌とは放送批評懇談会が編集する月刊誌『GALAC《ぎゃらく》』で、寄稿者はNHK職員の永田浩三《ながたこうぞう》。かつての人気ドキュメンタリー「ぐるっと海道3万キロ」のディレクターを務めた人物であり、同シリーズの『北の海洋王国・青森県十三湖』（一九八五年十月二十八日放送）の回で外三郡誌を肯定的に取り上げたことを悔いる、自戒の記録のような内容だった。

何度も記すように、外三郡誌は世に出てまもない一九八〇年代に熱狂を持って受け入れられていた。こうした熱に押されるように永田は番組で「『三郡誌』に書かれているアラハバキ神が、突然自身に降りてきた女性、そして文書の発見者とされる和田さんの『秘祭』や和田家に伝わるという宝物も紹介した」という。

当時、文書に対する疑問の声もあったが「地元の熱狂を社会現象として描くことにした」と説明する。

だが、激しい論争が巻き起こったことに加えて、旧石器捏造事件を目《ま》の当たりにすることで顚末記を記すことにしたのだと言う。文章中には、外三郡誌の偽書性を追及する記者として私の名前を挙げてあり、少々複雑な気分だったが、番組製作に伴って、外三郡誌と直接携わった放送人の貴重な証言なので紹介したい。

私たちは、歴史学者や青森県の郷土史の大御所たちにも、文書の評価を尋ねた。すると、「三郡誌」を肯定的に受け止めるひとがいる反面、「三郡誌」とは距離を置きたいというひともいた。われわれの「ぐるっと海道」では、文書を地域の伝承録として取り扱い、地元の熱狂を社会現象として描くことにした。「三郡誌」をめぐる津軽の人びとのフィーバーは、中央偏重に陥りがちな日本にあって、地方を勇気づけると考えた。（略）

地方の時代といわれて久しいが、「三郡誌」には、地方の人びとの魂に触れるツボが存在していた。しかし、「三郡誌」は、そうした善良な魂を裏切ったのだ。(略)アラハバキという神が根付き、安倍氏・安東氏の神になっていた証拠もない。アソベ族もツボケ族もフィクションだったのだ。

話題性に目を奪われ、広い視野の取材が十分でなかった。そして、「三郡誌」がもとは伝承や伝説の集積であり、しかもそれを書き写したものだということだったため、資料を扱う厳しさが足りなかった。本来フィクションの枠にとどめるべきものを、歴史の文脈で語った不明を恥じる。

(『GALAC』二〇〇六年三月号)

「公立図書館には、『三郡誌』を載せた市浦村史資料編が、注釈なく存在する。ネットにおいては、古代史のロマンあふれる文書として健在である。真作説は消えてはいない。二十年前、偽書に気づかなかった人間として、危惧の念を持つ」という警鐘の一文で締めくくられる自戒記は、すがすがしいほど率直な気持ちでつづられていた。ペンとカメラ。たとえ表現方法は違っても、同じマスコミ人、ひいてはジャーナリストとしてフェアだなと思った。

マスコミだって傷ついていたのである。

第十六章　怨　念

知の巨人も関心示す

目の前には、梅棹忠夫《うめさおただお》がいた。文化勲章を受章した比較文明・民族学の大家で、現代日本の知性を代表する巨人だった。

大阪府吹田市《すいたし》にある国立民族学博物館の一室。大阪万博の提唱者の一人で初代館長も務めた梅棹はすでに顧問に退いていた。しかし、緑あふれる万博の跡地、千里《せんり》万博公園を見下ろす彼の部屋は「館長室よりも広いらしい」というまことしやかなうわさが流れていた。

うわさの真偽を確かめる余裕もなく、私は知の巨人の前で恐縮しながらインタビューにいそしんでいた。一九九八年七月のことだった。

訪問目的は、三週間後に迫った「三内丸山遺跡縄文フォーラム98」の特集のための事前取材にあった。フォーラムは三内丸山遺跡が発見された一九九四年から毎年、東奥日報社と青森県教育委員会の共催で開かれていたが、この年は特別だった。東奥日報創刊百十周年と青森県の文化観光立県宣言を記念する特別イベントに位置づけられていたからだ。

フォーラムでは、国内外から集まる十七人の研究者とタレントが、二日間にわたって各種のパネルディスカッションを繰り広げる計画であった。そのオープニングを飾ることになっていたのが梅棹だった。

それまで何度か現地視察に来ていた梅棹は、三内丸山遺跡を「神殿を中核とした縄文都市」と構想していた。考古ファンならずとも興味惹かれる壮大な縄文都市論の詳細を聞くため、私は梅棹の元を訪れていた。ところが、一時間を予定していた取材時間のうち、三分の二以上が三内丸山以外の話で費やされる始末だったから大変。それが、なんと外三郡誌偽書問題だった。

かねてから、梅棹は「残された時間に限りがある以上、興味がないことはやらん」と豪語していた。その巨人の知識欲を刺激したのが外三郡誌だったのである。当初、外三郡誌を会話のほんの糸口程度にと切り出したつもりだったが、いつのまにか話題の中心となり、しまいには会話のほとんどを占める結果となっていた。

梅棹は外三郡誌に絡んで激しい論争が展開されていることは承知していた。しかし、主舞台が東北に限られていることもあり、関西に住む彼の耳に入る情報は限られていた。だからなおのこと、事件の詳細と経過について知りたがった。

私は知っている限りのことを説明した。日本を代表する文化人の前であやしげな偽書の説明をする……。なんとも冷や汗もので奇妙な気分の一時間だった。

「おもろい話やなあ」

「それで、どうなったの？」

「ふうーん、そうかあ」

私の説明を聞く梅棹の顔は無邪気に見えた。まるで、初めて与えられたおもちゃを楽しむ子供のようでもあった。その姿を見て思ったのは、一流の学者というものは好奇心が旺盛でなきゃいけないのだなということだった。

梅棹にとっての関心事は真偽そのものより、反体制的な歴史観に彩られた謎の古文書が生まれ落ちた津軽という風土や、「五流の偽書」と専門家に揶揄《やゆ》されながらも、なぜ国内に広まるにいたったのか、という事件のメカニズムにあるようだった。梅棹にとって、外三郡誌は単なる偽書事件にとどまらず、文化史的なアイテムだったのかもしれない。

日本を代表する知性が関心を寄せる外三郡誌が「なぜ生まれ」「なぜ広まったのか」については、専門家の間でもさまざまに意見がわかれていた。

とりわけ、「なぜ生まれたのか」という疑問については複雑で、私個人としては、中央の政治と歴史から取り残されてきた東北の特殊性が多分に作用しているのではないかと考えるようになっていた。「まつろわぬ民」「蝦夷《えみし》の地」として苦汁をなめた長い歳月が、重くのしかかっているように感じたのである。それを確認するため、私は一路、岩手県盛岡市を目指した。

もう一つの日本

ＪＲ盛岡駅から車で十五分ほどの水田地帯に国指定史跡の志波城《しわじょう》はあった。二百五十二メートルも続く高さ四・五メートルの土塀が印象的だった。江戸時代の優美な城を見慣れた目には、武骨な砦《とりで》というイメージに映った。そう、米国の騎兵隊の拠点として西部劇に登場するあの砦である。

「現在、復元されているのは南壁の一部だけですが、約千二百年前には土塀が八百四十メートル四方を囲んでいたそうです。なかからは、行政や儀式を執り行った政庁や兵舎の跡が見つかっています。一種の城塞都市だったのでしょう」と、女性ボランティアガイドが説明してくれた。

志波城が建設されたのは、平安時代に入ってまもない八〇三年のこと。当時、京都へ都を移したばかりの朝廷は領土拡大に血道を上げ、その標的に選ばれたのが、緑豊かで肥沃な大地が広がるニューフロンティア、東北地方だった。

しかし、中央政府による強引なまでの開拓は、行く先々で先住民の激しい抵抗に遭い、ときには武力衝突にまで発展した。その際、朝廷側の政治・軍事上の拠点となったのが、志波城のような強固な城柵だった。城柵は全国の土地と人々を直接支配して税を納めさせる——という中央集権体制（律令制度）のシンボルであり、それを実現するための出先機関であった。

最初の城柵建設はというと、律令制度が始まった直後の六四七年の渟足柵《ぬたりのさく》（新潟県）にさかのぼる。その後、城柵は開拓の進展とともにじりじり北上し、先住民を吸収または同化しながら、百五十年以上かかって現在の岩手県までたどり着く。

こうして東北地方に築かれた城柵は二十二カ所。その最北端が岩手県の志波城と秋田県の秋田城で、両城柵を東西に結ぶラインこそが、古代日本政府の最大進出範囲、つまり「日本国」の北限というわけだった。

では、志波城と秋田城の北にはどんな世界が広がっていたのか……。

それは、縄文人の血を受け継ぐ蝦夷が、北国の自然に適応したしなやかな生活を維持し、氏族ごとに群雄割拠する大地でもあった。律令制度に最後まで抵抗し、西日本が主導する「日本国」に属することを拒否した「もうひとつの日本」である。

残念ながら、まつろわぬ民・蝦夷は歴史上の敗者として長い間、日本史の片隅に押しやられてきた。定義すらあいまいなままに放置されてきたが、近年では「古代日本の国家形成にあたり、北日本または東日本でその支配に抵抗していた人々」と解釈されるようになった。朝廷という名の渡来系の「弥生系勢力」に対抗し続けた、列島先住の「縄文系勢力」と、とらえればわかりやすいだろうか。

朝廷が東北地方に城柵を築くことで、順次吸収していった先住民もすべて蝦夷だった。彼らは朝廷によって蝦夷の衣を脱ぎ捨て、「日本民族」の一員になることを強要され、やがて律令制度のなかに埋没していったのである。

しかしながら、盛岡—秋田以北の列島最北の地には、ついぞ城柵が築かれることはなく、この北東北の蝦夷は「日本民族」に組み入れられることがなかったのである。

北東北が中央集権の及ばない「もうひとつの日本」であり続けた理由。その大いなる疑問に対して、福島大学教授の工藤雅樹《くどうまさき》（考古学）は取材先で次のように答えてくれた。工藤は「蝦夷三部作」の執筆で知られる蝦夷研究の第一人者である。

「それは、当時の中央政府が米が穫れない世界を支配するノウハウを持っていなかった

盛岡市にある志波城の土塀。この塀の北には、12世紀まで中央政府の政治権力が届かない「もうひとつの日本」が広がっていた。（撮影：斉藤光政）

主な古代城柵の分布

からです。水田稲作をしない蝦夷を直接支配するすべを知らなかったのです。日本の中央政府は米を租税や年貢とする支配体制にこだわり続けてきましたから。それが、盛岡と秋田を結ぶラインで『日本国』の進出が止まった理由です」

古代日本の朝廷は、国づくりの手本をお隣の中国に求めた。農業を基盤とする統治システムである律令制度もその一つだったが、この制度は狩猟と雑穀栽培に比重を置く蝦夷に対して有効ではなかった。

「北東北、なかでも青森は中央とはまったく異なるもうひとつの文化と歴史を持っていたということです。平安初期に入ると、朝廷が大軍を派遣して蝦夷と戦い、直轄支配地を拡大するという積極的な政策を放棄したことも要因の一つではないでしょうか」

北東北の地に「もうひとつの日本」が蝦夷とともに存在し続けた理由について、東北芸術工科大学教授の赤坂憲雄《あかさかのりお》（民俗学）が山形市にある研究室でさらに語ってくれた。赤坂は東北の視点から民俗、考古、人類、民族学を総合的に考える「東北学」の提唱者でもある。

「縄文人の末裔である蝦夷が生活の土台にしたのは雑穀のヒエです。三内丸山遺跡からは栽培の可能性が高いヒエが見つかっています。青森にはヒエの文化が近世まで脈々と息づいていたことを忘れてはいけません」

列島最北端の青森に広がっていた蝦夷とヒエ中心の社会に、水田稲作という「日本化」の波が押し寄せ、完全に「日本民族」に組み入れられるのは十二世紀末の鎌倉時代のことだ。南から怒濤《どとう》のごとく押し寄せる武家政権によって、最北の蝦夷は自分たちの風土と習慣に合わない南方系の作物である米を作ることを強いられ、ひいては「日本民族」になることを求められたのである。

赤坂いわく、縄文の血を引く北の民はついに「稲の王権に屈した」のである。それはわずか八百年前のことだ。

そんな、蝦夷から縄文人にまでさかのぼる独特の北の歴史と風土が、外三郡誌を生んだ背景にはあった。これを踏まえなければ、外三郡誌の根底に流れる、中央への怨念にも似た複雑な感情を理解することはできなかった。

怨念とコンプレックスの狭間《はざま》で

稲の王権に屈し八百年がすぎた今でもなお、北日本の人間には「征服された」という被害者意識が根強く残っている。

そう言うと、東北以外の人間は笑うかもしれないが、隠しようのない事実だ。日本有数の火祭りである青森ねぶた祭も、そのルーツは朝廷と征服された蝦夷の対決物語にある。中央政府のお膝元にあり続けた西日本の人間にはわかりづらい複雑な感情といえる。

例えば、こんな投書がいまだに北の地から中央の雑誌に寄せられることでもよくわかる。タイトルは「北海道・東北は日本から独立を」。投稿者は札幌市《さっぽろし》の男性である。

地方分権論が盛んだ。これは結構なことだが、霞《かすみ》が関《せき》の官僚どもには地方分権も行政改革も眼中にないだろう。大蔵官僚を頂点とする官僚機構の権力の源泉は徴収した税とその配分にある。地方分権を行えば、自らの取り分が減り中央官僚の権限の低下につながるからだ。いつまでたっても、地方分権や行革が進まないのなら北海道や東北六県はいっそ日本から独立してはどうか。歴史を振り返ると、北海道は元々アイヌの土地であり皇室とは何のかかわりもない。(略)東北地方はといえば、大和朝廷成立以降は常に征服・搾取の対象でしかない。(略)蝦夷征伐、前九年・後三年の役、近代では奥羽越列藩同盟として朝廷の征伐の対象となり、明治政権下では良質な兵力の供給地として利用され、今また中央から核燃料の廃棄物を押しつけられている。(略)これは大和朝廷のくびきから離脱する絶好のチャンスであり、縄文時代以来再び東北人が文明の主導権を握ることになる。

(『噂《うわさ》の真相』一九九九年四月号)

いささか先鋭的な感が否めないものの、この種の話題は青森では珍しいことではなく、酒席でも冗談半分によく飛び出す。ことに三内丸山遺跡が全国的な注目を浴びるようになってから、よけい顕著になってきたような気がする。「昔は日本の中心地だったのに今は……」という単純なうらみ節だった。

「そうした青森県人、そして東北人の歴史的なコンプレックスにつけ込んだのが外三郡誌なんです」と分析するのは、偽史研究家の原田実。「過大なストレスにさらされる現代人は、行き場のない鬱屈を社会への怨念にすり替えがちです。そうした現代社会に蔓《まん》延《えん》する行き場のない怨念を吸収したのが外三郡誌で、それこそがあやしいと危険視されながらも、人気を得ていった秘密なのでしょう」

地元・東北人の視点から「素晴らしい自然と歴史を大和朝廷の侵略によって台無しにされたという論理は東北人の心情に入り込みやすい」と語るのは、仙台市にある聖和学園短期大学教授の千坂嵃峰《ちさかげんぽう》。

中国文学が専門で、臨済宗の僧侶でもある千坂は「北上川流域の歴史と文化を考える会」の会長として、外三郡誌が東北各地の歴史に及ぼす危険性について指摘してきた人物だった。

「人間の感情で誇りとうらみは表裏一体のものです。誇りは人間にとって大事なものですが、あまりにもそれを意識しすぎると、冷静さや客観性を欠き、ほかを蔑視しやすくなります。そのような時に周りが自分を評価してくれないと〝なんで自分の素晴らしいところを理解してくれないのだ〟と怨念を抱くようになります。このような人は、やがて自分を理解してくれないものに対して、攻撃的な行動を取るようになるものです。私自身は外三郡誌の作者を和田さんだと考えていますが、和田さんとその支援者たちは、東北の素晴らしさを多くの人が理解してくれないことに憤慨する〝郷土愛に燃える人々〟の心に、狙いすましたように取り入っています。素朴な怒りが怨念という強い憎悪に変わることを期待しているのです。怨念を持った人は、同志の言葉しか受けつけなくなるからです。このような人々が多くなれば、本も売れるし、講演でもかせげるという仕組みです」

民俗学者の谷川健一はこうも言っていた。

東北は長い間、中央の差別史観の下に置かれていた。蝦夷を人倫を知らぬ獣ときめつけ、明治維新の際には朝廷に弓を引いた朝敵として扱い、烙印を押されたのが東北であった。東北の人々は辺境にあって蔑視に耐え、自分たちを鼓舞激励する書物の出現を待望してきた。

そこで、東北の名誉と誇りを回復したいと願う人々にとって、『東日流外三郡誌』の出現は、旱天《かんてん》の慈雨のごときものであったことは、充分に推察できる。この本によって東北の主体性を確立することができると感奮した人々があったとしても、彼らの錯誤を笑う気にはなれない。そうした東北人の心情をたくみに利用して、次から次に偽書を流布して人々を手玉にとった悪徳の行為を許すことはできないが、それに踊らされた善人たちについては、一片の同情を禁じ得ない。

（「序」『だまされるな東北人』本の森、一九九八年）

東北人の怨念とコンプレックスこそが外三郡誌を生み出した土壌であり、「戦後最大の偽書」に育て上げた肥料である、と彼らは異口同音に告げていた。直木賞作家で、歴史作品が多い中村彰彦《なかむらあきひこ》も見方は同じだが、さらに体験的でかつ具体的である。

このような偽書が津軽地方でもてはやされてしまった背景は、私には分らないでもありません。私は栃木県の片田舎に生まれ、茨城県、愛知県、千葉県などに転居して、大学生活は宮城県仙台市で送りました。そこで痛感したのは、東北各県から来た学生たちの奇怪なまでの郷土愛と、それと裏腹な関係にある郷土コンプレックスでした。このコンプレックスについては、〝東北弁をからかわれて自殺した青年はいるが、関西弁をからかわれて同じ途《みち》を選んだ者がいるとは聞いたことがない。〟といえば、ほぼお分かりいただけるでしょう。

そのようなコンプレックスを負っているのは傷ましいことですが、逆にこの人たちには大変なプライドがあります。（略）そのような閉鎖性とコンプレックスの満ちた風土に、実はこの地に〈津軽王国〉があったのだ、という説を立てる者が出現したら、それだけで舞い上がってしまい、盲目的に信じてしまう、というよりも信じたいからこそ信じてしまう人々が出てくることは想像に難くありません。『東日流外三郡誌』の〈発見者〉、実は偽書製作者である和田某が、地域的コンプレックスを有する地方公共団体その他をうまく巻き込むことに成功した背景には、以上のような風土性が感じられてなりません。（「これはインチキだ」『季刊邪馬台国』五十二号、一九九三年）

外三郡誌という古文書の神秘性を間接的に演出する舞台装置の存在も見逃せなかった。それは、三内丸山や亀ケ岡に代表される国内トップレベルの縄文遺跡群であり、日本三大霊場の一つである恐山《おそれざん》（むつ市）であり、黄泉《よみ》と現世を結ぶイタコであり、哀調を帯びた津軽三味線……といった青森ならではのアイテムである。これら本州最北端の風土、風物から醸し出されるのは「青森から何が出てもおかしくない」という不思議な空気だった。

岩手県一関市《いちのせきし》に住む千坂と同様、東北人の立場から外三郡誌の偽書性を追及してきた古代史研究家の齋藤隆一は語る。

「寂寥《せきりよう》と古代文化、歴史的な後進性と巨大遺跡、そんなアンバランスの妙ともいうべきものが色濃く残っているのが青森なんです。それが〝何が出てきても不思議ではない〟といった感覚からさらに一歩踏み込んで、〝何かが出てくるのではないか〟という期待感を抱かせる独特の土壌を形成するのです。つまり、受け入れる側の期待感と偽作者側のコンプレックスという、偽書が出現しやすい素地が青森に十分あったと言うことです」

また、ノンフィクションライターの藤原明は、あやしげな伝承や偽書が東北に生まれやすい要因を「中央の人間が東北に抱く憧憬」とそこから生まれる「幻想」に求める。

八百年もの長きにわたって、東北人の心の底に静かに降り積もった怨念、そしてコンプレックス。中村彰彦は外三郡誌問題は二〇〇〇年十一月に発覚することになる考古学上の大スキャンダルと同じ体臭を持つと指摘する。

スキャンダルとは東北旧石器文化研究所（宮城県多賀城市《たがじょうし》）の藤村新一《ふじむらしんいち》・前副理事長が自作自演した旧石器遺跡の捏造、いわゆる神の手《ゴッドハンド》事件である。

「（二つの事件の背景に）偽史を産み落とす厄介なローカリズムの存在を感じずにはいられない」とは中村の弁。

かつて、青森の大地にのびのびと生きていた蝦夷に私はぜひ聞きたかった。外三郡誌をどう思うか、本当におまえたちの心を代弁しているのか、と。

黙殺と一人歩き

「外三郡誌をめぐって真偽論争が激しく展開されていることは知っています。新聞や雑誌に盛んに取り上げられてますからね。これまで、なぜわれわれが外三郡誌問題に取り組んでこなかったのか？　その答えは簡単です。学問として取り組むに値しないものだったからです。研究者にとって、外三郡誌とはそんなレベルのしろものなのです」

日本中世史を専門とする研究者が言った。

偽書問題を取材していて、いつも私の頭のどこかから離れないしこりのようなものがあったが、それは、列島の片隅から生まれた外三郡誌という文書の繁殖を、なぜ食い止めることができなかったのか、という疑問だった。

この研究者は、そんな私の問いに答えてくれた。だが、彼の言葉はストンと胸には下りてこなかった。なぜなら、警察官が犯罪を阻止するように、研究者にも学問上のトラブルを未然に防ぐ使命があるのではないか、ことに税金で運営されている公立機関の研究者は、とかねてから考えていたからである。

小学校から大学をとおして、決して優秀な生徒とは言えなかった私には、専門的な高等教育を受けた大学教育者に対する単純なあこがれのようなものがある。難問をなんでも解決してくれる博士は、ある意味で社会の良識と正義を象徴する存在でもあった。だから、戦前に『竹内文献』の偽書性を完膚なきまでに暴いた狩野亨吉は正義のヒーローのようにも見えた。しかし残念なことに、外三郡誌問題に限っては、産能大学教授の安本らが声を上げるまで第二の狩野亨吉は現れなかった。ことに、この青森では。それがなにか寂しい気がした。

そんな地元研究者の声を代弁するように、元弘前大学助教授で法政大学教授の小口雅《おぐちまさ》史《し》（日本中世史）が「『東日流外三郡誌』をどうあつかうべきか」と題する一文を『季刊邪馬台国』五十二号に寄せていた。長いが、研究者の外三郡誌に対するスタンスがよくわかる文章なので紹介する。

> 一見してこの本（外三郡誌：筆者注）が、いわゆる超古代史ものに属する、偽書のたぐいであるように思えた。（略）当然、学界でも本書は話題になることもなく、多くの学者が集まる学会後の懇親会のような酒の席ですら、つまみ代りの話になることも稀《まれ》であった。弘前大学が編集・執筆に深く関わった歴史書でも、もちろんそれをわざわざ取り上げることはほとんどなかったし、肯定的に引用することなど全くなかったのである。
>
> もっとも地元の一部でこの書がもてはやされていたことは否定できない。地元紙の

投書欄には、なぜ弘前大学国史学研究室が、この書を本格的に取り上げないのかという批判すら載ったこともあった。しかし私たち研究者は、人の一生という、限られた時間の中で研究生活を送っている。研究に取り組まなければいけないこと、明らかにしなければいけないことは非常に多い。

そのさい、研究して史料としての利用価値があると判断されるものならば、もちろん、時間を割いて研究し、おおいに学問の進展に寄与させる必要がある。しかしわざわざそれを否定するために研究することは、およそ時間の無駄でしかない。この手のものは黙殺するのが学界の常識であるし、自分たちの研究で一度もそれを史料として利用しないことが、学者としての立場の表明になっているのである。

率直でわかりやすい文章は、読む者に共感すら抱かせる。このなかで小口は明確に語っている。「黙殺こそが学界の常識」だと。この項の冒頭で紹介した研究者とほぼ同じ見解だった。

「わざわざ取り上げるほどのものでもない」。小口と同じようなニュアンスを、奥州平泉の藤原氏や安東氏など東北中世史の研究で知られる齊藤利男《さいとうとしお》（弘前大学教授）からも聞いていた。齊藤は所狭しと専門書が積み上げられた研究室でこう語る。

「外三郡誌の偽書性を初めて出版物で指摘した松田弘洲さんが言ってましたが、外三郡誌を読んでいると、だらだらと同じことが繰り返されて読む気がしなくなるんですよ。市浦村史資料編として出た当初は、高名な研究者でさえ、〝それなりに史料として使える部分がある〟と言ってたので、とりあえず一部だけ買って読んだんですが、最初の数ページで嫌になりました。講談本といったところですよ。そして思ったのは、なんでこんなのに簡単に引っかかっちゃうんだろうと。それが率直な思いです」

齊藤教授が部会長を務める『青森県史中世編』（計四巻）は二〇〇五年に刊行された。しかし、そのなかに外三郡誌の記述は一行たりとも登場しなかった。「その理由は？」と問うと、齊藤教授はにこやかに笑って答えた。

「触れるに値しないからです」

ターゲットはインテリ

しかし、こうして学界から黙殺されたはずの外三郡誌は、アカデミズムと接触する機会がほとんどなく、専門知識を身につけていない無防備な一般市民の間に静かに広がっていった。そして、東北各地でさまざまなトラブルを引き起こした。

背景には市浦村役場という公共機関が『村史資料編』として発行したことによる安心感や、「古代史のロマン」と銘打って繰り返し特集を組むテレビや雑誌、新聞などマスメディアの影響力があったことは否めない。

また、夢野久作《ゆめのきゅうさく》や横溝正史《よこみぞせいし》といった幻想小説家がもてはやされ、『ムー』や『トワイライトゾーン』などの超科学・超古代史雑誌が売り上げを伸ばしたオカルトブームとでも言うべき現象があった。

一方で、そのオカルトブームのなかで産声を上げた新興宗教、特にオウム真理教は積極的に外三郡誌などの古史古伝を教義に取り入れ、信者獲得につなげていった。そうした根強い古史古伝人気の背景にあるものを、作家の日高恒太朗《ひだかこうたろう》は次のように分析する。

「裏返しの〝選民思想〟、あるいは貴種《きしゅ》流離譚《りゅうりたん》も彷彿させるこうした物語は、庶民の潜在意識を揺り動かす何かがあるらしい」

その結果、外三郡誌は「超古代史ものに属する偽書のたぐい」（小口雅史）と称されながらも、勝手に一人歩きし、拡大再生産され、気づいた時には「内容はともかく量的には史上最大の偽書」（安本美典）にまで成長していた経緯があった。

原田実は言う。

「黙殺する側にも言い分があることはわかります。でも、あえて言いたいのです。学者仲間だけで通じる〝常識〟に基づいて沈黙されたらたまらないと。大学の教員はほかの一般の職業より、経済的にも時間的にも優遇を受けています。それは社会に対して、研究成果を還元する義務を負わされているからではないでしょうか。世間の目からは、沈黙そのものが、ある種の〝責任回避〟と受け取られかねません。外三郡誌のようなトンデモ説の拡大に対して学界がイエローカードを出すことは、学界の後進や同僚はもちろん、一般の人々がその罠《わな》にはまることを未然に防ぐことにもつながると思います。トンデモ説の主唱者と支援者たちが学界の説得を受け入れることはないにしても、それほど汚染の進んでいない人たちにその誤りを警告する役に立つはずです」

原田には八幡書店勤務を経て、昭和薬科大学文化史研究室の助手という職歴があった。そう、短いとはいえ古田の片腕として、はたまた大学職員として、外三郡誌研究に打ち込んだ期間があったのだ。しかし、外三郡誌を調べれば調べるほど「資料価値についての疑問が次第に膨らんで」いき、最終的にどうしても偽書という思いをぬぐうことができず上司の古田と対立、やがて袂をわかつ結果となる。

「学校では教えてくれないもう一つの歴史の存在に、少年時代の私はたちまち夢中になった」と古史古伝への思いを率直に告白する原田は、かつてオカルトのビリーバーでもあったという。そうした自らの偽史体験を次のように語る。

私は１９８４年春から87年秋にかけて八幡書店に勤めていた。当時の私の主な仕事は『ムー』（発行は学習研究者：著者注）に掲載する記事および広告を作成することだった。実を言うと、入社当時の私は偽史やオカルトに対してビリーバーに近いスタンスだった。それが、実際にオカルト業界に身を置き、オカルト雑誌の作成現場に関わったり、偽書や奇説をめぐる裏話に触れたりするうちに、その業界がはらむ胡散臭《うさんくさ》さや危険性というものと向き合うことを余儀なくされていった。その経験が現在の私の基礎を作ったのかも知れない。今はそのことを素直に感謝するとしよう。

（『偽史列伝番外編』一九九六年）

外三郡誌で痛い目に遭ったはずの市浦村役場が、当事者としての責任を放棄し、その後の論争に耳をふさぎ続けたことも被害者拡大につながったと言えなくはない。

そうした村の無責任なスタンスに対して、「果たして、そのように封印し去ることが本当に良いのかどうか、いささかの疑問を感じるところだ」と語るのは東京大学大学院教授の末木文美士（仏教学）だ。末木は仏教史の観点から外三郡誌の領域に踏み込んだ一人である。「『外三郡誌』が偽書であることはほぼ確定した」とする末木は、真書説の中心メンバーである古田が社会に与えた影響の大きさをこう指摘する。

もし頑強に真書説を唱え続けた古田武彦がいなければ、一時的にブームになったとしても、こうした疑問が続出すれば、次第に世間が背を向けるようになり、うやむやのうちに見捨てられ、せいぜい超古代史論者たちの話の種で終ったであろう。それがそうならなかったのは、古田が真書説を曲げなかったためである。

（「偽史の東北」『東北仏教の世界』）

ちなみに、古田の外三郡誌研究（主に『真実の東北王朝』一九九〇年）について、末木の評価は「アマチュアの研究者であっても、当然踏まなければならない初歩的な史料の検討がなされておらず、研究書と呼ぶにはあまりにもお粗末なもの」と手厳しい。

古代史ゴロ

その末木以上に古田に手厳しかったのは、『成吉思汗《ジンギスカン》の秘密』『古代天皇の秘密』など神津恭介《かみづきようすけ》シリーズで名高い、推理小説家の高木彬光《たかぎあきみつ》である。

高木によると、『邪馬台国の秘密』出版後の一九七五年、古田から同書がらみで「学説盗用」の指摘を受け「わび状を書け」と迫られたというのだ。複雑な経緯があるが、高木に言わせると「やくざ的な恫喝《どうかつ》」だったという。

同氏（古田のこと：筆者注）は、私の「邪馬台国の秘密」旧版（光文社カッパ・ノベルズ版、昭和四十九年十一月絶版）が、同氏の「『邪馬台国』はなかった」（朝日新聞社版）の「学説盗用」であると、一方的に信じこみ、偏執狂的なしつこさで、事実を歪曲《わいきょく》し、ジャーナリズムをうまく煽動《せんどう》して、独断的な主張をならべたて、公開の著作物で、私に対する「名誉毀損」を明らかにしたのである。

（『邪馬壹国《やまいちこく》の陰謀』日本文華社、一九七八年）

結果的に、高木は徹底的な反論の末、古田を「古代史ゴロ」と表現し「古代史に詐話のタネを求め、真実には眼をとざして、独断を押し売りしている学匪《がくひ》」と切って捨てる。学匪とはなかなかきつい言葉だが、それだけ激しいやりとりが二人の間で交わされたということである。以下は再び高木の言葉だが、火を噴く勢いである。

古田氏は「文章の一素人」と自称するが、詭弁にかけてはおそらく日本一流の文章家であろう。その得意とするすりかえは、まことに堂に入っている。このすりかえが「唯一の正解」の根拠というのなら、爆笑ものだ。古田氏はいさぎよく、「学者」という自称の肩書を返上し手品師、いや香具師《やし》なり詐話師にでも転向なさるがよろしかろう。

（略）私は受けて立つ。物を書く人間が、いわれのない盗用呼ばわりされた時には、たいへんな被害を受けるはずなのだし、そういう場合にはどうすべきかということに対して、一つの実例を残すのも意義のあることだろう。（略）そして、その場合、古田氏の学者的生命は完全に終りを告げるだろう。（同）

ちなみに、高木は青森県出身。どうやら、古田は青森と因縁浅からぬものがあったということか。

古田とやり合った作家には、浅見光彦シリーズで知られる内田康夫もいる。内田は、青森県内でニセの古文書をめぐって殺人事件が起きるという内容の『十三の冥府』を二〇〇四年に刊行。この小説に登場するニセ古文書の名前が外三郡誌を連想させる「都賀留三郡史」だった。

これに古田は「わたしはハッキリと、『〈東日流外三郡誌〉は偽作ではない』と考えています。一瞬でも、『偽作である』と考えたことはありません」とかみつく。しかし、肝心の文句を言う相手は内田ではなく、小説の主人公・浅見であるのがみそで、反論文のタイトルは『浅見光彦氏への〝レター〟』（『新・古代学第8集』新泉社、二〇〇五年）。かつて高木とやり合った際、高木作品の主人公である神津恭介あてに反論を書いたことがあったので前例に従ったわけだ。

当然のごとく、内田は返事を書くわけがないのだが、アンサーというべきものを『十三の冥府』文庫版に自作解説として載せる。

平成十三年の秋、津軽の「十三湊」を取材することになった。（略）その取材旅行とあい前後するタイミングで、『東日流外三郡誌』という奇書と出会った。市浦村史の「資料本」という形で出版されていたのだが、これがまったくの「偽書」であることがおいおい分かってきた。世の中には「偽書」というものがある。一般の人々にはあまり関係のないところで、これまで事実とされてきた歴史的な出来事を、根底から覆すような証拠資料が「発見」されたといって、学界などで騒がれる。しかし、よく調べてみると、捏造されたインチキであることが暴露されるというものだ。その典型的な例が『東日流外三郡誌』だった。（『十三の冥府』下、文春文庫、二〇〇七年）

バッサリである。

このように歴史専門家や作家たちから辟易《へきえき》され、市浦村から放置されている間に、一般市民に狙いを定め突っ走っていった外三郡誌。〝汚染された人々〟のなかには、一般市民でも読書好きな、いわゆるインテリ層が目立つのが特徴でもある。

なぜ、インテリがはまるのか？　原田は分析する。

「自分の情報収集能力や知的能力に自信のある人ほど、初めて聞く話や、考えもしなかったような話が出てくる本を過大評価してしまう傾向があるんですね。その話が専門家や好事家たちの間ではすでに知られていることだということには気づかないんです。こうしたインテリの傲慢さと無知への鈍感さにつけ込むことに成功し、過大な評価を得ることになったのが外三郡誌の実態なのだと思います。つまり〝常識的に考えて偽作のはずがない〟と考える常識的なインテリほど簡単に罠にはまり、カモにされるというわけです。

外三郡誌に関心を抱いたインテリの多くは、刊行された外三郡誌そのものを読んでいません。彼らが目にし、手に取るのは外三郡誌を体系的に整理したうえで面白い個所ばかりを膨らませ、時には創作した話までつけ加えた二次史料。つまり、推理小説やSF、コミック、テレビ番組といった類いのものです。実物の外三郡誌に直接触れていないので、いかにずさんで中身がないかということを知らないわけです。しかし、障子紙に筆ペンで書かれただけの安易な文書がひとたび活字となり、本として刊行されると、〝筆者〟の実体からはるかに離れて偶像化されてしまいます。こうして外三郡誌の一人歩きはさらに加速するわけです」

「外三郡誌のファンには勉強家が多いという特徴もあります。そのなかには〝『日本書紀』や『古事記』ではあいまいで謎だらけの内容が、外三郡誌ではつじつまが合ってよくわかる、だから外三郡誌は正しいと思う〟と言う人たちがいますが、それは逆なんです。評論家で偽史研究などで知られる長山靖生《ながやまやすお》さんが言っているように、つじつまが合うのは、外三郡誌が現代的な解釈に合わせて史料を捏造しているからにほかならないんです。悲しいことに、そういう肝心な点にマニアは気づかないんですね」

うわさには尾ひれがつく。数え切れないほどの尾ひれがついたことで、インテリという海の中を自在に泳ぐことができた〝幻の大魚〟こそが外三郡誌の正体というわけだった。そして、その大魚を大魚たらしめていた一人が、古田という全国ブランドだったというわけだ。

第十七章　ニセ化石

安倍頼時の遺骨はクジラ？

「ピルトダウンのニセ化石」という歴史捏造事件をご存じだろうか。

話は一九一二年の英国にさかのぼる。当時、サセックス州のピルトダウンという田舎町にチャールズ・ドーソンという男がいた。ある日突然、彼は原人の頭骨が発掘されたと言い出し、一躍時の人となった。

彼が〝発見〟した原人の化石頭骨は「ピルトダウン人」と名づけられ、専門家にも認められる。その結果、世界中の教科書に二十世紀初頭の人類学的大発見として紹介され、日本でも「曙《あけぼの》原人《げんじん》」の名で広まり、年表にも記載された。

ところが、である。〝発見〟から約四十年後の一九五三年、この有名なピルトダウン人がニセ化石であることが証明されたからもう大変。人類学の専門家らが詳細に調べたところ、すでに知られていた化石人骨に、オランウータンの下あごを組み合わせてこしらえたフェイクであることがわかったのだ。

やっぱりと言うべきか、犯人は第一発見者のドーソン。金銭欲と名声欲からの犯行で、第一発見者が捏造当事者という構図が何かに似ていた。二〇〇〇年に列島を震撼させた旧石器捏造事件である。東北を発生地としたこの事件は、ピルトダウンニセ化石事件の再現とさえいえた。

〝発見者〟による出土物の捏造はもちろんのこと、その道の専門家が長い間だまされたこと、〝発見〟が専門家によって権威づけられ、歴史教科書にまで載ったこと……などなど、事件の経緯がそっくりだった。

旧石器捏造事件から二年前の一九九八年七月、ピルトダウン事件と比較するのがかわいそうなほどお粗末なニセ化石事件が、岩手県南部の衣川村《ころもがわむら》で起きた。

前九年の役で源頼義に敗れ、鳥海柵《とのみのさく》（岩手県金《かね》ケ《が》崎町《さきちょう》）で討ち死に（一〇五七年）したとされる蝦夷の首長、安倍頼時《よりとき》。かの平安時代の英雄の遺骨と称するものを調べてみたら、なんとクジラの骨だった、というのである。

当事者たちにしたら、笑うに笑えないこの不思議な出来事には、またもや外三郡誌で聖地とされる青森県五所川原市の石塔山荒覇吐神社と、和田本人が深くかかわっていた。

真偽論争の本格化以降、外三郡誌をめぐってはバラエティーに富んださまざまな問題が次から次へと持ち上がっては、世間の耳目を集めていたが、この衣川村の「安倍頼時のニセ遺骨事件」はそれを締めくくるにふさわしい最後のお騒がせ事件といえた。

事件の発端は、頼時の直系の子孫とされる安倍義雄（東京都府中市）の思いがけない発見からだった。シンクタンクの代表を務める安倍と私は、外三郡誌取材を通して前年に知り合っていた。

「もう、頭にきました。先祖が侮辱されたようで腹わたが煮えくり返る思いです。衣川村をたまたま通りかかって、『安倍氏一族の墓苑《ぼえん》』という看板を目にした時からおかしいなとは思っていたんですが。こういうのを歴史の歪曲、改竄と言うのではないでしょうか。一種の犯罪行為ですよ。名誉毀損です。わが先祖である頼時の骨をネタに、善意の人たちをだましたことは絶対に許せません」

早口で一気に語る安倍は怒り心頭といった様子で、「先祖をオモチャにされた気分だ」とも。生一本な性分からして、当分怒りは収まらないなと思った。

安倍によると、「安倍氏一族の墓苑」に気づいたのは一九九三年のことだった。平泉《ひらいずみ》町《ちょう》の中尊寺を訪ねたついでに足を延ばしたところ、「頼時の墓」と称する史跡があるのに驚き、唖然《あぜん》としたという。

「金ケ崎で死んだはずの頼時の墓がなぜ、こんなところに……」

それから、彼の孤独な戦いが始まった。衣川村教育委員会など関係方面を訪ね歩いて調べ上げた結果、この頼時の墓について明らかになったのは、①五所川原の和田という人物が「墓苑」の創設にかかわり、②頼時の骨とされるものを石塔山荒覇吐神社から「分骨した」こと。そして、③「墓苑」には一千万円以上の資金が投入された——という事実だった。

安倍は少年時代の一時期を弘前市で過ごし、津軽地方の地理や歴史にも詳しいつもりだった。しかし、歴史上有名なご先祖様である頼時の遺骨が五所川原市の、しかも石塔山荒覇吐などという聞いたこともない神社にあったとは初耳だった。

一関市を拠点に遺跡保存運動などに取り組む「北上川流域の歴史と文化を考える会」を知ったのはそんな時だった。会長の千坂嵃峰と連絡を取り、石塔山神社から分骨されたという頼時の遺骨を、盛岡市の岩手医科大学と岩手県立博物館に鑑定してもらうことにした。もちろん、関係者の了解を取ったうえでのことである。

その結果、判明したのが、なんと「人間の骨ではなく、古代のナガスクジラの耳周骨《ペリオテイック》の化石」という驚くべき事実だった。安倍と千坂にとっては、うすうす予想していた結果ではあったものの、よりによってクジラの骨とは……。落胆より怒りのほうが大きかった。

〝汚染〟された衣川村

事の次第を安倍から聞いた私は、すぐさま情報収集に動き出した。わかったのは、墓苑はもともと「安倍一族の鎮魂碑」として一九九二年に整備されたが、遺骨が石塔山神社から分骨されたことによって墓へと格上げされ、いつしか「安倍氏一族の墓苑」という看板まで立つようになったという不思議ないきさつだった。すべてが観光効果を狙った結果だった。

鎮魂碑を建立したのは、一関市在住の郷土史家・千葉米吉らが中心になって組織する「郷土の英雄建碑協賛会」で、三百六十平方メートルに及ぶ敷地は村役場所有だった。資金は約一千二百万円。鎮魂碑の目玉が「頼時の遺骨」であることから、除幕式当日には納骨式も併せて執り行い、遺骨を鎮魂碑の裏に土盛りして納めたという。

華々しく行われたこの納骨式の模様について、地元紙は次のように伝える。

日没後は、衣川青史会（千葉政士会長）主催の納骨式。先に青森県五所川原市の石塔山荒覇吐神社から分骨された安倍頼時とされる遺骨を、鎮魂碑建立敷地内の墳墓に納めた。納骨式は荒覇吐神社に残る古文書を基に、当時を再現。民芸屋敷からの約五百メートルを、青史会員らが平安時代の装束などをまとって松明をともすなど、古式にのっとった葬儀行列でしめやかに行われた。

（「胆江日日新聞」一九九二年十月三十一日）

納骨式の根拠となった「荒覇吐神社に残る古文書」とは、読者がすでにご存じのように和田家文書のことで、式を執り仕切った「衣川青史会」は和田と分骨の交渉を進めた地元の歴史愛好団体だった。

「前九年の役で死んだはずの安倍頼時が石塔山に眠る」
「石塔山神社からの分骨」
「古文書を基に式を再現」
「平安時代の装束で松明をともししめやかに」
「多額の経費」

またもや、どこかで聞いたことがあるせりふばかり。記事が明らかにする納骨式の内容は、わずか二カ月前に秋田県田沢湖町の四柱神社で行われたばかりの「御神体の遷座式」と同じであった。衣川村の納骨式は田沢湖町の焼き直しにすぎなかったのである。

悲しいことに、衣川村の人々もすっかり和田家文書に汚染されていたのだ。「和田家文書を正当化するために、四柱神社と同様にありもしない頼時の話を仕立て上げ、権威

安倍義雄が岩手県衣川村で目にした「安倍氏一族の墓苑」。（撮影：安倍義雄 1998年6月）

「安倍氏一族の墓苑」から掘り起こされた骨つぼ。中に入っていた「頼時の遺骨」は、その後の鑑定でクジラの化石であることが判明した。（撮影：安倍義雄 1998年6月）

づけを狙ったのでしょう」とは千坂の分析である。

「頼時の遺骨はクジラの化石だったそうですよ、どう思いますか」

私は鎮魂碑建立の責任者だった千葉米吉のインタビューに踏み切った。千葉はとまどいと動揺を隠せなかった。

「鎮魂碑は安倍一族をたたえようという考えから生まれた話なんです。ですから、場所も頼時ゆかりの地にしようと頼時の孫にあたる藤原清衡《ふじわらのきよひら》建立の九輪塔史跡近くにしたんですが……。もともとこの話は衣川村役場から持ち込まれた話。五所川原の石塔山荒覇吐神社が頼時の骨を分骨し、寄付してくれると聞いたので引き受けたんです。神社のインチキだったのでしょうか。鑑定結果を聞いてから、遺骨を納めていた土盛りは撤去しました」

困惑顔なのは土地を貸し出し、観光地として協賛する衣川村役場も同様だった。

「クジラの骨とは初めて聞きました。頼時の骨でしかも昭和薬科大学の古田先生の鑑定済みだと聞いていたのですが……。村としては、実行委員会とともに石塔山荒覇吐神社まで出向き、分骨に立ち会いました。土地は鎮魂碑の趣旨に賛同したのでお貸しした次第です。この件についての感想ですか？　特別にコメントはありません」

なんとも歯切れの悪い回答が公共機関としての苦悩の深さをうかがわせていたが、潔く非を認めた田沢湖町役場とは対照的で無責任な態度ともいえた。これは記事にするしかないな、と私は心に決めた。

記事は社会面トップを飾った。

「『鎮魂碑』（岩手）の安倍頼時〝遺骨〟／五所川原の神社、6年前に分骨／クジラの骨だった／『歴史改ざん』憤慨する子孫」

六年前、五所川原市の神社から岩手県衣川村の「安倍一族の鎮魂碑」に鳴り物入りで分骨された平安中期の豪族、安倍頼時（？—一〇五七年）＝前九年の役で陸奥守の源頼義に敗れ戦死＝の遺骨。ところが、この存在を不審に思った安倍氏の子孫の安倍義雄さん（六一）＝東京都府中市、シンクタンク代表＝と聖和学園短大教授の千坂嵃峰さん＝一関市在住、北上川流域の歴史と文化を考える会＝が、遺骨を鑑定にかけたところ、クジラの化石と分かった。義雄さんは「歴史を故意に改ざんした一種の犯罪行為だ。名誉毀損に当たる」と激怒。鎮魂碑に用地を貸し出し、観光地として協賛している村は「頼時の骨といわれていると聞いていたのだが」と困惑顔だ。（以下略）

（「東奥日報」一九九八年七月十九日）

使い回しのマジック

このニセ遺骨事件にも、やはり後日談がある。

古代史研究家の齋藤隆一が、クジラの化石と鑑定されたものと同じ写真をどこかで見た記憶があったのだ。齋藤は思い出した。和田の著書『知られざる東日流日下王国』(一九八七年)で「津保化族の骨片」として紹介されていたことを。

津保化族は外三郡誌に登場する津軽地方の先住民のことで、和田独特の表現だった。齋藤は『知られざる東日流日下王国』に掲載されている「津保化族の骨片」の写真を、「頼時の遺骨」の鑑定を行った岩手県立博物館に送り、結果を待った。

分析結果は案の定だった。

「〃津保化族の骨片〃は〃頼時の骨〃とされていた問題の骨と同一物だと断定できます」(大石雅之《おおいしまさゆき》主任学芸員)

齋藤がにらんだとおり、一個のクジラの化石が、ある時には頼時の遺骨に、そしてまたある時には津保化族の骨片として使い回しされていたのだ。あまりにもばかばかしい単純な手口に開いた口がふさがらなかった。

齋藤はうんざりといった口調で語る。

岩手県での和田文書による“汚染”について話し合う「北上川流域の歴史と文化を考える会」のメンバーと安倍義雄（左端）。右から二人目が会長の千坂。（撮影：斉藤光政 1997年10月）

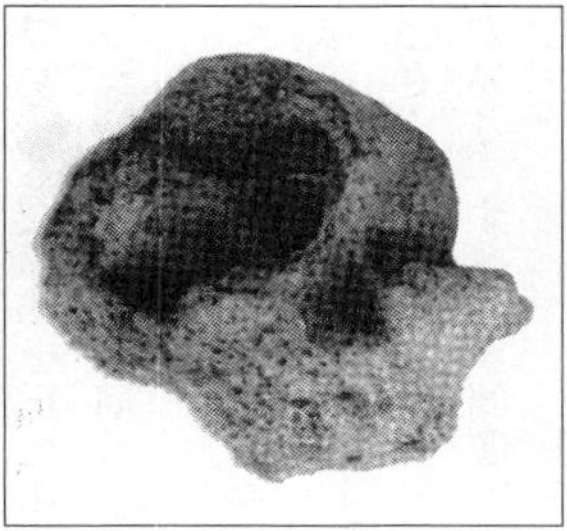

和田の著書『知られざる東日流日下王国』に登場する「津保化族の骨片」。まったく同じものであることが一目瞭然だ。

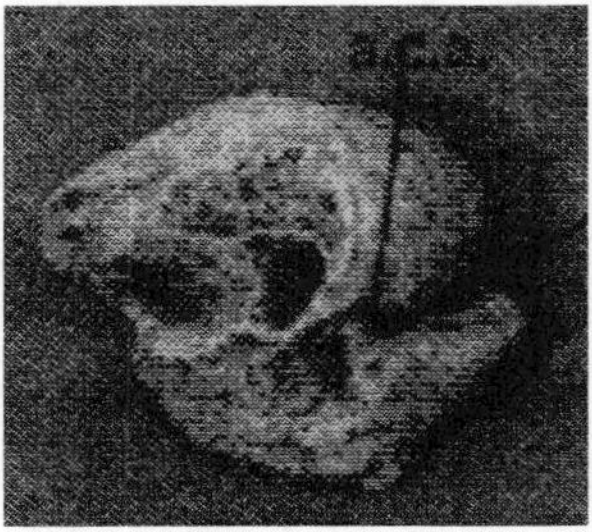

岩手県立博物館によってクジラの化石と鑑定された「頼時の遺骨」。

「頼時の遺骨も津保化族の骨片も狙いは同じです。外三郡誌を正当化し、権威づけようとしただけなのです。和田さんは手持ちのクジラの化石を使い回してもばれないと踏んだのでしょう。

考えてもみてください。鳥海柵で戦死したとされる頼時の骨が、はるか遠くの津軽にあること自体おかしいのです。頼時の骨が千年近くの時を経てもなお残っていることにも疑問を持たなければいけない。いくら、古田さんが〝鑑定〟したとはいえ、正規の鑑定書もないのに頼時の遺骨だとして受け取る安易さ。すべてが問題です。田沢湖町四柱神社と同様に歴史の捏造事件にほかなりません。

嘘は途方もなく大がかりであればあるほど、人をだましやすいということを忘れてはいけません。そんな大嘘を平気でつく人がこの世の中にいるという現実を、想像できない人たちがあまりに多すぎるのです」

齋藤の言うとおりであった。都合のいい歴史に乗っかった安易な観光開発は、社会に弊害しか残さなかった。私にとって、この「クジラの化石の使い回し騒動」もいただきだった。

「安倍頼時騒動・クジラの骨／11年前にも登場／1個を使い回し?」の見出しで署名記事にしたことは言うまでもなかった。

墓の土をやっただけ

このニセ遺骨事件は内容の奇抜さとおもしろさが手伝ってか、全国津々浦々に波及した。地元紙、中央紙はもちろんテレビもこぞって取り上げた。なんと、そのなかで和田のインタビューに唯一成功したのが、TBS系列の「おはようクジラ」という朝番組だった。

わずか五分とはいえ、全国放送の画面に和田が登場したのには驚いた。私が取材拒否に遭ってから長い年月がたっていたからだ。

石塔山神社から分骨した、ある意味で仕掛け人の和田が何と言うのか、見ものだった。和田はこざっぱりした白ワイシャツ姿で画面に現れ、石塔山神社近くの地面を指さし、「ここが頼時の墓だ」と断言した。そして、リポーターに向かってこう言い放った。

「分骨じゃないですよ。（衣川村の人たちが：筆者注）墓の土をくださいと言ってきたんです。だから、土をやったんだ。それを今ごろ騒いだって遅いんだよ」

和田はそううそぶくと、くわえていたたばこを先ほどの頼時の墓に向かって、ポイッと投げ捨てた。

そんな和田の言い分を聞いていた衣川村の佐々木秀康《ささきひでやす》村長は番組のなかで「それはな

いだろうと言いたくなる。分骨をしてもらったということだから、あえて確認しなかった」と、怒りと困惑が交錯した複雑な表情を見せた。

「墓の土をやっただけなんだ」と事件性を全面否定する和田の言い分は、四柱神社事件で「御神体が本物かどうかはわからない」と逃げを打ったせりふとよく似ていた。これでは、安倍氏一族の墓苑に千二百万円も投じた衣川村の人々の立つ瀬がなかった。全国の視聴者を前に恥をかかされたようなものだった。

ニセ遺骨事件のリポート番組の最後は、安倍義雄の厳しい言葉でしめくくられていた。安倍は和田と佐々木村長への不信感と怒りをみじんも隠そうとしなかった。

「だれもチェックしないままに（頼時の：筆者注）骨だと信じて、お祭りまで麗々しくやったという、そのへんが僕はまちがいだと思います。偽物だということで、明解にクジラの骨だとわかった時点で謝るという作業が必要だと思います。これは社会的責任だと思います」

安倍一族の末裔で蝦夷の首長の子孫でもある安倍はあくまでも誇り高かった。しかし、気高い安倍に対して頭を下げる人間はこの時点でだれもいなかった。

私の記事を受けて、東奥日報一面の名物コラム「天地人」に次のような文章が掲載された。筆者は論説委員長の和田満郎《わだみつろう》。この軽妙な一文が奇妙な騒動のすべてを物語っているような気がした。

郷土愛も行きすぎれば物笑いのタネになりかねない。エミシの俘囚長《ふしゅうちょう》・安倍頼時の「遺骨」と称して五所川原市の神社から「分骨」された骨を調べたら、なんとクジラの骨だったという話は、「真夏の怪談」ならともかく、まったく人を食っている。▼我田引水ならぬ「我田引史」というのがあるらしく、縁もゆかりもないところから、歴史上の人物の墓が出てくることが、ままある。（略）▼鳥海柵は、宮城県鳴子町という説が強いから、かりに頼時の遺骨が残っていたとしても、それが五所川原市にあること自体がマユつばものである。「そこは歴史は小説より奇なりでして」とかなんとか、言い繕う史家がいたら、もう信用してはいけない。▼庶民は「判官びいき」だ。義経がそうだし、頼時の息子・安倍貞任にも敗者への深い哀れみを込めた伝説が残っている。（略）▼むろん、伝説と史実は違う。それでも、後世に語り継がれるのは、悔恨、哀れみ、敗者への憐憫《れんびん》が胸に深く刻まれているからだろう。どこの馬の骨かと思って掘ったら、クジラの骨だった、ではシャレにもならない。近ごろ、この手の「サギ史」が多すぎる。

（一九九八年七月二十日付）

まさに、東北は「サギ史」であふれ返っていた。あきれたことに。本当に。

第十八章　寛政原本

関心寄せる中国研究者

一九九九年八月、中国東北部の内モンゴル自治区にいた。

ヒマワリ、コウリャン、ポプラの林が未舗装の道路わきにどこまでも続く。そんな林の合間から、時折、土造りの粗末な農家が恥ずかしそうに顔をのぞかせてはまた消える。車窓からの風景はそんなことの繰り返しだった。

見上げると、目にしみるようなモンゴリアンブルーの空。すべてが真夏の太陽の下でまどろんでいるようにも見えた。エアコンの利かないおんぼろマイクロバスの窓にもたれ、うとうとしていると後席から話し掛けられた。

「斉藤さん、外三郡誌問題はあれからどうなっているのですか、私も成り行きに興味があるんですよ」

流暢《りゅうちょう》な日本語の持ち主は、中国社会科学院考古研究所副所長の王巍《ワンウェイ》だった。

王とは考古学の取材を通して、彼が副研究員（助教授）だった一九九三年からのつき合いだった。王とは来日する度に一緒に国内を旅行し、いろいろ語り合う、そんな間柄だった。取材相手というよりは、気の置けない年長の友人と表現したほうがよかった。

王は日本留学の経験も豊富で、「日本考古学に最も詳しい中国人研究者」と言われていた。青森県の三内丸山遺跡にも何度か足を運び、調査責任者の岡田康博とも個人的に親しかった。三内丸山という日本列島のわくをはるかに超えた巨大遺跡に対する、王の見方は明快だった。「大陸を含めた北東アジアの視点でとらえるべき」。それに尽きた。

王はかねてから、こう考えていた。

「縄文文化は世界の孤児などではなく、北東アジア文化の流れのなかでとらえることができるだろう。ことに、円筒土器が栄えた北日本の縄文文化は、中国東北部の先史文化と一本の線でつながるのではないか」と。

岡田も王とほぼ同じ考えを持っていた。その結果生まれたのが、北日本の縄文文化のルーツを中国東北部に探ろうという発掘プロジェクトだった。東奥日報社と青森県教育委員会、青森市教育委員会が中心になって実行委員会を立ち上げ、王の所属する中国社会科学院考古研究所（北京市）をパートナーに、中国東北部の先史時代遺跡で共同研究を進めることになっていた。

日中共同研究の舞台として中国側が提示したのが、内モンゴル自治区赤峰《チーフォン》市にある興隆溝《こうりゅうこう》（中国名・シンロンコ）という名の七千五百年前の未発掘遺跡だった。周辺からは北日本の縄文文化の特徴である円筒土器や玦状《けつじょう》耳飾りと類似した遺物が大量に出土していた。日本列島北部と中国東北部の文化的関連性を考えるうえで、これ以上ない魅力的な遺跡だった。

日中共同研究のスタートは二十一世紀が幕を開ける二〇〇一年を予定していた。発掘そのものは中国側が担当し、日本側は出土物の科学的分析やGPSによる測量などハイテク分野を担当することになっていた。日本人研究者が中国東北部に本格的に入るのは戦後初めてのことだった。

王が「外三郡誌問題はどうなっているのか」と話し掛けてきたのは、この興隆溝遺跡を岡田らとともに事前踏査しての帰り道のことだった。日本の歴史学界と太いパイプを持つ王の耳には、外三郡誌の真偽論争の進展状況がリアルタイムで入っていた。そして、その問題に私がかかわっていることも十分承知していた。

私はこれ幸いと、偽書問題に対する考えを聞いてみた。王の答えは考古学について話す時と同様に簡潔だった。

中国内モンゴル自治区の興隆溝遺跡で、地元の新聞・テレビの取材を受ける王（左端）と岡田（左から二人目）。（撮影：斉藤光政 1999年8月）

台湾の専門誌『歴史』（1994年3月号）に掲載された『外三郡誌』の真偽論争。

「現代中国ではなかなか聞かないような話ですよね。私が思うのは、一般的に日本人は歴史好きだということ。経済と教育の水準が高いので、歴史に時間とお金をかける余裕があるんですね。ですから、外三郡誌論争にもプロの歴史専門家のほか、アマチュア研究家が多数参加し、それが特徴ともなっています。プロとアマチュアが同じ土俵で論争するなんて、中国ではとても考えられないことです」

言われてみれば、そのとおりだった。プロとアマが入り乱れての論争と派手な場外乱闘。それが、外三郡誌問題の特徴の一つとなっていた。かつて日本をにぎわせた邪馬台国論争と同じ現象が起きていた。「金満ニッポンの特徴なのか……」と妙に納得してしまった。

真偽論争をめぐっては、王と同じような見解を他の中国人研究者から聞いていた。中国陝西師範大学歴史文化学部の講師《せんせい》で、関西大学大学院に留学している石暁軍《シシャオチユン》だった。日中古代史を専門とする石は、外三郡誌問題について小論文を書くため、一九九三年に青森まで足を延ばしていた。

「外三郡誌問題は中国人のあなたの目にどう映りますか」という私の問いに対して、石はこう答えていた。

「経済大国日本の一つの表れでしょう。和田家文書がもし真作であれば、日本の古代史や中世史を書き直す必要が出てくると思います。しかし、私が研究する書誌学、文献学の立場からみると内容に問題があります。現時点では偽書説のほうが説得力を持っていると思います。それにしても、プロの研究者の発言が少ないのが気になりますね。もっと専門家が積極的に介入して、早期に結論を導き出すべきでしょう」

そして「中国には和田家文書をそのまま引用する歴史研究者がいます。論争の存在すら知らないのです。論争の中身を理解しないまま、史料として使うのは危険だと思うのですが……」と、海を越えて一人歩きしようとする和田家文書の危うさを指摘していた。

こうした分析をまとめた石の論文は、まもなく台湾の専門誌『歴史』（一九九四年三月号）に、五ページの特集記事として掲載された。タイトルは「日本《和田家文書》真贋之争」。

外三郡誌問題は海外研究者にとっても、無視できないものになりつつあった。

和田死す

内モンゴル自治区から帰ると、今度は米国出張の準備に追われていた。

もともと、私の専門は日米間の安全保障や防衛・基地問題で、長期連載を書くために米国内を一カ月にわたって取材旅行する予定になっていた。青森県内には三沢というアジア屈指の米軍基地があり、沖縄と並ぶ基地の県だった。

そんなこんなで、外三郡誌のことは一時頭の中になかった。外三郡誌にかかわる大きな問題が頼時のニセ遺骨騒動以来起きていないこともあった。そんな時だった。ある知らせが突然入った。

「和田さんが亡くなったみたいだ」

驚いた。

青森県内の各市町村役場から東奥日報社には毎日、亡くなった人の氏名と住所が送られてくる。東奥日報はそれをお悔やみ欄に掲載するが、遺族や親戚はもちろん関係者の便宜を図るためだ。そのリストに和田の名があったというのだ。

「一九九九年九月二十八日。七十三歳」

和田は、前年のニセ遺骨騒動で元気な姿を見せていた。それだけににわかには信じられなかった。しかし本当なら、死亡記事を書かなくてはいけなかった。著名人が亡くなった際には、死亡者の人生を紹介する記事を載せる決まりになっていたからだ。

とりあえず五所川原支局に電話し、葬儀の日程を確認してもらうことにした。だが、しばらくして返ってきた支局員の報告は意外なものだった。

「遺族が死亡記事は絶対に載せるな、と言っていました。東奥日報に掲載したら承知しないぞ、ということでした」

とまどいを隠せない支局員の言葉を聞いて、私は思った。

「そこまで、東奥日報はうらまれていたのか……」

結局、一九四九年の役小角の墓発見を皮切りに、半世紀にわたってさまざまな話題を振りまき、トラブルを引き起こしてきた和田の死亡記事は東奥日報に載ることはなかった。

その夜、私はなかなか寝つけないでいた。心のなかにポッカリ空洞が開いたような気さえした。関係者から、和田の死因は「病死」と聞いていたが、その詳細や経緯がわからなかったせいでもある。

かねてから私は、和田に対してある思いを持っていた。彼をよく知る人間から「それは妄想だよ」と一笑に付されていたが、私のなかでは確信にも似たものだった。

それは、「外三郡誌とあなたのことをすべて話してくれないか」と、率直に切り出したら、半世紀にわたるすべてを語ってくれるのではないか、という期待感と願望がないまぜになったような単純な思いだった。

一九九二年から七年間にわたる取材をとおして、和田と直接言葉を交わしたことは三度しかなかったが、私自身はそれほど悪い印象を持っていなかった。どちらかと言えば、和田の武骨な言葉の裏に、好奇心と意外な率直さのようなものを感じ取っていた。

だから、外三郡誌問題をしつこく追いかけてきた私には、いや、しつこく追いかけてきた記者だからこそ、腹を割って何か話してくれるのではないか、といった漠然とした思いを持っていたのである。

第十三章の先輩記者の証言でわかるとおり、和田は東奥日報に対して積極的に接触し、情報提供していた時期もあった。彼が住む五所川原市は県内で最も東奥日報の普及率が高く、熱心に読まれている地域でもある。和田にとって東奥日報は身近な存在と考えられた。何より、和田はマスコミ好きだった。

しかしそれは、しょせん、新聞記者の調子のいい思いつきにすぎないことを和田の突然の死によって思い知らされたのだ。それが、喪失感にも似た感情の正体だった。

初秋の夜は長く、いつまでも寝苦しかった。

寛政原本はついに出ず

和田の死によって、気になったのは「寛政原本」なるものの存在だった。

「現在ある外三郡誌などの和田家文書は、明治から昭和初期にかけての写本、つまり江戸・寛政期の原本からの引き写しである、書写したのは曽祖父と祖父（のちになって父も入っている：筆者注）」というのが、和田と擁護派のかねてからの主張だった。

「だから寛政原本が出れば、真偽論争は簡単に終結する」とも宣言していた。和田自身も生前には「寛政原本を出す」と明言し、擁護派は「和田さん宅の中二階の壁が二重になっていて、そこに隠されている」と、原本の在りかまで言及していた。

「隠されている」はずの原本の具体的な存在場所を、なぜ知っているのか不思議だったが、ともかく外三郡誌を信じ抜く擁護派にとって、寛政原本は偽書説を吹き飛ばす最後の切り札に位置づけられていた。

擁護派の中心メンバーである古田の次の言葉でもそれがよくわかる。

　より重要なのは私が取り組んできたいわゆる寛政年間の原本を出すという作業なんです。私が思いますのは、（一九九三年：筆者注）十月以降なら大丈夫だと思います。寛政のものを出せば二つの論難がストップするんです。つまり、和田喜八郎さんの創作、和田末吉氏（和田の曽祖父：筆者注）の創作だという論難もストップするんです。それが、十月現在になお出てこないということになったら、やっぱり事実はなかったなと思ってもらっていいんです。

（『サンデー毎日』一九九三年七月十一日号）

こうした古田の説明は、寛政原本の出現を待ってから議論しても遅くはないという、もっともな主張だと思われた。しかし逆に言うと、寛政原本という最終兵器をちらつかせることで、偽書派の反論をシャットアウトする都合のいい方便のようにも思えた。ところが、擁護派が最後のよりどころとしていた寛政原本を出さないまま、和田は死んだ。

寛政原本は本当にあったのか……。

寛政原本なるものをめぐっては奇妙な出来事が持ち上がった。一九九四年のことである。広島市に住む古美術商が週刊誌などに寛政原本に絡んだ衝撃の告白を行ったのだ。古美術商の証言によると、古田の依頼を受けて二百万円で「寛政年間の古文書」の作製を請け負ったというのだから、インパクトは大きかった。

「レプリカを作ってくれというようなレベルではありません。本物と発表できるようなものを作ってくれといわれました」

（『アサヒ芸能』一九九四年九月二十九日号）

そう証言する古美術商は、古田からの依頼の証拠として、製作費振り込みを示す銀行口座のコピーまで示した。弁護士立ち会いの下で書き上げたという念書を公開してまでの告白に、歴史学界はもちろん世間は息をのんだ。

問題の記事を読んだ旧知の歴史学者は、ため息交じりに私に電話してきた。

「もしかしてこれが、古田さんが常々語っていた〝寛政原本を出すという作業〟ということではないでしょうね?」

私は何も返せなかった。

原田実は言う。

「繰り返し言うように和田家文書は和田さんの創作です、創作である以上、原本などというものは存在しないのです。問題なのは、古田先生ら擁護派が、寛政原本を前面に押し出すことで偽書派の反論を封じようと画策し、その一方で、〝和田家文書のなかに三内丸山遺跡が出てくる〟といった誤情報を垂れ流しにしている現実です。自分たちの言葉に責任を持とうとするなら、〝寛政原本の出現を待つ〟などと、悠長に構えていられないはずなのですが。

まったくありえない話ですが、万が一、寛政原本なるものが出てきたとしても、外三郡誌として出版され、世に出て広まったものが和田さんの手によるものであるならば、やはり偽書に変わりないのです。起死回生の一発とはなりえないのです」

一方で、「原本がどこかにあるのではないか」「外三郡誌のヒントとなった文献があるはずだ」と自ら調査することもせず、希望的観測だけ振りまく無責任な人々がいた。雑誌のライター系に多かったが、彼らが寛政原本をめぐる問題を複雑にしてもいた。

とにかく、寛政原本などと言わず、現在ある和田家文書のすべてを即時全面公開すれば、簡単に済む話だった。真偽論争が泥沼にはまり込んだ最大の理由は、〝発見者〟で所有者でもある和田と支援者らが、さまざまな理由から公開を拒み続けたことにあったからだ。

だが、気になることが一つあった。古田が、和田本人から死の直前に「寛政原本を出した」と聞いたというのだ。

八月下旬、わたしは和田さんと「寛政原本は出したのか。」「ああ、寛政原本を出したよ。」という会話を、まちがいなく交わしていた（電話）。

（『Ｔｏｋｙｏ古田会ｎｅｗｓ』一九九九年十一月号）

さらに、病床に見舞った古田に向かって、和田は「おれが死んだら、息子や娘に開けてもらってくれ」と遺言まで残したという。これをどう受け止めればいいのか。その後、古田は「原本」の解釈そのものさえ微妙に変え始めているようにも見受けられる。原田は「遅出しじゃんけんのようなもの」と一笑に付すのだが……。

擁護派のなかをゴーストのようにさまよう寛政原本。果たして、寛政原本はあるのか、ないのか。

ただ言えるのは、本書第一稿を最終チェックしている二〇〇六年秋の段階で、寛政原

本なるものが姿を現していないという現実である。そして、古田が「出てこないという
ことになったら、やっぱり事実はなかったなと思ってもらっていい」と断言した一九九
三年から、じつに十三年もの月日が流れようとしているということだけだった。

第十九章　動　機

名声欲と金銭欲

偽書派が糾弾するように、もし外三郡誌が、そして和田家文書全体が、〝発見者〟である和田の製作であるとしたなら、その膨大な文書群を作り続けた動機とは、いったい何だったのか。和田の死をきっかけに、その理由を知りたいという強い欲求が、私のなかで頭をもたげてきた。

安本をはじめとする偽書派が指摘する主な「製作動機」には三つあった。簡単にまとめるとこうだ。

①収入の手段……和田は「古文書」製作のプロ。古文書や古文書に裏づけられた古物を売るという行為は、恒常的に収入を得るための手段となっていた。

②反体制史観……「化外《けがい》の地」「まつろわぬ民」と、東北と東北に住む人々を一方的

に蔑視する旧来の歴史観に対して、和田は常々、反感と怒りを抱いていた。

③創作欲を刺激……外三郡誌はじめ和田家文書は豪華な体裁で刊行され、売り上げ部数も多かった。テレビや新聞、雑誌で取り上げられるようになり、和田の名声欲と創作欲を刺激した。

偽史ウォッチャーの藤野七穂は「『偽書』造りは、発覚時の論難や社会的制裁を考えれば、リスクが大きくけっして実入りのよい『商売』とはいえない」としたうえで、「時代の潮流というものも『偽書』発生の背景としてみのがすことができない」と分析する。

外三郡誌が世に出た一九七〇年代は、列島挙げてオカルトブームにあり、そうした潮流に乗っかったのではないか、と藤野は言うのである。また、直木賞作家の中村彰彦は「偽史作製以外に何の職業も持たなかった和田喜八郎氏には金銭欲と反・中央に凝り固まった地域的コンプレックスが感じられる」とする。

名声欲に金銭欲、そしてコンプレックス……。取材過程で多くの人が、これらの理由を「外三郡誌製作の動機」に挙げていた。しかし、問題の根底にひそむコアのようなものがどうもはっきり見えてこなかった。それは、外三郡誌を「五流の偽書」と一刀両断にした民俗学者の谷川健一も同じようで、和田の人間性に興味を示しこう書いていた。

このような偽書を次から次へと生み出していく人間の情熱はどこにあるのだろうか。それは善男善女をペテンにかけ、オツムの弱い研究者を煙《けむ》に巻いてやろうという、それだけのことか。それをドキュメント風の小説仕立てにすればなお面白かろう。稀代《きたい》の詐欺師が深夜、鏡に自分の顔を映しながら、あれこれとよからぬことを企らんでいる姿はなかなか絵になるではないか。

（「五流のペテン師は絵になる」『季刊邪馬台国』五十二号、一九九三年）

真偽論争前から外三郡誌と和田に注目し続けてきたフリーライターの一人はこう言う。

「確かに、和田さんの当初の目的は金銭と名誉だったと思います。しかし、自らが作る文書を学問的、思想的、はたまた政治的な主張の裏づけに利用しようとする人たちが現れたことで、徐々に変質していったのではないでしょうか。収入をどうしても増やしたかった和田さんが、偽造文書の内容を彼らの好みに合わせて変えていったということです」

箱庭療法で知られる著名な心理学者で文化庁長官も務めた河合隼雄《かわいはやお》も、こうした偽作製作者の内面に強い関心を抱いた一人だった。ある意味で、偽作製作の動機は精神医学の領域とさえ言えた。

偽作者の心理＝動機に思いをめぐらしたのは、第八章で紹介した思想家で評論家の松本健一も同様である。

『中山文庫』をとおして偽作の世界に飛び込んだ松本は「だれが、何のために、あれほど膨大な資料を偽作したのか」を知ることが取材・執筆上の最大のテーマだったと振り返り「つくりあげたひとの昏《くら》い情熱」に迫りたかったと言うのである。

わたしは本書において、事実（ファクト＝資料）を追及してゆくと、その奥の奥に人間が内心にかかえている物語（ストーリィ）によってつくりあげている虚構（フィクション）があるのではないか、と考えているようにおもわれる。もっといえば、わたしは中居屋重兵衛関係史料のような「膨大な資料」を偽作するかもしれない人間という存在の奇妙さに、心を魅《ひ》かれているのであろう。

（『真贋　仲居屋重兵衛のまぼろし』）

「貧乏はいやだ」

動機についていろいろ考えているうちに、以前取材したある人物の言葉が鮮やかによみがえってきた。元地元銀行員の浜館徹の証言だった。浜館は役小角の墓発見騒動（一九四九年）を起こす前の和田を知る数少ない人物だった。

浜館は戦後まもないころ、和田とともに地元の『飯詰村史』編纂のために史料収集に走り回っていた。二人は福士貞蔵《ふくしていぞう》という郷土史家の使い走りのような存在で、その時、和田は浜館に「経済的な悩み」を訴えていたという。それが、その後の和田の人生に影響を及ぼしたのではないかと浜館は考え、こう続けた。

「和田さんは〝貧乏はいやだ〟とよく言っていました。私は、経済的な厳しさが今の和田さんをつくり上げた、そう思うんですよ」

偽書製作の動機を経済的なものに求める考えは、地元アカデミズムにもあった。その一人が元弘前大学助教授で法政大学教授の小口である。

和田氏が有名になる以前、いかに金銭的に困窮していたかは、地元の人々の間では有名であった。正直に申し上げて、地元の人から和田氏についての好意的な評判は聞くことができなかった。経済的な理由による偽書の創作はありうることであろう。

（「『東日流外三郡誌』をどうあつかうべきか」『季刊邪馬台国』五十二号、一九九三年）

飯詰尋常高等小学校で和田の一学年上で、近所に住む長峰茲《ながみねしげる》も経済的理由を動機に挙げる一人。元教師の立場から慎重に言葉を選びながらも、「和田さんには生活の糧がありませんでした。とりあえず炭焼きと農業を継いではいましたが、野良仕事はやりたくないし、かといってほかの職もない。結局、生計を立てるために偽書製作をやったのではないでしょうか」と証言する。

「貧乏はいやだ」とこぼした二十代前半の和田。和田の親類や近所の住人の証言から浮かび上がる、さらに若き日の和田は「おとなしく目立たないが、歴史にだけは関心を持つ少年」だった。和田と尋常高等小学校で同級生だった別の男性は次のように語る。

「和田さんは静かで目立たず、勉強にもそれほど積極的ではなかったという印象があります。しかし、こと歴史に関しては詳しく、覚える力も抜群でした。正直、すごいなと感心したものです。高等小学校を卒業してから、ともに家業の炭焼きをやりましたが、和田さんはそれほど熱心ではありませんでした。一九四九年に役小角の墓が見つかったと騒ぎ出し、有名人になってから、よけい炭焼きに関心を示さなくなりました」

「郷土史家の福士さんの手伝いを始めるようになってから、和田さんは本当に物をよく覚えた」と、舌を巻くのは長峰。「年号と西暦の換算など、私にはできませんでしたが、和田さんは簡単に頭の中で計算していました」

経済的な苦しさ。それは和田に限らず、戦後の日本人が抱えていた共通の痛みであり、いつか克服しなければいけない社会的問題でもあった。だれもが、貧しさから脱出したいと願い、ある者は都会へ、そしてある者は一獲千金を狙った。それが一九五〇年代の経済復興というものの正体だった。

和田商法のからくり

若き日の和田の姿を求め取材を重ねていくうちに、五所川原市で「これが和田さんの販売テクニックだ」という衝撃的な証言を耳にした。話の主は「石塔山荒覇吐神社は意図的に造り上げられたもの」と以前、貴重なコメントを寄せてくれた刀剣研師の相馬彰だった。

第九章で紹介したとおり、相馬の父・弥一郎（故人）は和田とともに石塔山神社の発案者であり、古物売買に関しては和田の仲間だった。相馬が和田と直接かかわったのは、一九七〇年ごろから十年余り。連れだって歩く父親と和田の運転手役を務めることで、和田の行動の詳細、そして人となりをつぶさに見ることができた。

偽書問題に対して、あえて相馬が声を上げた理由。それは、刀剣という歴史遺産と向き合う職業をなりわいにしている人間にとって、「地元の歴史が改竄されることが許せなかった」から。そんな相馬の目から見た和田の人間像、さらに販売テクニックはこうだった。

「〝そんなわけがない〟という常識的な見方をするから、和田さんの真の姿が見えてこないんです。和田さんの気持ちになれば、実体はおのずと明らかになります。和田さんは同じ話題でも、朝に話したことと、午後に話すことは内容が一致しません。わざと、そう話すからです。聞くほうは混乱し、いつしか和田さんのペースにはまるわけです。そんなに難しいテクニックではないのです」

「和田さんに古文書の作り方を教えたのは、津軽地方のT（故人）です。古い煤を溶かした水に和紙を漬け込んで乾かし、その紙に文字を書き込めば一丁上がりです。煤は茅葺き屋根についている百年以上前の古いものを使うんです。そうすることで、炭素年代測定にかけても古い数値しか出ないことを和田さんは知っていました。

額に書かれた墨文字を古く見せるには、文字の上に塩をふりかけます。塩は水分を吸い取りますからね。そのうえで、紙や布でふくと文字はこすれてわかりづらくなり、時間を経た古物のように見えるという仕組みです。これらは古物商の間ではごくあたり前の知識であり、テクニックなんです。

古物を古文書とセットで売るという方法を教えたのもTです。まず、自作の古文書を商売相手のAに見せる。内容はAの先祖に関することです。これにAが興味を示せば、骨董商から古物を入手し、それを売りつける。ポイントは古文書自体を決して売らず、そのコピーを渡すということです。

次にBと接触。Aと同じ古物を買いそうだとなると、Aに売ったはずの古物を借りてきてBに売る。そのとき、Aには〝こっちのほうが高いし、値上がりする〟と言い訳して別の古物を置いてくるのです。おかしいと気づいたAが訴えそうになると、Bから最初の古物を取り返してきて戻す、そんなことの繰り返しです。

父はこういった和田さんの販売方法を知り尽くしていたから、〝和田に古物を持たせると、いつもハラハラする〟と心配していました。とにかく、和田さんはいかにしたら法の盲点を突き、逃れられるかということをよく研究していました。そのために、警察のOBなどで組織する警友会にも入会し、元警察官だと偽っていたことさえあります。のちにバレましたがね」

相馬によると、外三郡誌を刊行物として最初に世に出した市浦村役場の幹部や村史編纂委員らが、この手法を駆使する和田から多数の古物を買わされていた。外三郡誌という「貴重な古文書」を見せてもらうための代償でもあった。

村役場のドタバタ劇

「肝心の文書そのものは売らずにコピーだけ渡し、セットで古物を売る」という和田商法のからくり。それを裏づけるかのように、市浦村の元幹部が次のように語る。この元幹部は外三郡誌刊行を計画した主要人物の一人でもあり、高額な仏像を和田から購入していたという。

「〝石塔山で安東時代の仏像や歴史的な物が見つかった〟〝市浦村の歴史が変わる〟と、和田さんから聞いたのは一九七一年のことです。なんとしても、和田さんが持っている外三郡誌の写しがほしかったので、頼み込むと〝コピーなら出してもいい〟との返事でした。そこで早速、村史編纂委員会としてコピーを入手することにしたんです。入手方法は、和田さんから少しずつ文書を渡してもらい、それを複写して返すというものでした。コピー一回ごとに和田さんからお金を取られ、全部コピーするのに何百万円もかかりました。

そのお金？　すべて村の公費です。和田さんは一度にわずかずつしかコピーさせてくれなかったので、結局たくさんのお金を支払う結果になりました。こうして手に入れた古文書の筆跡は和田さんのものと似ていたので、和田さんが書いたのではないかと思うとともに、時代的整合性など内容に嘘があると感じましたが、編纂委員会の中心メンバーや藤本光幸さんが強く正当化するので、村おこしのためにと、村史として作ることになったのです」

こうした村幹部らのドタバタ劇を冷静に見つめていたのは青森ペンクラブ会長の三上強二。三上は青森県立図書館に勤務していた一九七二年の段階でこれら外三郡誌のコピ一群に目を通し、その偽書性と和田商法のからくりにいち早く気づくことになる。

「外三郡誌が世に現れた時の村長は白川治三郎さんでした。村長さんの弟さんがコピーを持ってきたので〝これは何か〟と聞くと和田さんのものだという。で、彼が説明するにはそのコピーによって石塔山に安東の財宝が隠されていることがわかり、それを発掘したいと和田さんが言っていると。ついては、和田さんが資金融資を募っており、応じた人には出土品が分配されると言っているというのです。すでに五人が出資しており、その一人が藤崎町の藤本光幸さんだとも聞きました。もう第一次の出土品分配がなされているというので、見せてもらうと焼き物や仏像なんですが、どれも安東氏とは時代的に合わないんです。どうやら和田さんが各地から集めた古物の類いのようで、正直言って、安東の秘宝の正体とはこの程度のものかと思いました。でも、そんな状態にもかかわらず、外三郡誌は『市浦村史資料編』として出されていったんです。もちろん、だれも〝原本〟なんてものは見ていないんです」

村史刊行の隠された事実であった。

相次ぐ証言

和田商法について語るもう一人の証言者がいた。和田のいとこで、一時期同居していた和田キヨヱである。

「喜八郎さんは若いころから、よく物を書いていました。囲炉裏の上にわらじを干すための火棚というものがありますが、そこについた煤を自分が書いた物にこすりつけて、古く見せるようにしたりしていました。何度もその場面を目撃しました」

和田の親類の一人はこうも語った。

「喜八郎さんの父親から聞いた話ですが、喜八郎さんは仏像や陶器を味噌《みそ》に漬けて土中にしばらく置き、古く見えるようにしては売っていたということです」

この親類二人の共通した認識は「和田家には先祖から伝わる古文書などなかった」ということ。

「だから、古文書が〝発見〟されるなんてことはありえないのです。喜八郎さんと仲間たちは、寛政原本から書き写したのは喜八郎さんの曽祖父の末吉さんであり、祖父の長作さんだとも言ってますが、それはおかしい話です。なぜって？　末吉さんは文盲でしたし、長作さんも文盲に似た状態でしたから。字の書けない二人に写本なんて作れるわけがないのです」

前出の長峰は言う。

「そもそも、和田さんの家には何もないんです。石塔山にも秘宝はおろか洞窟そのものがありません。子供のころから遊び場だったので、よく知っています。でも、和田さんは神様さえ祀れば石塔山にも人が来ると期待したんでしょうが、実際には来ない。地元飯詰の人はそんなことをわかっているから相手にしないし無視する。お金なんかだれも出さない。事情を知らない遠方の人がだまされただけでした。だから、なおさら遠くまで行くことになる。そして出会ったのが事業家の藤本光幸さんというわけで、彼はいろんなところに掛け合うようになったんです」

このような和田商法について、偽史に詳しいノンフィクションライターの藤原明は「並の偽作者とは目のつけどころが違う」とし、次のように分析する。

　和田氏の手がこんでいるのは、発掘物という設定だけではない。和田氏は、発掘物の全貌を一度に公開せず、小出しにしている。これは、そのつど相手の様子をみながら偽作したことを示すものと思われる。要するに、和田氏は相手が信用しなければ、さらに偽作を行うという底の割れることをしない用心深い偽作者であった。この際に、厄介なのは、和田氏が発掘物を小出しにしていることから、その全体像を把握することが困難なことである。

（「偽書が古伝説に化けるとき」『季刊邪馬台国』六十九号、一九九九年）

高度な販売テクニックを駆使する和田を、安本は「偽書史に残る天才」と評していた。

安本が言う「史上最大の偽書」はこうして「津軽の天才」によって用心深く編み出されていた……。多くのインタビュー相手は異口同音にそう語っていた。

消えた和田家文書

夏の盛りが過ぎようとしていた二〇〇〇年八月二十二日、外三郡誌の聖地である石塔山荒覇吐神社に七人の男が姿を現した。暑さにもかかわらずダークスーツでビシッと身を固め、厳しい表情で辺りを見回す様子は、神社がこの二十年に獲得した信者の参拝風景にはとても見えなかった。

この日、石塔山神社に対する差し押さえが行われた。差し押さえ処分を青森地方裁判所に申請したのは、外三郡誌訴訟の原告だった野村孝彦と石田恒久弁護士で、執行には青森地方裁判所五所川原支部の職員二人が立ち会った。

野村らが差し押さえに踏み切った理由、それは簡単だった。一九九七年の判決確定によって、和田に対して支払いが命じられた慰謝料四十万円が支払われていなかったからだ。未払いの状態は、一九九九年の和田死亡後も変わらなかったため、野村側は法的手段として、慰謝料代わりに和田家文書の差し押さえを実行に移すことにしたのだ。常々、和田は文書は神社にあると語っていた。

参道入り口から急な坂道を上って約二十分。一行は神社本殿に着いた。本殿の扉にはがっちりと鍵がかかっていたうえに、無数の釘で打ちつけられ、開けることはできなかった。窓越しに見える本殿内に調度品は少なく、小さな箪笥《たんす》が一つあるだけだった。

それではと、本殿の隣にあるコンクリート造りの宝物殿に歩を進めた。シャッターを上げると、とぐろを巻く黒い影。「マムシだ」と裁判所職員が叫ぶ。

石塔山は昔からマムシがすむ山として有名だった。どうにかマムシを追い払い、薄暗い宝物殿内を見渡したが何もなかった。お目当ての和田家文書はどこにもなかったのだ。

これでは差し押さえにならなかった。一行は和田の家へと向かう。同居していた和田の娘と息子の姿はなかったが、代わりに高校生だという孫らしき少年が応対に出た。

「神社から何か物を運び出しましたか?」

「何も運んでいません」

「神社から自宅に持ってきたものはありますか?」

「何も持ってきていません、神社にあると思います」

「自宅に書き物はありますか?」

「何もありません。(和田が:筆者注)亡くなる前に、全部神社に運びました」

これだけの会話が交わされると、その日の執行作業は終わった。文書は自宅にもないようだった。数千冊に及ぶという膨大な和田家文書はどこに消えたというのか……。一行の胸中に疑問だけが残った。北国の短い夏が終わろうとしていた。

藤本からの手紙

空振りに終わった差し押さえから四カ月後の十二月。再び、野村の代理人が和田家を訪れた。今度、玄関口に現れたのは和田の長男にあたる中年男性だった。

「父のやったことにはかかわりたくない」と言葉少なに語る彼は「わからない」の一点張りだった。

「古文書があれば出すのですが、家にはないのです。本当にあるのかな……。亡くなった父じゃないとわかりません。自分は何もわからないのです。神社には泥棒が三回入り、箱ごと持って行ってしまいました。今は何も残っていません。以前から、この家には何もないし、本当に私は何もわからないのです。石ノ塔の雪が消えたら、神社にあるかないかを確かめに行きたいと思っています」

あれほど世間を騒がせながら、霧のように消えてしまった和田家文書。その消息の一部を私が知ることができたのは、三年後の二〇〇三年五月のことだった。

外三郡誌の刊行に積極的にかかわり、偽書派から「和田さんのスポンサー」と言われていた藤本光幸から私あてに届いた手紙にそれが記されていた。

「私は目下『和田家文書』の復刻版刊行のために、『和田家文書』の再書をして居ります。『和田家文書』は、その後の調査で全部で四八一七冊あることがわかりました。しかし、和田喜八郎氏は平成11年9月28日に死亡して居り、現実には何冊存在するのか、私が残存して居るものを全部再書した後でなければ、はっきりわかりません。『和田家文書』は2001年9月に石塔山の荒覇吐神社から現存するものを全部、私の自宅に搬入して、目下、私が保管し再書して居ります」

元号と西暦が混在するなど読みづらい文章だったが、藤本によると和田家文書の総数は四千八百冊余に上り、しかもその全容は「残存して居るものを全部再書した後でなければ、はっきりわからない」ほど膨大な数に上るのだという。

藤本は石塔山神社建立者代表の筆頭に名を連ねるとともに、「ガラクタで埋め尽くされていた」(県職員の言葉)という『安倍・安東・秋田氏秘宝展』(五所川原市、一九八七年)の開催にかかわり、はたまた市浦村元幹部らの証言によると、外三郡誌が最初に世に出るにあたって、その価値を積極的に正当化した人物でもあった。また、偽書派からは「出資のカタに和田家文書を押さえている」とも言われていた。

それにしても、不思議だった。手紙によると、藤本が神社から「現存するものを全部」運び出したと言うのは二〇〇一年九月。しかし、その前年の二〇〇〇年八月に差し押さえの一行が窓越しに目撃したのは、小さな箪笥一個にすぎなかった。それでは、そのなかに「現存する全部」の文書が入っていたというのか……。和田の長男は「泥棒に入られ、何も残っていない」とも語っていたのだが……。

とにもかくにも、〝発見者〟である和田という主をなくした文書類の多くは、擁護派メンバーの手元にあるのは確実なようだった。

一方で、偽史研究家の原田は「鑑定を逃れるため、和田さん自身が文書の一部を処分していた可能性もある」とも語っていた。

どこまでも謎がつきまとうとともに、人騒がせな和田家文書であった。

エピローグ

「偽作の場」訪問

二〇〇三年二月、五所川原市飯詰。和田という主を失った〝外三郡誌発見の家〟での調査は続いていた。

懐中電灯を手に走り回る原田。福島市から駆けつけた古代史研究家の齋藤隆一も合流していた。二人の現場検証には、この建物の現在の所有者である和田キヨヱが立ち会っていた。

かつて、和田は外三郡誌出現時の模様を次のように繰り返し語っていた。

昭和二二年夏の深夜、突然に天井を破って落下した煤だらけの古い箱が座敷のどまんなかに散らばった。家中みんながとび起き、煤の塵《ちり》が立ち巻く中でこの箱に入っているものを手に取って見ると、毛筆で書かれた「東日流外三郡誌」「諸翁聞取帳」などと書かれた数百の文書である。

（「和田家文献は断固として護《まも》る」『新・古代学』第一集、新泉社、一九九五年）

最初に落ちてきた長持ちの中を調べてから、再び天井の上を見たら、まだ六つぶら下がっていた。

（『安倍氏シンポジウム報告書』衣川村教育委員会、一九九〇年）

しかし、プロローグで紹介したように、天井裏には大きな長持ちをつっておくようなスペースも、梁に長年縄を縛っていたような痕跡もなかった。和田が言うような旧家の造りなどではないため、そもそも梁自体が細く、「膨大な文書」が入った重い長持ちを六個も七個も支えられそうになかった。ポッキリと折れてしまいそうだった。

生前の和田は、自分の家に人を入れることを極端に嫌った。自分の仲間であるはずの擁護派メンバーに対してさえもそうだった。ましてや、外三郡誌が〝秘蔵〟されていた天井裏にいたっては、だれにも見せたことがなかった。〝発見場所〟は極秘中の極秘だったのである。

原田と齋藤、そして私はその〝発見場所〟であり、〝極秘の場所〟である謎の天井裏をのぞいた最初の人間と言ってもよかった。

「煤だらけの古い長持ちが落ちてきた」と和田が語っていた座敷で原田は高らかに宣言した。

「そもそも、この家は天井裏に物を隠せるような構造じゃなかったんですね。和田さんは文書が落下してきて初めて気がついた、と言ってましたが、それはやっぱりおかしな話です。この家は、キヨヱさんらの証言によって、文書が落ちてきたとされる昭和二十二年当時には天井板など張っていなくて、その代わりに茅で編んだすだれを渡していたということがわかっています。ということは、天井は丸見え。家の人たちは夜ごと、天井に何個もつるされた大きな長持ちを見上げながら寝ていたことになります。気がつかないはずがありませんよ」

原田からバトンタッチされるように齋藤が続ける。

「この家が本当に古文書が残されるような旧家なのか、だれが、いつ、その古文書を天井につるしたのか、大きな長持ちが何個もつり下げられていることになぜ、家の人は気づかなかったのか、強度抜群の麻縄が簡単に切れるものなのか、重い長持ちを何個も支えることができる頑丈な梁などあり得るのか、それほど大量の文書を隠せるほど天井裏は広いというのか。

こうした和田家の七不思議について擁護派は十分に検証もせず、耳をふさいだまま外三郡誌出現話を受け売りで主張し続けてきたのです。今、現場を見てあらためて思うこ

『外三郡誌』が“発見”されたという和田家の座敷で、キヨヱ（右）の説明を聞く原田実（左）と齋藤隆一（中）。和田は「文書は長持ちに入って天井につってあった」と主張していた。が、天井裏にある梁は位置が低く、しかも細い……。（撮影：斎藤義隆　2003年2月）

と。もう笑うしかないということですね。これまで調査分析してきた結果と同じように、すべてが和田さんの作り話だったのです」

齋藤の言葉が終わり切らないうちに、それまで二人の話にじっと聞き入っていたキヨエが、毅然《きぜん》とした表情で話し始めた。

「本当に、はんかくさい（ばからしい：筆者注）。私が最初から言っているじゃないですか。すべて喜八郎さんの作り話だと。もともと、この家には何もなかったんです。古い巻物とか書き物なんて、一切伝わっていなかったんです。それも、よりによって何千巻もだなんて……。それなのに、なんで頭のいいはずの学者先生たちがコロッとだまされたんでしょう。不思議でしかたありません。

いいですか、ちゃんと聞いてください。古文書が落ちてきたという昭和二十二年ごろ、私はこの家に暮らしていたんです。でも、そんな出来事は一切ありませんでした。原田さんの言うとおり、そのころはまだ天井板など張っていませんでした。ありもしない古文書が、ありもしない天井板を突き破って落ちてきたなんて、本当にもう、はんかくさい話ですよ」

和田家の天井裏について、原田はかねてから「擁護派の新説には傍証を、偽作派の主張に対しては反証をたちどころに出してくれる便利な妖精が住んでいる」と皮肉たっぷりに語っていた。

どうやら、私たちが見た天井裏には、もう妖精は住んでいないようだった。

ついに中二階へ

和田の家を、隣に住むいとこのキヨヱが買い取ったのは二〇〇二年十二月だった。土地と建物は和田の死後、長男にあたる中年男性が相続していたものの、長男は不幸にも二〇〇二年に病死。経緯を語ることははばかられるが、さまざまな事情から所有権は金融業者へと移り、青森地方裁判所五所川原支部で競売にかけられたのを落札したのがキヨヱだった。

キヨヱにとって、この家は家庭の事情で、十四歳から結婚して隣に引っ越す十九歳まで過ごした「わが家同然の建物」だった。だから、人手に渡すのがしのびなく、また少女時代を過ごした家が「外三郡誌発見の地」として、奇異な目で見られるのは耐えられないことだった。

キヨヱの案内で回ったこの家は、木造一部二階建てで広さは二百平方メートルほど。和田が事あるごとに強調していた「旧家」というイメージとは造りも異なり、まったく違う印象を受けたが、それもそのはずで、キヨヱによると太平洋戦争直前の一九四〇年ごろの建築だという。

その辺の事実関係については、実際に建築にあたった大工の小野元吉《おのもときち》（五所川原市）もその旨証言している。和田が主張するほど、古い家ではなかったというわけだ。

次に、原田実と齋藤隆一、キヨヱ、そして私は問題の部屋へ移動することにした。「寛政原本が壁の中に隠されている」と擁護派が繰り返し強調していた、問題の「中二階」である。そこは、和田がこもっていた書斎とも言うべき空間だった。

中二階へ続く階段の入り口は、隠し扉のように改造が加えられていた。ギシッギシッときしむ狭い階段を上がると、六畳ほどの小部屋があった。入って正面と左側が土壁で、右側が窓という造りになっていた。平屋に中二階を無理矢理くっつけたような構造は東北地方では格段珍しくなく、「マゲ」と呼ばれていた。

目に飛び込んできたのは、土壁の一部が壊され、崩された跡と、おびただしい数の大型ペットボトルだった。土壁に開けられた穴をのぞいてみた。先ほど、一階の座敷から見上げた天井裏がポッカリ広がっているだけだった。和田が言うような寛政原本を隠す空間など存在しなかった。

「だれかが来て、壁のなかをのぞいていったんでしょうか」

私の問いに、原田がおかしくてたまらないという表情で答える。

「この家が空き家になったのを見計らって勝手に入り込み、わざわざ土壁を崩した人がいるのでしょう。恐らく〝寛政原本が中二階の壁のなかにある〟という和田さんの話を真に受けて、宝探しに来たんでしょうね。ご苦労様なことです。

　しかし、ご覧のとおり、土壁に開けられた穴から見えるのは一階の天井裏だけ。せっかく穴を開けたというのに、目当ての物がないから気落ちして帰ったのだと思います。穴も人が通れるほど大きくないので、壁のなかから外へ何か物が運び出されたということも考えられませんしね」

　壁際にきちょうめんにまとめて置かれたペットボトルは一・八リットル入り。数えると二十三本もあった。なかには濁りかけ、腐りかけたような黄色い液体がたっぷり入っていた。

「何が入っているか調べてみましょうか」と齋藤。

　齋藤はふたを開け、液体を床の上に少しこぼした。辺りに強い刺激臭が漂った。

「尿のようですね」

　一同は一斉に顔をしかめた。

「新しい和紙を古く見せるために、おしっこをすりつけるということを聞いたことがあります。それかな？」と原田。

「あれえ……」

　キヨエが顔をしかめ、まゆをくもらせた。

すえた異様なにおいが立ち込めるこの部屋を一刻も早く脱出したかった。そんな私の気持ちも知らず、原田は朗々と再び宣言した。

「私たちは今この瞬間、文献偽作の作業場に足を踏み入れたのかもしれません。ここが、外三郡誌事件の〝現場〟そのものではないでしょうか」

階段を下りたところに十畳ほどの一室があり、ふすまに描かれた絵のタッチにどうも見覚えがあった。山水画風に彩られた松の木と山々。

「それは喜八郎さんが描いたものだと思いますよ。昔からそんな絵を描いていたんです。ほら、筆遣いが喜八郎さんでしょう」

私の視線に気づいたキヨヱがすかさず説明してくれた。齋藤が言う。

「確かに……。和田家文書に登場する挿絵とタッチがそっくりですね」

外三郡誌事件の舞台でありながら、長い間謎に包まれてきたこの家を立ち去る時が迫っていた。厳寒期の凍るような空気に、足と手がしびれてきていた。火の気のない家での探索行は限界だった。

ふと、私はこの家の一階座敷に張られていた「きょうのお誓い」という紙を思い出した。どこかのお寺からもらってきたものらしく、こう記されていた。

「うそをつかずに話し合い、心と心をかよわせよう」

和田が書斎にしていた中二階（六畳）。突き当たりの土壁が何者かによって崩されていたほか、大量のペットボトルが放置されていた。（撮影：斎藤義隆　2003年2月）

階段を下りた部屋のふすまに描かれていた山水画風のもの。キヨヱは和田が描いたものだという。（撮影：斎藤義隆　2003年2月）

「すべてごらんの仏さま、真理のみちにめざめよう」

なるほど、そのとおりと思った。すべては天が知っているはずだった。

和田家探訪の詳細は、東奥日報夕刊のフロントページをまるまる使って署名入りで大々的に報道した。

これが私が書いた最後の外三郡誌事件の記事となった。


「真偽論争続いた『東日流外三郡誌』／風化進む〝謎〟の舞台／『すべてが作り話』現在の所有者／『あまりに不自然』古代史研究家」

正史に登場しない闇の津軽古代史を記したとして、全国的に話題を集めた五所川原市の謎の古文書「東日流外三郡誌」（つがるそとさんぐんし）。県内の研究者や名だたる大学教授らが入り乱れ、十年間にわたって真偽論争を繰り広げた結果、現在では「現代人が書いた偽書」ということでほぼ決着の感がある。しかし、古文書の発見場所とされ、論争の発火点となった肝心の農家はベールに包まれたままだ。発見者とされる男性が死亡後、所有者が二転三転し、風化の一途をたどる「東日流——」発祥の地。現在の所有者の案内で謎の家を訪れた。


（「東奥日報」二〇〇三年二月二十五日）

真偽論争続いた「東日流外三郡誌」

風化進む"謎"の舞台

「長持ちに古文書…」／発見者 4年前に死亡

五所川原の農家

「すべてが作り話」 現在の所有者

「あまりに不自然」 古代史研究家

物隠せない構造

天井板存在せず

東日流外三郡誌

和田家の調査を報じる「東奥日報」2003年2月25日付夕刊一面。

コンプレックスと怨念

「外三郡誌は、津軽には古代から中央政府に対抗する一大勢力があった、われわれは敗者などではなかったのだ、と説きます。だからこそ、屈折しがちな東北人の心に快く響いたのではないでしょうか。ある意味で、東北人の心の底に潜むコンプレックスを悪用したのです」

和田家からの帰り道、原田が車中で語り出した。

「外三郡誌の作者である和田さんは、東北人の歴史的地位を高めようとするあまり、逆に、東北独自の歴史と文化を偽史によって抹殺してしまったと言えるのではないでしょうか。東北には、三内丸山遺跡に連なる立派な歴史と文化があるというのに。外三郡誌はそれに泥をかけたのです。悲劇としか言いようがありませんね。歴史的文書の偽作が事実上、野放しにされているような時代は、現代をおいてほかにありません。それは、言論の自由の成果というより、社会が歴史そのものを軽視していることの表れなのではないでしょうか」

「東北人の心の底に潜むコンプレックス」。その言葉がいつまでも耳に残った。以前、同じようなことを民俗学のニューリーダーである東北芸術工科大学教授の赤坂憲雄から

連日、見学者が絶えない三内丸山遺跡。日本の基層文化の見直しを迫るとともに、東北人に「自信」と「誇り」を与えた。

雪に包まれる三内丸山遺跡。JOMONの代名詞として、国外にも広く知られている。(撮影:高谷成彦)

聞いた覚えがあった。

「外三郡誌は、鬱屈した東北人のルサンチマン的心情が結晶したものといえるでしょう」

ルサンチマンとは怨念のこと。それが、赤坂の目から見た外三郡誌の実体だった。コンプレックスに怨念……。同じ東北人として、どうも気が重くなるテーマだった。

ゴールデンウィークが明けた二〇〇三年五月下旬、青森市繁華街のバーで、国立民族学博物館名誉教授の小山修三《こやましゅうぞう》（民族考古学）と盃を傾けていた。

小山は、三内丸山遺跡に自然科学的手法の導入を提唱した人物で、三内丸山を三内丸山たらしめた立役者の一人であった。若いころ米カリフォルニア大学に留学し、その後オーストラリアの先住民アボリジニーの社会に飛び込んだ経験を持つ小山は、文化史にも造詣が深く、かねてから外三郡誌に関心を寄せる研究者の一人だった。

そんな彼に、酔いを口実に意地悪な質問をしてみた。それは和田家を訪ねて以来、頭にこびりついて離れないことだった。

「やっぱり、外三郡誌の根底にあるのは、われわれ『まつろわぬ民』のひがみ根性とコンプレックス、そして、津軽という列島最北端に暮らさざるを得ない自分自身に対するあわれみのようなものですかね？」

小山は手にしたワイングラスをじっと見つめると、こう言った。

「そういう一面があるのかもしれない。でも、これだけは言えるんじゃないかな。三内丸山遺跡という、日本の基層文化につながる素晴らしい場所、誇れる遺産がある以上、もう、青森県民や東北の人たちには外三郡誌なんて必要ないんじゃないかって。三内丸山遺跡をきっかけに、縄文フィーバーみたいな社会現象が生まれた背景には、そんな要因があると思うよ。外三郡誌なんていうニセモノとは、そろそろおさらばしなきゃね」

そういえば、赤坂は三内丸山遺跡の発掘が東北人の精神に与えた影響について、こうも言っていた。

「自分たちの歴史を、ヤマト王権によって征服されて以降の千数百年ではなく、縄文を抱いたはるか一万年前の時間のなかで語ることができるようになった」

〝本物〟がある以上、もはやフェイクは必要ないということだった。その夜の春風は心地よかった。

十一年前、突然のサツ回りを命じられ、外三郡誌事件にぶち当たった日のことが、懐かしくさえ思われた。リンゴの花が満開だった。

さらば外三郡誌

和田家現場検証の記事に対する反響は大きかった。東奥日報の投書欄には県内外から十通を超える便りが寄せられ、そのうち六通が掲載された。一記事にそれだけの投書が寄せられることはまれだった。それだけ、記事が読まれたことの証《あか》しでもあった。

内容的には、次のように「偽書との決別」を訴えるものが多かった。

「私たちは、外三郡誌が偽書であることを津軽から発信することで、偽書を後世に残さないようにしなくてはいけない」

「豊かな東北の歴史風土は、偽書に頼らなくても全国に発信できる。もっと、自信を持って東北を誇るためにも、偽書ときっぱり決別しなければならない」

なかには、四柱神社の御神体騒動で被害をこうむった秋田県田沢湖町教育委員会の職員である茂木《もてぎ》正道《まさみち》からのものもあった。

「生涯教育に携わる者として、住民の郷土・歴史にかかわる学習意欲が高揚している中で、この事件をいさめる勇気がなかったことを反省し、今後二度と同じ過ちを繰り返さぬよう肝に銘じている。多くのメディアが一過性の報道にとどめた中で、東奥日報紙がこの事件の真相を追い続けたことにより、東北の歴史と文化の破壊を免れたと思う」

いささか持ち上げぎみの文章ではあったが、周囲にあきれられながらも、しつこく問題を追いかけてきた一線記者としてはうれしかった。大げさに言えば、記者冥利《みょうり》に尽きた。十一年間の疲れが吹き飛ぶような気さえした。

投書のほかに、ある歴史研究者から私あてに便りが寄せられた。取材したことがない相手だったが、名前は知っていた。そして、彼がどのような形で外三郡誌にかかわっていたのかも。老研究者が真偽論争の陰で抱え続けてきた痛みがひしひしと伝わってくる文面だった。

「『東日流外三郡誌』に関連して若干の文書を発表したことがありましたが、その後、三郡誌につきまして全国的にさまざまな反応を生じ、その存在の真否に関しましても、かなりの論争に発展いたしましたことはよくご存知のことと思います。私も其の後、よく検討いたしまして、この書の真偽は言うまでもなく、これに収録されている資料や素材そのものにも問題の多いことが理解されましたので、以後発表の機会のあるまで発言を差し控えておりました。（略）この件に関しましては、（略）私などがいまさら何らかの発言をすることはおこがましく、それにしても、今に至ってはっきりと決着がついたことに、すっきりとした気持ちでいくばくもない余生を送れそうに思います。（略）この問題に取り組み、解明に尽力されました斉藤様のご努力に対しても合わせてお礼申し上げたい気持ちでいっぱいです」

外三郡誌にかかわっただれもが、大なり小なり傷ついていた。取材にあたった私も例外ではなかった。それが、この偽書事件の悲しい側面であった。

だが、われわれは前へ進まねばならなかった。どれだけ、すねに傷がつき、額に傷がつこうとも。傷つくことを恐れてはいけない。

最後にある言葉を記したい。外三郡誌事件の最前線に立ち続けた産能大教授・安本の一文だが、私の今の気持ちを代弁してくれていた。

私たちは、ともすれば、優しい心をもつ。だれに対してでも、優しくありたいと願う。そして、ともすれば、常識性のなかで、ことを判断し、処理したいと願う。できれば、あらそわずに、事をおさめたいと願う。しかし、この優しい精神は危険である。常識性を、はじめから無視する人、あらそいを厭《いと》うよりもむしろ好む人は、この優しさに乗じて、人心を支配する。優しさのゆえに、沈黙してはならない。独断と、歪曲と、ゆえなき批判攻撃とに、真実にいたる道をゆずってはならない。

（「古田武彦氏の議論の本質」『季刊邪馬台国』七十九号、二〇〇三年）

そう、優しさゆえに沈黙し、真実にいたる道をゆずってはいけないのである。真実は一つなのである。

単行本あとがき

この本のタイトルにある『東日流外三郡誌』を見て、即座に「つがるそとさんぐんし」と読むことができた人は、ある意味で〝マニア〟である。この本は、そうした専門性の高い偽書論争にいつのまにか巻き込まれ、ある時は悩み、ある時は怒り、そして憤りを感じ、傷ついた一記者の記録として読んでいただければ幸いである。

冒頭で〝マニア〟と簡単に言い切ってしまったが、本州最北端の地に端を発したこの外三郡誌の真偽論争は、地方自治体や研究者のほか一般市民まで巻き込み、一種の社会問題にまで発展した。

まるで、不意の遭遇戦のようでもあった。突然のように渦中に引き込まれた人々は、発祥の地である青森県境を越え、隣の秋田県、岩手県、そして日本全域に及んだ。それは、「戦後最大の偽書事件」と呼ぶにふさわしい規模であり、現象だった。

そんな論争を、私は地元記者として必死で追い続けた。一九九二年から十年余。記者生活の半分以上を費やした計算になる。この間に書いた外三郡誌問題の関連記事は、大小取り混ぜて五十本近くに上った。はっきり言って、われながらよくやったと思うし、それを支持し、掲載し続けてくれた東奥日報社には「ありがとう」と言いたい気持ちでいっぱいだ。

しかし、苦労の多かった取材だからこそ、事件全体を総括するような本だけは書きたくない、できれば避けたいと思っていた。内容が複雑多岐にわたることもあったし、何より、あまりにも事件を知りすぎていたためだ。

知りすぎた人間が煙たがられるのは世の常である。現に、私は外三郡誌の擁護派から「偽書キャンペーンの張本人」と名指しで中傷され、驚くべきことに、その状態は今も続いている。

そんなこんなで、「大変だなあ」「面倒くさいなあ」という気持ちが先に立ち、その種の本の執筆依頼は断っていた。記者としての本業である米軍基地問題などの軍事関係、考古学関係の取材が忙しかったせいもある。

しかし、ある出来事が偶然重なったことで、この怠惰な記者もやっと重い腰を上げることにした。そのひとつは、外三郡誌が生まれた五所川原市内のある地区で起きた。

その時、私はある考古学関係のミニフォーラムに講師で呼ばれていた。フォーラムでは、「縄文人の祭り」をモチーフにしたエキゾチックで独創的な太鼓と踊りが披露され、地元民から盛んな拍手を浴びていた。

この勇壮なアトラクションは地元の有志によるものだったが、フォーラム終了後の打ち上げ会で、そのリーダーである初老の男性からこう問い掛けられた。

「私たちが住む津軽半島は縄文文化のメッカの一つです。ですから、それを誇りにし、町おこしにつなげよう、と頑張ってきました。踊りと太鼓を創作する際にも、外三郡誌に書かれていることをイメージとして取り込みました。でも、外三郡誌は偽書だというじゃないですか。私たちはこれから、どうすればいいんでしょう」

外三郡誌は、一見こんな真偽論争に関係のなさそうなところにも複雑な影を落としていた。論争が決着したからといって、すべてが解決したわけではなかった。外三郡誌を生んだ津軽人は津軽人なりに深く悩んでいたのである。

もうひとつの出来事は、東京在住の偽書・古史古伝研究家Nからの熱烈な〝ラブコール〟だった。

「斉藤さん、斉藤さんは外三郡誌問題について最も詳しい新聞記者です。外三郡誌問題を取材した記者は中央紙も含めて大勢いますが、最初から最後まですべてを知っている記者はあなたしかいないんです。今ここで書かないと、あんなに論議を呼んだ外三郡誌問題が記録として後世に残らないんですよ。ジャーナリストとして書き残す義務があると思います」

これはこたえた。

かくして、ぐうたらな新聞記者も立ち上がるしかなかった。フォーラム時に相談を持ち掛けてきた中年男性の悲しげな瞳と、深いため息が忘れられなかったこともある。思いのほか、執筆作業は順調に進んだ。過去のメモや取材ノート、録音テープが手元にあったからだ。いつか役に立つかもしれない、と思ってそろえていた各種の膨大な資料も大いに役立った。捨てられない性格と、「新聞記者は何があるかわからない。メモだけは残しておけ」という二十年以上前の先輩記者の忠告がこの時ばかりは幸いしたというわけだ。

基本的には、当時書いた記事を基本に据え、その前後に起きた出来事を肉づけする形で作業を進めた。構成については時系列に従った。そのほうが読者にはわかりやすく、しかも筆者とともに事件を疑似体験するような感覚が得られるのではないかと考えたからだ。

それが成功したかどうかは、この本を手に取った方々の感想を待ちたい。なお、本文中の敬称は略させてもらった。

執筆作業を通して、自分が深くかかわった外三郡誌問題を振り返るチャンスを与えてもらったわけだが、関係者の多くが故人となったことにはあらためて驚かされた。

郷土史家の山上笙介さん、豊島勝蔵さん、小舘衷三さん、秋田県田沢湖町・四柱神社氏子総代代表の佐々木雪夫さん、和田家を建てた大工の小野元吉さん、青森古文書解読研究会副会長の佐々木隆次さん、そして三浦与三郎さんをはじめとする五所川原市飯詰地区の人たち……。

もちろん、物故者のなかには外三郡誌の〝発見者〟とされ、宣伝塔を務めていた和田喜八郎さんと、和田さん亡き後の文書所有者兼研究者となっていた藤本光幸さんも含まれている。彼らの貴重な証言をこうした形で残すことができたことは、やはり意味があったと今では思うようになっている。前出の古史古伝研究家Nの先見には感謝したい。

無情な時の流れは人だけではなく、建物にも及んでいる。外三郡誌の〝発見の地〟とされた和田さんの家は、いとこのキヨヱさんの手に移った。本書で紹介しているように、この謎だらけの家は二〇〇三年二月、偽史研究家の原田実さんと古代史研究家の齋藤隆一さんによって細かく調査された。そして、その半年後にはきれいさっぱり解体された。すべては、思い切りのいいキヨヱさんの意思だった。

岩木山から吹きつける強風に土ぼこりが舞うさら地の上に、かつての外三郡誌の〝栄光〟をしのばせるものは今何もない。すべては、風化に向けて足並みをそろえようとしているのかもしれない。

執筆にあたっては、多くの方々にご協力いただいた。記者特有のしつこい質問に我慢強くつき合ってくれた博覧強記の原田さん。事あるごとに福島県からわざわざ青森に駆けつけ、状況を説明してくれた齋藤さん。難解な偽書問題の側面を緻密な論理で解説してくれた産能大学元教授の安本美典さん。「なんでこんな作りものにだまされるんだろう」と首をひねりながらも、いつも津軽人らしい快活、率直さで答えてくれたキヨヱさん。地域にとっては微妙な問題にもかかわらず、臆することなく証言してくれた刀剣研師の相馬彰さん、元岩木町文化財保護審議会委員の三上重昭さん、青森古文書解読研究会会長の鈴木政四郎さん。「おもしろく読んだよ」と言いながら、原稿のチェックにあたってくれた弁護士の石田恒久さん。そして何より、突然の取材やさまざまな資料の提供依頼に快く応じてくれた野村孝彦さん。十四年前、彼が外三郡誌訴訟提訴に踏み切ろうとしていた時に取材に応じてくれなければ、私と外三郡誌との出会いはなかった。「思えば遠くへ来たもんだ」。今はそんな心境だ。

出版社という外部からの執筆依頼に対して快諾してくれた東奥日報社の塩越《しおこし》隆雄《たかお》社長、洞内《ほらない》正幸《まさゆき》編集局長。そして、取材に応じてくれたすべての人たちに謝意を表したい。ありがとうございました。

二〇〇六年春　中世の山城跡が見える自室で

斉藤光政

文庫版あとがきに代えて～その後の『東日流外三郡誌』事件

「文庫用のあとがきを書いてください。できれば、ハードカバーを出版して以降の動きを入れてもらえれば助かります」

傍らにいた、若くてスラリとした編集者がそう言った。

目の前には外三郡誌のなかで、安東水軍の本拠地として登場する十三湖が広がっていた。初秋の陽光に照らされた汽水湖の水面は穏やかで、ほほえんでいるようにさえ見えた。九月半ばのことだ。

本書をお読みになった方はすでにご承知と思うが、アジアを駆け抜けた安東水軍なるものは歴史上、存在しない。虚構なのである。

不思議なことに、その存在しなかったはずの幻の船団が、時空を超えて水面にポッカリ浮かんでいるような感じが、チラッと頭をかすめた。

そんな自分に対して、昼食に食べた十三湖名物のシジミラーメンの余韻を口のなかで楽しみながら、そんなばかな……とつぶやいているもう一人の自分がいた。ある意味で、これも外三郡誌の魔力だったのかもしれない。

先の編集者が言うのは、本書の第一刷を刊行した二〇〇六年十二月以降に、外三郡誌関連で何か変わった動きがあったら、このあとがきのなかに盛り込んでくれ、ということだった。

青森市の自宅に戻ってから、はてさてと頭をひねった。何かあったかな?……と。確かに、本書を出して以降、日本全国から多くの感想、意見が手紙として寄せられた。インターネット上でも、さまざまな形で取り上げてもらい、いまだに話題に上ることがある。

あらためて、外三郡誌の影響力の大きさを思い知らされたわけだが、そのほとんどは「やっぱり、偽書だったんだ」「うそくさいと思っていたんだよね」「どう考えてもそうだよ」という、本書を肯定するような内容だった。

「目が覚めました。もう外三郡誌は読みません」といった〝転向声明〟もあったが、それは少数。思った以上に読者は〝冷静〟に外三郡誌という怪物と向き合っていたのである。

そんななか、ある動きがあった。それは擁護派から「外三郡誌の原本が出て来た」との発表がなされたことだ。

本書のなかで繰り返し書いてきた、あの『寛政原本』のことである。その『原本』なるものが和田喜八郎氏の遺品のなかから見つかった、というのである。

これまで問題になってきた外三郡誌は、明治時代に和田氏の曽祖父が筆写したものだったから偽書扱いされた、今度は筆写する前の『原本』だから文句はつけられないだろう、というのが擁護派の大まかな主張だった。言葉通りだったら確かに〝大事件〟ではあった。

『寛政原本』のご開帳は、二〇〇七年四月の古田武彦氏の講演会（東京）などに合わせて行われた。果たして、注目の結果は……。

ここで登場するのが、本書の主要人物の一人、そう、偽書研究家の原田実氏だ。彼は擁護派が『原本』と称するものを会場でつぶさに観察し、そして分析した。その結果は
「いや、もう驚きましたよ。その『寛政原本』は見事に和田喜八郎さんの筆跡だったんです。あきれかえりました。結局、これまでの和田家文書となんら変わりなかったということです」

という、じつにあっけないものだった。

外三郡誌をはじめとした従来の和田家文書と同じ筆跡だった……。オチと言うにはあまりにもお粗末すぎる結果だった。

「失笑以外の何ものでもない」。そう続ける原田氏の声に背を向けるように、古田氏らは二〇〇八年六月、その『寛政原本』などを基にまとめた『東日流〈内・外〉三郡誌』

という本のオンデマンド出版に踏み切った。購入を希望する人がインターネットを通して申し込むという形の〝限定販売〟である。これに対する原田氏の評価はいつも以上に手厳しかった。

「この本はある意味、出版という形をとった自爆テロである。ただし、それで爆砕するのは古田氏一人である」（『と学会誌21』二〇〇八年）

自爆テロなのだそうだ。まさに、原田節炸裂《さくれつ》と言ってよかった。

ちなみに、原田氏は『と学会年鑑ＡＱＵＡ』（楽工社、二〇〇八年三月）のなかで、和田氏の筆跡見本と、この『寛政原本』なるものの一部を掲載し、わかりやすく比較している。それをご覧になれば、こうした彼の言葉の底にあるものを理解しやすいと思う。

また、彼のホームページ「原田実の幻想研究室」にも、この『原本』騒ぎに関連した興味深い論考が複数掲載されている。関心のある方はアクセスしてほしい。

そんな出来事の一方で、二〇〇九年に入って古代史研究家の齋藤隆一氏から資料と手紙がドカッと私の元に届いた。齋藤氏も原田氏と同様に、本書で準主役級を務める一人である。きまじめな彼らしく、手紙の内容は理路整然としていながら、それでいて熱かった。

彼が言うには、ある作家が地方新聞などに掲載している疑似歴史小説のなかに、外三郡誌などの文字が出てくるというのだ。それだけでなく、その作家は小説の基本設定として、外三郡誌に登場するさまざまなファクターに魅力を感じている、と公言してはばからないのだという。

表現の自由がある。ましてや、こうした作家たちは「この物語はフィクションです」と断ったうえで文章を掲載し、文化、経済活動の一環として本を刊行している。何一つ問題はない。だが、齋藤氏はどうしてもひっかかるのだ、と言う。

「彼ら（作家たち）の考えは、どんな〝うその資料〟を使っていても、面白ければいいということなのです。でも、〝外三郡誌は偽書だ〟と言いながら、それでも小説の種にしたいがために〝あの膨大なすべてがうそとは思えない〟と言って、自分の都合のいい所だけを正当化する。そういった姿勢はどうなのでしょうか。

あまりに多様化した情報社会のなかで、携帯電話をバイブルにした若者たちの心から情報に疑問を持ったり、論理的説明を求めるという意欲が失われつつあるのを感じます。感覚的に面白いものを信じるというのは、若者たちの一種の自己防衛かもしれませんが、そこにあやうさを感じてなりません。外三郡誌がいずれまた、こうした疑うことを知らない若い世代の前に、亡霊となってよみがえることは十分にあり得ることなのです」

このあとがきの冒頭に、私は外三郡誌には魔力があると書いた。魔力はやすやすと人の心をとらえる。それは心地よい毒を含み、ある意味で魅力にあふれるからだ。

だが、魅力があるだけで、興味があるだけで、安易にわが身中に取り込んでいいものなのか。ましてや、毒に対して抵抗力が弱い若者が……。そう、齋藤氏は問いかけているのである。

「アナログ世代の抵抗です」と齋藤氏は笑う。だが、私は彼を笑うことができない。外三郡誌に代表される亡霊たちは、今もこの世をさまよい、隙あれば、人の心のなかにスルリと入り込もうとしているのだから。

オカルトブームが再燃しているという。そう言えば、コンビニの本棚には心霊やホラー、陰謀論、オーパーツ、超古代史といったちょっと怪しげな種類の簡易本がズラリと並び、若者たちがお茶のペットボトルやポテトチップスとともに、気楽に買い求めている。

本書のなかで繰り返したとおり、外三郡誌を生み、育てた土壌にはオカルトがあった。そして今、世のなかをスッポリ覆う経済不況を待っていたかのように、その土壌が再び整備され始め、それどころか〝地味〟豊かにさえなろうとしているのである。密かに、そして、ゆっくりと。

『マルサの女』や『あげまん』『お葬式』など数々のヒット作で知られる映画監督兼俳優の故・伊丹十三《いたみじゅうぞう》氏の父親で、やはり映画監督だった万作氏（一九〇〇～四六年）は終戦直後、こんな趣旨の言葉を残した。真の戦争責任者を問うたものだ。

「戦争のあと、多くの人が〝だまされていた〟〝知らなかった〟と言いました。本当にそうだったのでしょうか。〝だまされたかった〟〝知ろうとしなかった〟のではないでしょうか。おかしいと感じる人はいたのに、流れを止めることはできなかったのはなぜでしょう」

この言葉の冒頭の「戦争のあと」は、そのまま「外三郡誌真偽論争のあと」に置き換えることができるだろう。「だまされたかった」「知ろうとしなかった」人々の心の隙間に、齋藤氏の言う〝亡霊〟はそっと忍び寄るのだ。

おかしい、と感じるセンサーは錆《さ》びついていないか。あれっ、と疑うアンテナは倒れていないか。あらためて、自分の頭をコンコンとたたいてみる。

最後に、この場を借りてお礼を言いたい人が四人がいる。まず一人は、ノンフィクション作家の立花《たちばな》 隆《たかし》氏。本を見抜くことに関してはプロ中のプロの立花氏に「本書は大宅壮一《おおやそういち》賞の候補に当然入るだろうと思っていた。ナゾ解きものとしても、なまじの推理小説よりはるかに面白い」と、『週刊文春』(二〇〇七年四月十二日号)で評してもらった時は飛び上がるほどうれしかった。残念ながら、大宅壮一ノンフィクション賞の候補にはならなかったが、望外の喜びだった。ありがとうございます。

次に、書評家の東《あずま》えりか氏。東氏には『本の雑誌』(本の雑誌社、二〇〇七年九月号)のなかで、本書を「二〇〇七年のナンバーワン」に推してもらった。「北津軽に伝わる伝承集『東日流外三郡誌』がどんなにデタラメかを検証する本なんですよ。メチャクチャおかしい」の一文には感激しました。本当に。

三人目は、私にとって取材という分野で大きな羅針盤であるルポルタージュ作家の鎌《かま》田慧《さとし》氏。鎌田氏には無理を言って、この文庫本の解説まで書いてもらった。感謝に堪えません。

そして、本書が世に出るきっかけを作ってくれた新人物往来社の元編集局長で、現在は山川出版社編集局長の酒井直行《さかいなおゆき》氏。「こういう本を刊行し、社会に問うのがわれわれの義務なんだよ」の言葉にはグッときました。

もちろん、文庫化を進めてくれた新人物往来社制作デザイン室長の福井憲太《ふくいけんた》氏には謝意を表したい。そして何より、手に取って読んでくれたすべての人たちに一言。ありがとうございました。

二〇〇九年十一月

斉藤光政

新章　あれから十二年――偽書事件の今

老作家の告白

「あの本を書いた記者の方ですよね。よくまとまっていて、とてもいい本でしたよ、本当に。自分も外三郡誌にはちょっと首を突っ込んだほうだから、読み終わってから恥ずかしくなっちゃってね」

ある著名な老作家から数年前、唐突に言われた。彼が言う「あの本」とは、みなさんが手にしているこの『戦後最大の偽書事件「東日流外三郡誌」』のことである。彼が外三郡誌に「首を突っ込んだ」結果、安東氏をキーワードに小説を発表したのは四十年以上も前、外三郡誌が『みちのくあけぼの――市浦村史資料編 東日流外三郡誌』（全三巻、市浦村史編纂委員会）と銘打って世に出たばかりのころの話である。

大手出版社から刊行された老作家の本の帯には「長編歴史ロマン」の文字が華々しく

躍っていたことを私は知っていた。資料の一つとして読んでいたからだ。そして、老作家が巻末で一人の市浦村役場幹部に対して献辞を贈っていたことも。

献辞を贈られたその村役場幹部は、村史編纂委員として外三郡誌を送り出したあげく、外三郡誌をベースに歴史関連本まで出版したとても鼻息の荒い人物だった。しかし、真偽論争によって外三郡誌が不利になると一転して平身低頭、「真偽のほどはわからない」と逃げを打った人物でもあった。あまりの移り身の速さ、保身の巧みさにあきれ返ったものだ。外三郡誌にかかわったのはそんな人間ばかりだった。正直、インタビューしていてうんざりした。

それに比べて、老作家の態度は潔かった。外三郡誌については作品のなかで小道具として使っていただけなのだから、私なんかにあえて、「恥ずかしい」などと切り出す必要はなかった。「すこぶる興味深く読みました」「質量ともに抜群のノンフィクションと感銘を受けました」。そんな、彼の真摯な言葉の一つ一つに申し訳なく、逆に恐縮してしまった。

老作家に続くかのように、やはり、ある歴史研究者から「真偽論争の際にはご協力できなくて申し訳ありませんでした。学界の友人たちから外三郡誌と斉藤さんにはかかわらないほうがいいと忠告されていたもので……」と打ち明けられたのにも驚いた。何を今さら、と思わないわけではなかったが、それが世の中の常なのだろうと自分に言い聞かせるとともに、アカデミズムの世界に「斉藤記者にはかかわるな」というお触れが回っていたことをあらためて知り、偽書問題の根深さ、深刻さを痛感した。

一方で、「あんなやつ、大嫌いだ」と、いまだに私を名指ししてやまない作家たちがいることも承知している。彼らは外三郡誌のビリーバーとも呼ぶべき存在で、作品のなかに再三、外三郡誌のテーマを忍び込ませていた。だからこそ、自分の創作世界が傷つけられたと感じたのかもしれない。真偽論争の過程でいつしか「偽書派の急先鋒」とみなされるようになっていた私は、自分でも知らぬ間に多くの敵をつくっていたのである。

しかし、ここであえて断っておきたいのは、決して犯人捜しや魔女狩りなど行っていたわけではないということ。ただ、謎に包まれた津軽の奇書の〝真実〟を、闇の底深くに潜む得体の知れないものの〝正体〟を、そしてそれを取り巻く人々の〝心〟を知りたかっただけだ。そんな取材の顚末を、一地方記者の視点からまとめたのが、本書のつもりだったのだが……。

ハードカバーとして新人物往来社から出版したのは二〇〇六年だから、実に十二年の月日が流れたことになる。取材時には三十代の突撃記者だった私も、今では部下の労務管理に明け暮れる毎日で、一線記者としての生活も残り数年を数えるばかりになった。

オウム真理教と外三郡誌

あれから十二年……。

今回、集英社の再文庫化の要請にこたえるにあたって、どうしても書いておかなくてはいけないと心に決めていたことがあった。オウム真理教と外三郡誌のかかわりである。

ご存じのように、二〇一八年七月に教祖の麻原彰晃《あさはらしょうこう》（本名・松本智津夫《まつもとちずお》）はじめ教団幹部十三人が死刑に処された。死刑そのものの是非についてはここで言及しないが、「皇室の祖先こそ侵略者」という反体制史観に彩られた外三郡誌にいち早く共鳴したのが、このオウム真理教にほかならなかった。麻原はもともとオカルト好きで、偽史研究家の原田実さんによると、のちに外三郡誌を出版することになる八幡書店（東京）の〝常連客〟でもあり、月刊誌『ムー』のライターの一人だったという。

麻原は、オウム真理教の前身であるオウムの会代表だった一九八五年の時点で『ムー』に「実践ヨガ」なるものを連載。その直後からイベント予告を同誌などに掲載するほか、あの有名な空中浮遊写真を使って信者勧誘を積極的に行うなど組織の基盤固めを着々と進めていった。そして「幻の超古代金属ヒヒイロカネは実在した⁉」とする記事を『ムー』に寄稿するに至るのである。

この奇怪なタイトルの記事は、太古の地球上には日本を中心とした高度な文化が存在し、謎の金属であるヒヒイロカネを源泉とする超能力によって支えられていたなど――という内容で、元ネタが外三郡誌と並ぶ古史古伝のスター、『竹内文献』であることがポイントだった。麻原は反天皇的な傾向を持つ外三郡誌と、この『竹内文献』のエッセンスを大胆に吸収しミックスすることで、ある予言にたどりつくことになる。

「今世紀末に地球でハルマゲドンが起きるが、生き残るのは修業の末に超能力を得た神仙民族と呼ばれる人々であり、指導者は天皇とは異なる日本人」という摩訶不思議なものである。

『竹内文献』は第十章で紹介したように、京都帝国大学文科大学の初代学長、狩野亨吉によって戦前の段階で「偽造」とみなされたいわくつきの偽書である。一九八〇年代の麻原は、ヒヒイロカネによる超能力増幅によってハルマゲドン後の世界まで霊視することができる――と豪語していたことでもわかるように、古史古伝＝超古代史への傾倒ぶりが半端ではなかった。そんな状況を原田さんは、開教当初のオウムの活動は「偽史運動だったと考えざるを得ない」と表現し、「麻原の記事『幻の超古代金属ヒヒイロカネは実在した⁉』は欺瞞《ぎまん》に満ちた内容であり、すでに後年の麻原の言動を彷彿とさせるものが現れている」と分析する。

「幻の超古代金属ヒヒイロカネは実在した⁉」が掲載された翌年の一九八六年、オウムの会はオウム神仙の会と名を改め、オウム真理教への道を一気に駆け上がる。そして、八幡書店が外三郡誌を大々的にPRし、出版に踏み切るのはさらに三年後の一九八九年。原田さんの言葉を借りるなら「いわばオウム真理教は、八幡書店が播《ま》いた種から芽吹いた突然変異体のようなものだった。その芽はぐんぐん大きくなり、やがては種を播いた当人たちにも想像がつかないような毒の花を咲かせるのである」（『トンデモ偽史の世界』楽工社、二〇〇八年）。

「毒の花」とは神経系の毒ガス・サリンのことである。オウム真理教が化学兵器を使った世界初のテロ＝地下鉄サリン事件に手を染めるのは一九九五年。死者十三人、重軽傷者六千人以上を出した、この地下鉄サリン事件をきっかけに司法の追及が本格化し、やがて自滅への道をたどることになるのはご承知のとおりだ。超古代史に代表される偽史は、無害で他愛《たわい》ない書物ではありえないことがオウム真理教によって悲劇的な形で証明されたのである。

原田さんは皮肉混じりに言う。

かつての『ムー』投稿者・松本智津夫は、ヒトラーが世界史を操る「影の組織」によってベルリンの地下壕《ちかごう》から救出され、南極に逃れたとする精神科医・川尻徹《かわじりとおる》（1931〜93）の説の信奉者だった。オウム施設内の子供たちは、周囲の大人から、

「ヒトラーは今も生きている」と教え込まれていた。世の識者は彼らの無知をあざわらうが、ヒトラー生存説は「無知」というよりも、むしろ「超知」に属するものである。オウムが偽史運動の一種である以上、教団内部と一般世間との歴史観に乖離《かいり》が生じるのは当然だろう。麻原が逮捕された1995年5月16日、彼は上九一色村《かみくいっしきむら》の教団本部にある第六サティアンの隠し部屋で960万円の現金を抱え、震えながら「影の組織」の救いの手を待っていたのだろうか。

（『トンデモ偽史の世界』）

この一文によって、法廷でついぞ解明されることがなかった麻原の特殊な精神構造、そして彼が被告席でつぶやき続けた謎の言葉のいくばくかが理解できるような気がする。

サブカルチャーの視点

そして、教団幹部らの死刑執行に伴ってあらためてクローズアップされたのが「あんな純粋で高学歴な若者がなぜ、オウムに引き寄せられ凶行に及んだのか」という疑問だった。これに対して、オピニオン漫画家で保守派の論客として知られる小林よしのりさんは「こんなもん、謎でも何でもない」と一刀両断。「現世はいずれ滅ぶ。だが麻原に帰依すれば世界を救済する存在になれるのだ！　そう言われたら、自分にはまだ中途半端な実力しかなく、社会じゃ大して通用しないという現実を、直視できない若者は、幼稚なプライドを満足させてくれるオウムに、いともたやすく吸い込まれてしまう」と明快に解説してみせる。

そして、信者らの背景にはオカルトが存在した事実を次のように指摘する。

オウム真理教は、ヨガや仏教のマネゴトに、オカルト・超能力・サブカルといった要素を取り入れ、ごちゃ混ぜにしたヘンテコな宗教であり、それは必然的にカルトになるしかないものだった。しかし、そうして当時の若者の大好物を全部ぶち込んであったことも、彼らがオウムに引き寄せられた大きな要因だった。

（『SPA!』扶桑社、二〇一八年八月十四・二十一日合併号）

サブカルを教養のなかに貪欲に取り込むオウム真理教の危険性を、やはりサブカルの世界で敏感に受け止めていたのは、歴史漫画家でアニメ監督の顔も併せ持つ安彦良和《やすひこよしかず》さん。日本のアニメ史を変え、一大ブームを起こした不朽の名作『機動戦士ガンダム』（一九七九年）の産みの親の一人である安彦さんは、地下鉄サリン事件を現代の選民思想が行き着いた果ての惨劇——ととらえている。

こうした選民思想は、ガンダムに登場する「ニュータイプ」というエリート志向の影響を受けているのではないか、という私のぶしつけな質問に、安彦さんはこう答える。

「確かに、オウム真理教事件に際しては選民思想というワードを介してガンダムとの関連性が取りざたされ、〝われわれの仕事が悪い方に作用しているのではないか〟と思ったこともありました」

「そんなオウム真理教の信者たちが〝ポアしなければ〟といって殺人を正当化したみたいに、〝今の世の中は住みにくいから、特別に選ばれた自分たちでつくり変えるんだ〟と破壊を正当化する人たちがいつか出てくることが考えられます。そのときにガンダムのニュータイプという思想が引き合いに出されたりすると気持ち悪いし、非常に危ない。もしかしたら、ガンダムで人生をまちがう人間が出るかもしれない。だからこそ、作品の裏表を知る人間が知らない顔をしていちゃいけないと思うんです」

ガンダム世界のキーワードであり、アムロらが生まれつき持つある種の交感能力＝ニュータイプと選民思想を同一視されることを嫌っているのだ。

こうした作家としての使命感と危惧が、結果的にコミックによる『機動戦士ガンダム』のリメイク版である『機動戦士ガンダム　THE《ジ》　ORIGIN《オリジン》』執筆へと走らせることになる。タイトルのORIGIN（起源）が示すとおり、単なる描き直しではなく「もともとのガンダムはこれなんだ」という強い思いの表れだった。これを見ろと。

コミック版ガンダムの連載開始は二〇〇一年六月で、以後十年続くロングシリーズとなる。

ちなみに、『古事記』『日本書紀』など歴史に多くの題材をとり、「日本の成り立ち」をライフワークとする安彦さんの本書に対する評価は「古代史学界のタブーに切り込む快作」で「古田史学敗退の決定打」なのだとか。また、外三郡誌事件そのものについては「コンプレックスと誇大妄想が生んだ最大の戯画」と表現し、一時期はマスコミの寵児だった古田さんにも関心を寄せ、次のように語る。

古田武彦という人も「学界」というメインカルチャーの世界では不遇な身の上だったのだろう。「反中央」「反津田史観」のその立場はかなりかたくなで、論理は尖《とが》っていて喧嘩腰だった。その外連味《けれんみ》が、これも想像するのだが、氏を一種の袋小路に追い込んでしまったのではなかったか。

(『革命とサブカル』言視舎、二〇一八年)

安彦さんの波乱多き人生と、ガンダムのルーツという奥深い世界をさまよった末の二〇一七年春、私は『原点　THE　ORIGIN～戦争を描く、人間を描く』(岩波書店)を安彦さんと共著で上梓《じょうし》することになる。関心のある方は手に取ってほしい。

陰謀論との類似性

このようにオウム真理教が信者以外をすべて敵とみなし、多くの殺人＝テロに手を染めたのは、自分たちを絶対視し他者を排除する教義＝ハルマゲドン思想ゆえだった。繰り返すが、その教えは『竹内文献』、外三郡誌などに代表される古史古伝＝超古代史のいいとこ取りにすぎず、外三郡誌が既存の歴史本や雑誌などのキメラ、つまり合成物にすぎないのとまったく同じ構造だった。自分たちの信仰に都合のいいところだけ、信者の耳に心地よいところだけをつまみ食いし、教団独自の世界観をつくりあげていく、それが教義なるものの実態だったのだ。

そうした行為は、えてして陰謀論にも似通っている。日本中世史の研究者で、『応仁の乱』（中公新書、二〇一六年）のベストセラーで知られる呉座勇一《ござゆういち》さん（国際日本文化研究センター助教）によると、陰謀論者は「真実」という言葉を連発することで「陰謀」論こそが〝真実の歴史〟なのであり、世間一般で信じられている歴史像は偽りの歴史という方向に強引に持っていくのだという。「妙に使命感が強い」のも特徴だとか。

まさに、オウムそのものではないか。

呉座さんは読売新聞書評欄「空想書店」（二〇一七年十月八日）のほか、最新作『陰謀の日本中世史』（角川新書、二〇一八年）のなかで本書を取り上げ、外三郡誌の偽書性についてあらためて言及。「考古学的調査との矛盾、史料中に登場する用語の新しさ、発見状況の不自然さなどから、現在では偽書との評価が確定している。偽書の作成者は筆跡から、和田喜八郎その人と考えられている」と結論づけたうえで、陰謀論に「類似の現象」として紹介している。

そして「一見して偽書として明らかなものは黙殺するのが学会の常識」「わざわざ否定するために研究するのは時間の無駄」と考えたあげくに、真偽論争を無視するにいたった歴史アカデミズムの無責任さに注目し、こう言い放つのである。

全ての日本史研究者が「時間の無駄」と考えて無関心を決め込めば、陰謀論やトンデモ説は致命傷を負うことなく生き続ける。場合によってはマスコミや有名人に取り上げられ、社会的影響力を持つかもしれない。誰かが猫の首に鈴をつけなければならないのだ。それが、本書を著した理由である。

（『陰謀の日本中世史』）

猫の首に鈴をつける作業には、業界内におふれが回ったり、怪文書が届いたりと、なにがしかの痛みが伴う。しかし、それをあえてやらなくてはいけないのだと呉座さんは口を酸っぱくして言うのである。陰謀論が増長するのだと。

実際のところ、陰謀論＝オカルトには大した知識など必要なく、ビリーバーにとって「こうあってほしい世界」を演出するだけでいい。その仕組みについて、原田さんは

オカルトにはまる、はまらないは科学知識の有無で決まるわけではない。その証拠に、オウム真理教の信者には理系研究者出身の人が多かった。オカルトは科学と対立するものではなく、先に述べたように、それぞれの時代における最先端の科学をとりこんで自らを飾ろうとするものだからである。

（『オカルト「超」入門』星海社、二〇一二年）

と説明する。
オカルト的経験は科学知識の有無とは関係なく、インフルエンザのように、いつ誰に訪れてもおかしくない思想的ウイルスであることを肝に銘じておきたい。

十二年後の評価

さて、刊行から十二年たって気になるのは外三郡誌の今の位置づけである。インターネット時代の百科事典ともいえるウィキペディアで「東日流外三郡誌」を検索してみ

よう。

「古史古伝の一つで、古代における日本の東北地方の知られざる歴史が書かれているとされていた、いわゆる和田家文書を代表する文献。ただし、学界では偽作説が確実視されており、単に偽作であるだけでなく、古文書学で定義される古文書の様式を持っていないという点でも厳密には古文書と言い難いと言われている」

一口で言うなら、古文書の体裁すら整っていない偽作——ということでなかなか厳しい評価だ。さらに、ウィキペディアは「現在では公的団体も偽書であることを公表している」と続け、その公的団体の具体例として青森県教育庁を挙げ『十三湊遺跡発掘調査報告書』（二〇〇五年）の次の一文を示す。

「一時公的な報告書や論文などでも引用されることがあった『東日流外三郡誌』については、捏造された偽書であるという評価が既に定着している」

「捏造」なのだという。また、新人物往来社の文庫版あとがきでも触れたが、古田武彦さんが晩年になって主張し始め、今や数少ない擁護派の依り代となった感のある「寛政原本の発見」についての説明はこうだ。

「二〇〇七年（平成十九年）、古田武彦は『東日流外三郡誌』の『寛政原本』を発見したと発表、二〇〇八年（平成二十年）には電子出版された。しかし、これについて原田実は、その筆跡はことごとく従来の和田家文書と同じであると主張している。『寛政原本』はすでに活字化された『東日流外三郡誌』のいずれとも対応しておらず、その意味では（活字化されたものの）テキストに対する原本とはいえない」

さらには「公表された文書については、かつて和田喜八郎が公表していた写本に過ぎず、突然、『寛政原本』と断定されたことになる。また和田喜八郎の筆跡と一致しているとする主張がある。『寛政原本』を発見したという発表が、学会やマスコミで取り上げられることはなかった」（ウィキペディア「古田武彦」の項）とも。

こちらは従来と同様に和田さんの手によるもので、しかも出版された外三郡誌とはまったく無関係なもので原本たりえないというのだ。

かねてから古田さんは、外三郡誌には明治時代の写本とは別に、その底本となる寛政時代の原本＝『寛政原本』が存在するはずだから、それさえ出てくれば偽書説は覆せる――と抗弁し続けていた。そしてついに二〇〇七年、その『寛政原本』なるものを発見したと発表し、自らの講演会場に展示したのだが、それは原田実さんによると「あきれ果てた……」内容にすぎなかったというわけだ。

そこに展示されていたものは、まぎれもない喜八郎の筆跡での書き物と、実録本（江戸時代に出版統制を逃れるため、無記名の写本で流通した歴史読物）に喜八郎の筆跡で「孝季」と署名されたものだった。

そもそも、以前に世に出ていた和田家文書と対応するテキストではない以上、「原本」ですらない。それは他のものと大差ない和田家文書を古田にしかわからない理由から寛政原本と認定しただけの代物だった。

（原田実『偽書が描いた日本の超古代史』河出書房新社、二〇一八年）

「古田にしかわからない」ような代物をマスコミが取り上げなかったのは、さすがに外三郡誌に振り回され続けた過去（第十二～十五章参照）にこりて、今では何が危険かを悟るにいたったということなのだろう。だが、そんなマスコミに対して、さらには自分の元を離れ、偽書派に〝転向〟した学者らに向かって古田さんは吠える。

学者の中にも（見苦しい形で）所論を〝変説〟するものさえ現われた。しかし、事実をくつがえすことは、いかなるジャーナリストにも、いずれの学者にも、金輪際不可能である。（略）もはや、天地がくつがえされても、「寛政原本、存在す。」この事実を変えることは、誰人にも不可能である。

（『俾弥呼《ひみこ》の真実』ミネルヴァ書房、二〇一三年）

こうした古田さんの晩年の言動について、かつて部下として彼の言動をつぶさに見る機会があった原田さんは「陰謀論的傾向があった」と分析する。

『東日流外三郡誌』が現代人の手になる偽書であることが判明しても、古田はその偽作性を認めようとせず、偽書説の背後に黒幕がいると言い出して、晩年まで陰謀論的傾向を深めていった。（『オカルト化する日本の教育』ちくま新書、二〇一八年）

ちなみに、安本美典さんと齋藤隆一さんによると、外三郡誌をはじめとする『和田家文書』の現存分の多くは二〇一八年の時点で、藤本光幸さんの妹の竹田侑子さんが管理しているという。

インターネット恐るべし

併せてウィキペディアは、古田さんがかつて所属し、外三郡誌研究の場となっていた昭和薬科大学文化史研究室が「古田の退職後廃止された」ことも教えてくれる。古田さんの定年退職は一九九六年だから、それ以降のことなのだろう。

しかし、古田さんの創作意欲は大学を離れても衰えることなく、二〇一〇年に入って「古田史学のこれまでの諸成果」をまとめた『古田武彦・古代史コレクション』なるものの刊行をスタートさせる。

版元は学術系出版社のミネルヴァ書房（京都市）だが、刊行・販売停止を求める署名運動がネットで立ち上がったのには正直、驚いた。呼び掛け人はプロ家庭教師の肩書きを持つ井内誠司《いのうちせいじ》さんという方で、自身のブログによると「古田史学は学問的欠陥を嘘と恫喝で覆い隠したもので、名誉毀損された人が数多く存在し、ねつ造が明白」だから、反対行動に踏み切ったのだという。

ネット恐るべし、である。

こうした状況を受けて、偽書派として古田さんと鋭く対峙《たいじ》し続けた安本さんは次のように総括する。

このていどの幼稚な偽書にだまされて、いまでも『東日流外三郡誌』は、本物の古文書だといって、がんばっている「学者」がいる。古田武彦氏などである。そして、そのファンの人たちがいる。旧石器捏造事件のばあいでも、歌川広重の『東海道五拾三次』の原画なるものの発見のばあいでも、三角寛《みすみかん》のサンカの研究書なるもののばあいでも、『東日流外三郡誌』のばあいでも、一方で、大がかりな捏造をする人がいる。一方で、それを本物だと信じ、本物と主張する「大学教授」たちが出現する。構図は、共通している。

（『真贋論争「金印」「多賀城碑」』勉誠出版、二〇一五年）

文中の「サンカの研究」とは、国内の山野で漂泊生活を送る被差別民のサンカ（山窩）は、神代以来の伝承・習俗を脈々と受け継いでいる——とする考えで、縄文の残像を現代に求める古代史や民俗学の一部研究家が、かねてから深い関心を抱き続けてきたテーマでもあった。実際にはありえないサンカ文字の存在やその生活形態について一九六〇年代に詳細にリポートし博士号まで取得。その道の〝専門家〟として広く知られ、サンカ研究を〝独占〟していたのが元新聞記者で小説家の三角寛さんだった。

ところが、民俗研究者の筒井功《つついいさお》さんの地道な取材・調査によって二〇〇〇年代に入って、三角さんの研究の多くが単なる創作であることが明らかになったのである。筒井さんにいわせるなら「常人の神経では理解しがたいほど」の虚言者であった三角評は以下のとおり。

三角がしていたのは、取材でも研究でもなかった。それは所詮、作り話のネタあさりにすぎなかった。小説や虚構の研究のイマジネーションを得るための材料集めであった。だから事実にも、情報の細部にも、こだわらなかったのである。三角は、もともとが研究には、もっとも不向きな体質の持ち主であった。性格的に、あるいは心情的に、厳密な事実への執着がうすいからである。その代わりに、わずかな事実に、とんでもない尾鰭《おひれ》を平気で付ける。というより、付けずにいられないのである。

(『サンカの真実 三角寛の虚構』文春新書、二〇〇六年)

もう、ここまで記せば、読者の方々には十分だろう。サンカ〝研究者〟の三角さんも、外三郡誌〝発見者〟の和田さんも同じ体質を持っていたのである。「事実への執着がうすく、わずかな事実にとんでもない尾鰭を平気で付ける」という点においてである。安本さんはその事実を指摘しているのだ。

「三角の相当部分は本当ではないかと考えている人たちが少なくないようである。三角の研究書、随筆類は事実の報告として世間に公表されたものである。いくらなんでも、そのほとんどが嘘などということがあり得るとは、思えないのであろう。／だが、そこで語られていることから虚構、作為の部分を一つひとつはぎ取っていくと、あとには何も残らないといっても過言でないくらい、三角の著作はつくりごとで埋め尽くされているる」と断言する筒井さん。

「要するに、サンカ研究には何の益するところもないのである。人をまどわしつづけているという点で、むしろ障害にしかなっていない」と結論づけるが、その虚偽性をいくら暴かれても、〝信者〟が絶えないことや、社会的に悪影響を残し続けている部分など、外三郡誌問題と符合することばかりであらためて驚かされる。

本書への評価

一方で、これを機に興味深い人物による「感想文」がネットをにぎわしていたことも報告しておきたい。イラストや漫画などマルチジャンルで活躍し、仏像ブームを巻き起こしたみうらじゅんさんで「わが人生最高の10冊」（『週刊現代』二〇一三年五月十一・十八日号）と「マイブーム・オブ・ブックス（2010）『土着・裏日本史編』」の二つに、本書をセレクトしてくれたのだ。その理由がなんともうれしい。真偽論争にかかわりのないごく一般の人の事件のとらえ方がよくわかるので、全文を紹介しよう。

青森が好きで、恐山などグッとくるスポットをいろいろ巡りました。青森に関する本も集めたりしてました。なかでも、この本は、めちゃくちゃ面白かった。これは津軽地方のある農家から、門外不出の古文書が見つかった事件のルポルタージュ。その古文書には、古代の津軽には大和朝廷に対立する王朝があったと書いてあって、村やマスコミを巻き込んだえらい騒動になるんです。でも、学者がよく調べたら、紙が最近のものだとか、書いているのが発見者本人なんじゃないかとか、いろいろ疑問が出てくるわけで。いわゆる偽書騒動。でも、それが広まった背景には、東北が中央に制圧されてきた歴史とか、古事記より前に書かれたものが見つかっていないこととか、いろいろあるんですよね。／このほかにも青森には、キリストの墓があったりピラミッド伝説があったり、独特の歴史と文化がある。とても、おもしろい世界だと思います。

ネットではないが、コミックなどサブカルチャーにめっぽう強い評論家の呉智英《くれともふさ》さんは、本書を「『外三郡誌』が偽書であることを完璧に確定した本」であり、「偽書事件の最良の報告書」と評価し、次のように続ける。

斉藤光政は（略）地方紙記者としての利点を最大限に活用して、和田喜八郎にもその周辺の人にも綿密に取材をしてゆく。和田の若い頃からの芳しからぬ評判、行動。和田家が古文書を伝えるような名家ではなかったこと。和田が創作した神社、その御神体。新聞記者らしい読みやすい穏当な筆ながら、事件の意味するものの深さが行間から伝わってくる。

（『マンガ狂につける薬　二天一流篇』メディアファクトリー、二〇一〇年）

知の巨人として名高いジャーナリストの立花隆さんも刊行当初から本書を推してくれた一人。外三郡誌を「偽書中の偽書」とみなす立花さんはこう語る。

　これは綿密な取材に基づいていて、この偽書がどのようにして生まれたのかを、わかりやすく解説していきます。偽書が作られた現場をちゃんと押さえて、どういう人間がこれをやったのかと解明してしまうのですから、これは見事な説得力を持っている本です。あまりに面白いので、以前、ぼくが連載している『週刊文春』の「私の読書日記」で取り上げたら、すごく喜んでくれました。その頃ぼくは講談社ノンフィクション賞の選考委員をやっていたので、この本を候補に入れろと推薦したこともあります。それくらい面白い本です。

（『立花隆の書棚』中央公論新社、二〇一三年）

　ありがたいことに、立花さんは以前「大宅壮一賞の候補に当然入るだろうと思っていた」とも評価してくれていた。そんな立花さんに対して、古田さんは「『田中角栄事件』に関する、颯爽《さつそう》たる活躍を見てきたわたしには、ここでは『全く別の立花隆の相』を見て、愕然《がくぜん》とした」（『俾弥呼の真実』）と、彼一流の難解な表現で絡んでいくのである。

　第十六章でおわかりのように、古田さんには大物に〝挑みかかる〟傾向があった。推理作家の高木彬光さんしかり、内田康夫さんしかり。「学説盗用」と非難された高木さんいわく「ある人に聞くと、学界では、ただ自分の名前を売るために、ごろつき的な物言いをつけて人をそしる輩も少なくないそうだ。その場合、喧嘩の相手は大物であればあるほどいいというのである」（『邪馬壹国の陰謀』）ということになる。

「偽書説流布者側の視点から構成された世にも不幸な一冊」と本書を評した古田さん。学界、マスコミから無視されてもなお「寛政原本発見」の主張を引っ込めなかった古田さん。文書〝発見者〟の和田さんと文書〝保管者〟の藤本光幸さん亡き後、自らを「〝今後容易に見出しがたき〟真実の歴史の証人」と称してやまなかった古田さん。そして、著名作家に挑み続けた古田さん。

彼の訃報を共同通信の配信記事で知ったのは二〇一五年十月、享年八十九であった。

生き残るビリーバーたち

「外三郡誌事件と旧石器捏造には多くの共通性があり、比較すると〝捏造〟についての理解が深まるなど、驚きかつ大変興味深く読ませていただきました」

そんな内容の手紙が筆者あてに寄せられたのは、本書を出してまもない二〇〇七年のことだ。差出人は文化庁埋蔵文化財部門の主任調査官時代に旧石器捏造事件（発覚は二〇〇〇年）に巻き込まれ、その後長い間、沈黙を余儀なくされていた岡村道雄さん（奈良文化財研究所名誉研究員）からだった。外三郡誌事件と旧石器捏造事件は構造が似ている――。そんな事件関係者の率直な便りに考古学者としての痛みをひしひしと感じた。

そんな彼が『旧石器遺跡捏造事件』(山川出版社)と題する本を刊行するのは三年後の二〇一〇年。「共犯者のように指弾され、針のムシロに座り続けたような十年間を過ごしてきた」と語る岡村さんは、「偽書『東日流外三郡誌』事件との共通点」という項のなかで「だまされた最も大きな原因に、精神的背景や研究姿勢の甘さがあったと思う」と振り返り、こう言う。

『東日流外三郡誌』と旧石器遺跡捏造は、事柄や内容が、研究者、関係地方自治体、地元の人びととの期待感もあってそれらの人びとや多くのマスコミに取り上げられた。そして、『東日流外三郡誌』には当初から和田本人による創作ではないかとする疑問の声が上がっていたものの、「五流の詐欺師程度の人に偽書が作れるはずがない」と思い込まれた。(略)それと同様に、(旧石器事件の当事者だった:筆者注)藤村に対しても、旧石器遺跡を捏造するほどの知識があったとは思えないという思い込みがあった。(略)『東日流外三郡誌』を書いた和田には、ネタ本、シナリオ、先輩をまねた偽書トリックのモデルがあった。和紙に尿を染みこませて古色をつけた文書には、古い煤を塗り、墨文字に塩を擦りこんでかすれさせるなどの偽装も施されていた。同じく、前述のように藤村にもいくつかの捏造シナリオ、モデルがあった。

(『旧石器遺跡捏造事件』)

捏造事件の深層にはバブル考古学とでもいうような学界の風潮、マスコミの期待感、研究者同士の競争心、名誉欲、虚栄心があったのであろうと振り返る岡村さん。生々しい告白の数々に、私は語るべき言葉を持たなかった。

また、思想史を専門とする国立大学名誉教授からも便りが届いた。自著のなかで外三郡誌にかかわるいくばくかを参考にしたが、重版の際に訂正したいという丁寧な申し出だった。冒頭で記した老作家のように、そんなに気にしなくてもと思う半面、それほど外三郡誌は研究者などインテリ層深くに浸透していたのか……という思いをあらためて強くした次第である。

このように外三郡誌については偽書という評価が定着する一方で、擁護派の生き残りを思わせる人々や〝信者〟は確かに存在する。安本さんの言う「古田さんのファンの人たち」なのかもしれない。

忘れたころに私や会社あてに届く熱烈な〝ラブレター〟でそれがわかる。トンデモ的な自説を一方的に展開する〝論文〟を勝手に送りつけてくる人、真偽論争においてすでに「ニセモノ」と決着済みの事柄について〝新説〟と称して蒸し返してくる人、私からどんな一言を引き出したいのかわからないが、意味不明な質問を電話で延々と繰り返す人などなど。多士済々《たしせいせい》である。

始末に負えないのは、「擁護派に与《くみ》するものではないのだが……」とか「真偽論争に加わるつもりはないが……」とエクスキューズして自身をひとまず安全圏に置いたうえで、「それでも、元になる真実があるはずだ」「ロマンをかきたてる物語性はすごい」と無責任に外三郡誌の〝魅力〟を書き連ねる人々である。

そんな人たちの本を手に取ってみると、さすがに自費出版が多いものの、なかには受賞歴のあるような中堅ライターの〝大作〟もあるから、なんともはやである。そんな緩やかな外三郡誌ビリーバーは一般書籍だけでなくコミックや雑誌などにも散見される。たとえば、こんなせりふが作品中によく見受けられる。

「外三郡誌そのものは偽物だ。しかし、内容が全部うそなわけがない」「真偽のほどは定かでないにしても、そのすべてを否定するものではない」「動かせない真実が元ネタにはあるのではないか」

こうした興味本位の安易な言動や姿勢が、間接的に外三郡誌支援の一翼を担っていることに気づいていないのだ。無自覚なのである。

仙台市にある聖和学園短期大学の元教授で、仏教研究者と地域おこしの立場から外三郡誌問題に取り組んできた千坂嵃峰さんは、ビリーバーたち、さらには今なお根強く残る擁護派の無責任な姿勢を、心理学で言う「確証バイアス（偏見）の典型例」なのだと厳しく批判し、こう言う。

いくら学問的に説明しても、自分の考えが正しいと思い込んでいる人ですから、ニセ古文書に対する批判もはじめから客観的にとらえるつもりがないんですね。（略）『東日流誌』の真作説を主張したり、擁護や信奉する人は、極めて知識不足で、感覚的判断や思い込みで偽書論者を批判するので、レベルが低すぎて論争による学問的進展が望めません。（略）しかし、真作説への具体的反論は、知らない人や信じかけている人への警鐘ともなります。学術書や研究書を装った「ニセ古文書」の引用や拡散には、これからも歯止めを掛けなければなりません。

（『だまされない東北人のために』本の森、二〇一六年）

そのうえで、ニセ古文書やオカルト歴史にだまされないためには、一般市民も伝説や書籍に対するある程度の免疫力＝理解力が求められるのではないかと訴えているのである。ニセ科学に対する科学リテラシーにならって、文化リテラシーを身につけてほしい──と。

そんなビリーバーや真書派の残党とでも言うべき人たちに知ってほしいのは、かつて外三郡誌を好意的に取り上げていたオカルト文化の総本山、月刊誌『ムー』の現在の〝見解〟である。文中に名残惜しさをにじませているものの、原本が見つかっていないなどの問題点を冷静に認めたうえで、次のように解説する。

内容や記述に不審な点が数々あるという批判は常にまとわりついていた。学者の間で真贋論争も巻き起こり、一部では裁判まで起こされている。実際、和田氏が亡くなったあとには家の天井調査も行われているが、一〇〇〇巻を越えるといわれた膨大な古文書を隠すようなスペースなど、どこにも存在しなかったという報告もある。また、現在に至ってもなお、和田氏が所有していたはずの『東日流外三郡誌』の原本資料は発見されていない。と、正直にいえば、非常に問題も多い「古文書」ではある。
（『封印された闇の日本史FILE』学研パブリッシング、二〇一二年）

安東氏復権に向けて

外三郡誌事件に巻き込まれたことによって負のイメージにまみれてしまった中世津軽の豪族、安東氏。ところが皮肉なもので、私は二〇一七年から、ある歴史作家と取材行をともにすることで安東氏の世界に再び接している。

その作家は、旺盛な現地調査と資料収集で知られる直木賞作家の安部龍太郎さん。安部さんは月刊誌「小説すばる」（集英社）に二〇一八年四月号から歴史小説「十三《とさ》の海鳴り」を連載しており、彼が取材で青森を訪れるたびに図々しく同行させてもらっている。作品の主人公は身の丈六尺三寸（約百九十センチ）の青年武将、安藤新九郎季兼《あんどうしんくろうすえかね》。鎌倉幕府の屋台骨を揺るがした安藤氏の大乱（一三二〇～二八年）を描くことによって、中世日本の成り立ちを再検証したいと安部さんは考えている。

　安部さんは言う。

「安藤氏は本州の北の果ての田舎豪族のように思われていますが違います。蝦夷《えぞ》管領として北方世界とダイナミックに海上交易を行い、その経済的利益が幕府、つまり北条得宗家の財政の一端を支え、北条氏の存続を左右するほどの存在だったのです」

　安藤氏の大乱は朝廷と幕府の代理戦争であるとともに、朝廷と武家政権の半世紀に及ぶ大抗争である南北朝の乱（一三三六～九二年）への引き金になったのではないか——。安部版「北の日本史」の結論である。

「安藤氏を解明できれば、鎌倉時代末期から南北朝時代にかけての日本がよく見えてくるかもしれません。安藤氏の物語を書くことで、北の世界が日本史にとってどれだけ重要だったのかということを多くの人に知ってもらえれば」

　そんな熱い思いが込められた「十三の海鳴り」は二〇一九年春まで一年間連載された後、単行本として形を変えて発表される予定だ。「安藤新九郎は五所川原の立佞武多のような勇壮な男に描きたいんです」と意気込む安部さん。この「十三の海鳴り」が安東氏の復権につながれば……。それが、現地取材に協力している最大の理由であり、今の私の願いでもある。

現地取材にあたっては、ミスター三内丸山こと青森県庁世界文化遺産登録推進室長の岡田康博さん、東北中世史の第一人者である弘前大学名誉教授の齊藤利男さん、十三湊遺跡などを管理する五所川原市教育委員会文化係長の榊原滋高《さかきばらしげたか》さんら心強い専門家メンバーのサポートを仰いでいることを付記しておく。

混乱映す鏡

最後に、幾多のインタビューを重ねた原田実さんの言葉のなかで忘れられない一つを紹介したい。

「偽書・奇書を学ぶことは、それが書かれた時代のリアルな一面を知ることでもある」という警句だ。その意味では、私が一九九二年から四半世紀にわたって取り組み、対峙してきた外三郡誌事件とは、バブル終焉から景気低迷という日本の混乱を映す鏡と言えるのではないだろうか……。

暗雲低く垂れ込める第二次世界大戦前夜を「オカルトや偽史が笑ってすまされないほ

ど現実の為政者の近くにあった時代」と表現するのは評論家、漫画原作者、民俗学者など多彩な顔を持つ大塚英志さん（国際日本文化研究センター教授）。彼の説に従うなら、二十世紀末から二十一世紀初めにかけての日本もオカルトが身近にあった時代なのかもしれない。そんな自問を繰り返しながら、思い出すのは自宅ベランダで本書の第一稿を書いていた、むせかえるほど緑したたる夏の日々である。

現在、私は還暦の一つ手前。新聞社には定年延長であと五年在籍しなくてはいけない計算だが、最新鋭ステルス戦闘機F35の三沢基地配備や、迷走する地上配備型迎撃システム「イージス・アショア」などのミサイル防衛、はたまた北朝鮮・中国問題など本業の安全保障、防衛・基地関係で取材しなくてはいけないことが山と控えている。三年前に評伝兼写真集（『戦場カメラマン沢田教一の眼』山川出版社）を仕上げたピュリッツァー賞カメラマン・沢田教一に関してもやり残した仕事がある。頼まれている原稿も多々ある。世の中はなかなか楽にさせてくれないのである。

そんな私の頭を今、鮮烈によぎるのは、外三郡誌取材で出会った人たちの顔、顔、顔だから不思議なものだ。それには偽書派はもちろん擁護派、そして日和見的な中間派も含まれている。

「誰かが猫の首に鈴をつけなければならない」という呉座勇一さんの勇気ある一言も心に残る。そして自著『真贋　中居屋重兵衛のまぼろし』をとおして、偽書疑惑のある

『中山文庫』と単身対決した松本健一さんの「この作品（『真贋』のこと：筆者注）はノンフィクション、あるいは歴史研究的な方法をとりながらも、じつはフィクション、あるいは人生研究的な作品になっているのかもしれない」という一節も忘れられない。

松本さんが言う「人生」とは、『中山文庫』を〝管理〟した川崎市の中山某の存在そのものであろう。その意味では、本書は死の瀬戸際まで外三郡誌の〝発見者〟と〝保管者〟を自認し続けた、鎌田慧さんいわく津軽の奇人＝和田喜八郎さんの人生研究的な側面を持っているのかもしれない。

エピローグでもそうしたように、安本美典さんの意味深な一文を引用して終えたいと思う。

どうして、検証もしないで、そんなに簡単に信じこむのか。
広く情報を集め検討しないで、一方の情報だけを信じこみ、他の情報を遮断するのか。
世のなかには、だまされやすい人が、意外に多いようである。
古代史の世界も、また、例外ではない。
用心、用心。

（『真贋論争「金印」「多賀城碑」』（勉誠出版、二〇一五年））

最後に

再文庫化に際してあらためて謝意を表したい人たちがいる。新人物文庫版解説の本書への収録を快く承諾してくれた畏敬する大先輩でルポルタージュ作家の鎌田慧さん、十二年前に出版を勧めてくれた編集者の酒井直行さん（現・山川出版社）、民事訴訟という形で論争の口火を切り、今も事件の行方を遠く別府市から見守る野村孝彦さん、事件終息後もさまざまなリポートを送ってくれる福島市の齋藤隆一さん、故郷の広島市で活発な執筆活動を続け、『江戸しぐさの正体』（星海社新書、二〇一四年）というヒットを飛ばした偽史研究家の原田実さん。

そしてなにより、再文庫化を提案してくれた集英社文庫編集部副編集長の海藏寺美香さんと文芸編集部の飛鳥壮太さん。文章を久しぶりにチェックし直すことで、「戦後最大の偽書事件」の取材をとおして失ったもの、逆に得たもの、いろいろ振り返ることができた。貴重な経験だった。そして、敬愛する歴史漫画家の安彦良和さんにはインタビューに応じてもらったほか、無理を言ってカバーのイラストまで描いてもらった。三十六年にわたる記者生活の記念碑となりました。ありがとうございました。

また再文庫化にあたっては、構成を変えたほか、新章を加えたり各所を補足するなど、全編にわたって大幅に筆を入れた。加筆分だけでも原稿用紙換算で百枚近くに達し、決定版と自信を持って言える作品となった。前々からそうしたいと思っていたこともあり、これもいいタイミングだった。海藏寺さんをはじめとした集英社関係者の理解のおかげである。あらためてありがとうと言いたい。

なお、本文中の敬称は略させてもらったほか、登場人物の肩書きも基本的に当時のまとした。そのほうが事件時の生々しい空気と緊迫した状況をとらえやすいと考えたからだ。同じ理由から、本文中に登場する事象または出来事は、第一稿の二〇〇六年前後でとどめていることをご了承いただきたい。単行本（二〇〇六年）と新人物文庫版（二〇〇九年）のあとがきも、あえてそのまま収録した。そのほうが事件前後の動きがより理解しやすいと判断したからである。

加筆作業中、姫神（星吉昭）というシンセサイザーアーティストの『東日流』というアルバムを繰り返し聴いていた。タイトルが示すとおり十三湊の安東氏がテーマで、景気づけということもあったが、なぜか心にしみた。イタコのメロディーに触発された北日本に住む人々のための霊歌、すなわち「北人霊歌」なのだという。

やはり、安東氏は魅力的なのである。

二〇一八年九月

斉藤光政

解説――笑わせる男

鎌田 慧

青森県の西側にひろがる津軽平野を貫通した岩木川が、最後に流れそそぐ日本海の「十三潟《じゅうさんがた》」(十三湖)は、江戸時代までは全国でも有数の湊《みなと》だった。中世のころ都市が建設されて殷賑《いんしん》をきわめていたが、遠浅の海と化した。いまこの干潟が全国でも有数なシジミ貝の産地になったのは、大津浪に流された人びとの涙が貝になったからだ、とつたえられている。

この地を治めた安東一族の伝説を、史書として位置づけたのが、『東日流外三郡誌《つがるそとさんぐんし》』だった。辺境の地にあって疎外され、自らのアイデンティティに恃《たの》むものがなかった津軽人(青森県日本海側の地域に住むひとたち)にとって、朝廷にまつろわぬまま滅ぼされたという、遠い祖先を描くこの史書のトーンは、悲哀と反発と迎合とが綯《な》い交ぜになっていて、中央への複雑な距離感を定められないひとびとに迎え入れられ、ベストセラーになった。

それが津軽の域内だけでは終わらなかったのは、全国の学者が加わって真贋《しんがん》大論争がはじまったからである。

『東日流外三郡誌』の「発見」が、壮大な「三内丸山遺跡」が出現する直前、という時代の幸運もあった。歴史にもしも、というい方は成立しない、といわれてひさしいが、もしも三内丸山がもっとはやく発見されていたなら、この「足で稼いだ偽書退治」というべき本書は成立しなかった。

なぜかといえば、津軽のひとびとは怪しげな本などにイカれることなく、圧倒的な存在感を示して、たちあらわれた古代都市遺構によって、祖先の栄光に浴することができたからだ。「三内丸山遺跡」が「わだば縄文人だ」（おれは縄文人だ）と「中央」に胸を張って言い切る自覚を与えるようになったのだ。

長年にわたって、偽書か真書かの論争がつづけられ、裁判沙汰までになった『東日流外三郡誌』が、三内丸山発見までのリリーフ投手、という役割で終わったのは、斉藤光政記者ら偽書派の批判が、完膚なきまでに徹底したものだったからだ。

ジャーナリズムの歴史としては、石器をつくっては「発見」していた、アマチュア研究者の行為を、張り込み、撮影の執念で暴露した毎日新聞記者たちの、二〇〇〇年「捏《ねつ》造《ぞう》」退治事件に匹敵する快挙だった。それはチームワークによる仕事だったが、本書はたったひとりの記者の執念によった。

「昭和二二年夏の深夜、突然天井を破って落下した煤《すす》だらけの古い箱が座敷のどまんなかに散らばった」というのが、この本の主人公・和田喜八郎さんが『東日流外三郡誌』を発見した劇的な瞬間である。津軽半島の草深い地域にあった、萱葺《かやぶ》き屋根の一軒屋の天井から、まるで神様のお告げのように、古文書の山が登場した。

市浦村史資料編として、『みちのくのあけぼの——東日流外三郡誌』が発刊されたのは、一九七五年四月だった。『三郡誌』が地方自治体の「正史」として村史編纂《へんさん》委員会から発行されたため、真書扱いされるようになって、筆者もこれを購入している。

この正史のまえがきに、発見者の和田さんは、「堅固に不開の箱に封ぜられ、幕府滅亡まで極秘とし天井に隠されていた」と書きつけている。ところが、そのあとに、「家伝として、異常なる時は生命をかけて護《まも》るべしとあり、私の父はひとところこれを気味悪いものとして焼却しようとした時、祖母に強く叱られた。小学校の頃で昨日のように覚えています」とも書いている。とすると、小学生のころにはすでに、天井裏にあったことを知っていたことになって、「突然」の「落下」、そして「発見」の記述とは矛盾している。

市浦村（現在、五所川原市）の村史として出版するにあたっては、小学校の校長を務めた郷土史家が、満四年をかけて、和田さんから小出しに見せられる資料を、妻とともに筆写していた。事実の整合性に苦しみ、疑問に翻弄されながらも、歓《よろこ》びとともに出版に尽力した姿も、悲しい歴史の一齣《ひとこま》である。

わたしは和田さんを、津軽の奇人のひとりと考えていた。この壮大な偽書を書くに至った偉人にインタビューしたい、という物書きとしての欲望があった。津軽には、「半可臭《はんかくさ》い」といわれる変人の系譜がある。おなじ地域には、秀吉《ひでよし》の生まれ変わりと自称して「羽柴《はしば》秀吉」を名乗り、あちこちの首長選挙に立候補していた男もいる。建設業の宣伝とも思われるのだが、和田さんもあるいは生活費に困った果ての奇策だったかもしれない。

それでも、一瞬の昂揚《こうよう》を津軽人たちに与え、こんなのにひっかかってはいけない、と自省させ、七三歳で世を去った。本書の著者である斉藤光政さんは、ある津軽人の文章を引用している。

「私は津軽人である佐藤紅緑や葛西善蔵・石坂洋次郎、それに太宰治を愛すると同時に、狂躁華麗《きようそうかれい》な津軽三味線やネブタ祭に熱中し天衣無縫に踊りまくるかれらの気質の一端を知っている。奇想天外の虚言を吐いて、快濶《かいかつ》に笑い飛ばすかれらである。なんの躊躇《ちゆうちよ》もなくさらりと書き上げた『三郡誌』に、世の多くの人が熱をあげて、過去の国史をくつがえす大発見、福沢諭吉以前の平等相互主義などと感嘆し、ひたすら真摯に取り組んでいるのを見て、してやったり、と快哉《かいさい》を叫んで、呵々大笑《かかたいしよう》しているような気がするのである」（須藤儀門）

長い間、雪に閉ざされた世界での鬱屈と爆発、それが殺人などの犯罪にむかわず、知的(?)操作になっていたのは、救いかもしれない。
偽書を証明した本書の著者もまた、「和田の無骨な言葉の裏に、好奇心と意外な率直さのようなものを感じ取っていた」と書いている。それが、この本の救いである。

(かまた・さとし　ルポルタージュ作家)

主な参考文献

『市浦村史資料編』上・中・下　豊島勝蔵編（市浦村史編纂委員会、一九七五〜七七年）
『古代探訪　幻想の津軽中山古墳群』　奈利田浮城（一九七六年）
『邪馬臺国の陰謀』　高木彬光（日本文華社、一九七八年）
『60億のシラミ』①②　飯森広一（秋田書店、一九七九年）
『白鳥城物語—安倍一族興亡の歴史』　長尾まり子（長尾美術研究所、一九八〇年）
『謎の東日流外三郡誌』　佐治芳彦（徳間書店、一九八〇年）
『東日流蝦夷王国』　和田喜八郎（津軽書房、一九八三年）
『東日流外三郡誌』　全六巻＋補巻　小舘衷三・藤本光幸編（北方新社、一九八四〜八六年）
『年表でみる西北の歴史—青森県津軽半島』　開米洋編（西北刊行会、一九八四年）
『津軽ふるさと散歩』　小舘衷三（北方新社、一九八四年）
『紀元前に実在した津軽古代王国の謎』　佐藤有文（サンケイ出版、一九八五年）
『Ryoma』第一号「縄文人は現代に生きている」（学習研究社、一九八六年）
『東日流六郡誌絵巻』　山上笙介編（津軽書房、一九八六年）
『東日流外三郡誌の謎—史書か偽書か玉ネギの皮をむく！』　松田弘洲（あすなろ舎、一九八七年）
『總輯　東日流六郡誌』　山上笙介編（津軽書房、一九八七年）
『東日流外三郡誌の原風景』　佐治芳彦（新人物往来社、一九八七年）
『知られざる東日流日下王国』　和田喜八郎（東日流中山古代中世遺跡振興会、一九八七年）
『遙かなり邪馬台国—安倍一族興亡の歴史〈2〉』　長尾まり子（長尾美術研究所、一九八七年）

『津軽中世史の謎―虚構の津軽安東氏像を切る‼』　松田弘洲（あすなろ舎、一九八八年）
『季節』第十二号「古田史学の諸相」（エステル出版会、一九八八年）
『トワイライトゾーン　特集・最新宇宙の不思議百科』第一五八号（ワールドフォトプレス、一九八八年）
『ムー　総力特集・古代日本の中心は津軽だった―』第九十三号（学習研究社、一九八八年）
『知られざる東日流日下王国』　和田喜八郎（八幡書店、一九八九年）
『出雲津軽縄文神の血族』　志茂田景樹（中央公論社、一九八九年）
『東日流六郡語部録―諸翁聞取帳』　和田喜八郎編（八幡書店、一九八九年）
『東日流外三郡誌』全六巻　東日流中山史跡保存会編（八幡書店、一九八九～九〇年）
『真実の東北王朝』　古田武彦（駸々堂出版、一九九〇年）
『日本超古代王朝の謎―抹殺された「原日本＝津軽アラバキ王朝」が甦る！』　鈴木旭（日本文芸社、一九九〇年）
『東日流外三郡誌と語部』　佐々木孝二（八幡書店、一九九〇年）
『東日流誌・裁判―暴かれた「東日流外三郡誌」の秘密』　設楽順（あすなろ舎、一九九〇年）
『激濤』①②③　矢口高雄（小学館、一九九〇～九一年）
『古田史学の大崩壊―古田武彦著「真実の東北王朝」は虚構だった！』　松田弘洲（あすなろ舎、一九九一年）
『日本誕生―古代国家「大和」とまつろわぬ者たちの物語』　武光誠（文藝春秋、一九九一年）
『津軽が切りひらく古代―東北王朝と歴史への旅』　市民古代史の会編（新泉社、一九九一年）
『みちのくの王国―北方の楽園』　高橋克彦ほか（ベストセラーズ、一九九二年）
『和田家資料』一・二　藤本光幸編（北方新社、一九九二・九四年）
『別冊歴史読本特別増刊』第十八巻二十四号「『古代古伝』論争」（新人物往来社、一九九三年）
『真贋　中居屋重兵衛のまぼろし』　松本健一（新潮社、一九九三年）

『季刊邪馬台国』第五十一〜八十六号（梓書院、一九九三〜二〇〇五年）
『市民の古代』第十六、第十七集　市民の古代編集委員会編（ビレッジプレス、一九九四、九六年）
『虚妄の東北王朝―歴史を贋造する人たち』安本美典（毎日新聞社、一九九四年）
『東日流外三郡誌「偽書」の証明』　安本美典編（廣済堂出版、一九九四年）
『クォーク「幻の超古代王朝」を科学する』第一四〇号（講談社、一九九四年）
『歴史Ｅｙｅ　超古代史「東日流外三郡誌」の真相』第二十六号（日本文芸社、一九九四年）
『永仁の壺　偽作の顚末』　松井覚進（講談社、一九九五年）
『［超真相］東日流外三郡誌―日本は二つの国だった』　佐治芳彦（徳間書店、一九九五年）
『古代みちのく１０１の謎』鈴木旭（新人物往来社、一九九五年）
『幻想の津軽王国―『東日流外三郡誌』の迷宮』　原田実（批評社、一九九五年）
『新・古代学』第一〜八集　古田武彦ほか（新泉社、一九九五〜二〇〇五年）
『虚妄の九州王朝』　安本美典（梓書院、一九九五年）
『津軽安藤氏と北方世界』小口雅史編著（河出書房新社、一九九五年）
『ゼンボウ』第五百六十二〜五百七十三号（全貌社、一九九六年）
『津軽安東紀行』　熊谷充夫（西北刊行会、一九九六年）
『歴史を変えた偽書―大事件に影響を与えた裏文書たち』　ジャパン・ミックス編（ジャパン・ミックス、一九九六年）
『偽史冒険世界―カルト本の百年』　長山靖生（筑摩書房、一九九六年）
『安藤昌益の学問と信仰』　萱沼紀子（勉誠社、一九九六年）
『季刊古代史の海』第七、十三、四十号（季刊「古代史の海」の会、一九九七、九八、二〇〇五年）

『石神伝説』①②③　とり・みき（文藝春秋、一九九七〜二〇〇〇年）
『甦った神々の記憶　超古代文明の謎』佐治芳彦（日本文芸社、一九九七年）
『超古代文明論―オーパーツが証す神々の存在』高橋克彦・南山宏（徳間書店、一九九七年）
『東北の誘惑　終わりのない旅』　高橋克彦ほか（ダイヤモンド社、一九九七年）
『超古代日本―神々の山、ピラミッドを解明する。』　鈴木旭（アスペクト、一九九七年）
『月刊春秋東奥』第三二七〜三三一号、三四一号（一九九七〜九九年）
『東北謎とき散歩』　星亮一（廣済堂出版、一九九八年）
『古代蝦夷の考古学』　工藤雅樹（吉川弘文館、一九九八年）
『郷土誌北奥文化』第十九、二十三号（北奥文化研究会、一九九八、二〇〇二年）
『だまされるな東北人―『東日流外三郡誌』をめぐって』　千坂嵃峰編著（本の森、一九九八年）
『ネットワーク対談　東北を語る―偽りのない社会をめざして』　千坂嵃峰編著（本の森、一九九九年）
『日本史鑑定』　高橋克彦・明石散人（徳間書店、一九九九年）
『日本史が危ない！』　原正壽編著（全貌社、一九九九年）
『幻想の荒覇吐秘史―『東日流外三郡誌』の泥濘』　原田実（批評社、一九九九年）
『私家版辞典　安倍家の研究』　安倍義雄（本の森、二〇〇〇年）
『津軽発「東日流外三郡誌」騒動―東北人が解く偽書問題の真相』　三上強二監修・原田実編（批評社、二〇〇〇年）
『遥かなる縄文の声―三内丸山を掘る』　岡田康博（NHKブックス、二〇〇〇年）
『北東北郷村教育』第七・八号（北東北郷村教育学院、二〇〇〇年）
『と学会年鑑２００２』　と学会（太田出版、二〇〇二年）

『「東日流外三郡誌」の真実』　三上重昭（梓書院、二〇〇二年）
『偽書「武功夜話」の研究』　藤本正行・鈴木眞哉（洋泉社、二〇〇二年）
『日本を問いなおす―いくつもの日本Ⅰ』　赤坂憲雄ほか編（岩波書店、二〇〇二年）
『龍太郎歴史巷談―卑弥呼とカッパと内蔵助』　上岡龍太郎・弟子吉治郎（光文社、二〇〇二年）
『と学会年鑑ＢＬＵＥ』　と学会（太田出版、二〇〇三年）
『日本再考　東北ルネッサンスへの序章』　赤坂憲雄編著（創童舎、二〇〇三年）
『木島日記』４　大塚英志・森美夏（角川書店、二〇〇三年）
『発掘捏造』　毎日新聞旧石器遺跡取材班（新潮社、二〇〇三年）
『怪』第十五号「妖怪と物語」（角川書店、二〇〇三年）
『月刊市民の古代研究「古代の風」』第一二〇号（市民の古代研究会・関東、二〇〇四年）
『十三の冥府』　内田康夫（実業之日本社、二〇〇四年）
『先祖の足あと（宮地町会郷土史）』　三上重昭（宮地「町会郷土史」編集委員、二〇〇四年）
『別冊歴史読本』第二十九巻九号「徹底検証　古史古伝と偽書の謎」（新人物往来社、二〇〇四年）
『日本の偽書』　藤原明（文春新書、二〇〇四年）
『〈超新論〉古史古伝―異端の歴史書群だけが知る「本物日本」史』　佐治芳彦（徳間書店、二〇〇四年）
『東北仏教の世界―社会的機能と複合的性格』　大濱徹也編著（有峰書店新社、二〇〇五年）
『多元』第六十九号（多元的古代研究会、二〇〇五年）
『ＧＡＬＡＣ　ぎゃらく』第一〇六号　ＮＰＯ法人放送批評懇談会（角川書店、二〇〇五年）
『浅見光彦のミステリー紀行』第九集　内田康夫（光文社文庫、二〇〇五年）
『「東日流外三郡誌」はニセモノだ！』　安倍義雄（シンク・タンクＡ．Ｒ．Ｉ、二〇〇五年）

集英社文庫

戦後最大《せんごさいだい》の偽書事件《ぎしょじけん》「東日流外三郡誌《つがるそとさんぐんし》」

2019年3月25日　第1刷
2019年11月6日　第3刷
定価はカバーに表示してあります。

著　者　斉藤光政《さいとうみつまさ》
発行者　徳永　真
発行所　株式会社　集英社
東京都千代田区一ツ橋2-5-10　〒101-8050
電話　【編集部】03-3230-6095
【読者係】03-3230-6080
【販売部】03-3230-6393(書店専用)

印　刷　中央精版印刷株式会社　株式会社美松堂
製　本　中央精版印刷株式会社

フォーマットデザイン　アリヤマデザインストア　　マークデザイン　居山浩二

ISBN978-4-08-745852-7 C0195